FRANZ GANSRIGLER

JEDER WAR EIN PAPST

Franz Gansrigler

JEDER WAR EIN PAPST

Geheimkirchen in Osteuropa

OTTO MÜLLER VERLAG SALZBURG

Meiner geduldigen Frau Annette
und unseren Kindern Florian und Matthias

ISBN 3-7013-0820-9

Einbandgestaltung: Leo Fellinger
Datenkonvertierung und Belichtung: Fotosatz Rizner
Druck und Bindung: Wiener Verlag

INHALT

EINLEITUNG

Es ist kein ruhmreiches Kapitel für die katholische Kirche, das wir mit diesem Buch aufschlagen. Doch halt. Eine Erklärung bezüglich des Begriffes Kirche ist angebracht, damit es keine Mißverständnisse gibt. Wenn im folgenden von Kirche die Rede sein wird, dann ist jedesmal die offizielle, die hierarchisch strukturierte Amtskirche gemeint, die vorgibt, auch in ihrer Organisation den Willen ihres Meisters und Gründers widerzuspiegeln. Das Denken und Verordnen von oben nach unten, die Ausrichtung kirchlicher Befehle, das gesellschaftspolitische Verhalten der Amtsträger orientiert sich schon rein organisatorisch am Erhalt dieser Machtstrukturen.

Kaum darf es daher wundern, daß im Einzelfall immer der Erhalt der Strukturen, die auf göttlichen Willen zurückgehen sollen, vor dem Schicksal des Menschen kommt. Davon war kirchliche, war päpstliche Diplomatie immer geprägt. Prinzipielle Gründe haben die Kirchenleitung noch selten veranlaßt, sich auf die Seite von Gruppen von Gläubigen, von treuen Einzelkämpfern oder von Teilkirchen zu schlagen. Im Zweifel gegen den Gläubigen, gegen die Gruppe, gegen die Teilkirche, die versuchen, aufgrund konkreter Notwendigkeiten ihre Überzeugung umzusetzen, weiterzugeben und zu leben.

Diese Einsicht habe ich besonders bei der Beschäftigung mit den Geheimkirchen in Osteuropa gewonnen. Diesbezüglich sind seit Jahren nur Stereotypen im Umlauf. Dazu beigetragen haben Rundfunksendungen im Westen, die vorgaben, objektiv zu berichten um der Kirche im Osten zu helfen, in Wirklichkeit aber gesteuerten, von bestimmten Interessen getragenen Desinformationen aufgesessen waren. Die Gerüchteküche lief zeitweilig auf Hochtouren und lieferte viel Unverdautes und Unverdauliches auf den Tisch.

Spärliche Informationen aus den kommunistisch regierten Ländern sorgten noch dafür, daß eine einmal geäußerte Meinung – in Ermangelung von Rückkontrolle – für absolute Wahrheit gehalten wurde. Dazu gesellte sich noch das Interesse der verschiedenen Geheimdienste der Länder des realen Sozialismus, mittels zwielichtiger Personen, die man geschickt ins kirchliche Milieu einschleuste, Mißtrauen und Unsicherheit untereinander zu säen. Da liegt beispielsweise eine Wurzel für die Anschuldigung gegenüber so mancher Untergrundkirche, sie habe ein Nahverhältnis zu staatlichen Sicherheitsdiensten gehabt.

Warum also ist die Geschichte der Geheimkirchen in Osteuropa kein Ruhmesblatt für die Kirche? Es ist ein Paradoxon, daß sich die Kirche unter anderem zwar als leidende, schweigende, unter dem Kreuz fallende Heilsgemeinschaft versteht, als Organisation, die wesentlich vom sogenannten Bekennermut ihrer Märtyrer lebt – und wer wollte mit Blick auf die gegenwärtige Kirchengeschichte bestreiten, daß es sich in vielen Ländern heute anders verhält als in der Urkirche oder in der Kirche der Antike? – dies aber, sobald sich die Zeiten ändern und das Atmen leichter wird, schnell wieder vergißt. Was hat es nicht in den vergangenen 40 Jahren an kirchlicher Literatur über die Glaubenshelden in den Ländern hinter dem „Eisernen Vorhang" gegeben! Seriöse Schriften, aber auch ideologisch verbrämte Traktatliteratur, die zeigen sollte, daß die Kirche besonders dort stark ist, wo sie leiden muß.

Die Katakombenkirche, Geheim- oder Untergrundkirche, wie wir sie heute nennen, ist eine Aussage über das Wesen der Kirche. Sie gehört zur Welt, ist aber nicht von dieser Welt; sie wirkt in der Gesellschaft, macht diese Gesellschaft aber nicht aus; sie lebt in konkreten, unterschiedlichsten staatlichen Gebilden, hat aber nicht die Aufgabe, diese zu legitimieren oder zu stützen. Der transzendente Anspruch der Kirche, symbolisch in ihrem ständigen Katakombendasein gegenüber der Welt ausgedrückt, bringt sie immer wieder in Gegensatz zu den weltlichen Absolutheitsansprüchen. Eine Kirche, die das lebt, muß früher oder später auch in Widerspruch zu der anfangs genannten hierarchisch verfaßten Kirche geraten.

Die Untergrundkirchen Osteuropas leben also ein bestimmtes Kirchenbild. Und dieses Bild kennt kaum Über- und Unterordnung, wenngleich sehr wohl eine bestimmte rigorose Disziplin, weil es in der konkreten Wirklichkeit des Kommunismus um Leben und Tod der Kirche ging. Dem Bild der Kirche im Untergrund steht jenes der zentralistischen Machtkirche gegenüber, in der die rechtliche Verfassung und die Machtstruktur die dominierende Rolle spielen.

Die Amtskirche braucht die leidende Kirche in den Katakomben nur solange, bis das Leiden Früchte getragen hat, bis das Zeugnis der Märtyrer zum kaum widerlegbaren Argument der kirchlichen Wahrheit – natürlich der Wahrheit des Evangeliums – geworden ist. Danach hat die Geheimkirche ihre Funktion erfüllt, sie muß der rechtlich beglaubigten Kirchlichkeit eingegliedert werden, wo dies – wie in vielen in diesem Buch dokumentierten Fällen – aus strukturellen Gründen nicht möglich ist, wird ihr die kirchliche Anerkennung mit dem Verdikt, es handle sich um „verrückte" Angelegenheiten, vorenthalten.

Kein Ruhmesblatt also für die Zentrale, was sich in den vergangenen 40 Jahren in Osteuropa im kirchlichen Bereich abspielte. Denn die Zweigleisigkeit der vatikanischen Ostdiplomatie – bestens dokumentiert bei Hansjakob Stehle: Die Ostpolitik des Vatikans (Bastei-Lübbe Taschenbuch Band 65054, Bergisch Gladbach 1983) – hat sich als doppelter Fehlschlag erwiesen: Einerseits hat die römische Kirche bei den kommunistischen Machthabern personell, was die Besetzung der Diözesen mit romtreuen Bischöfen betrifft, entweder nichts (CSSR) oder nur die Einsetzung sogenannter Friedenspriester, die dem Regime völlig hörig waren, erreicht; andererseits hat diese Kirche ihre Leute im Untergrund, deren Wirken sie natürlich gewollt und über kirchlich-karitative Organisationen auch gefördert hat, mit den offiziellen Staat-Kirche-Verhandlungen desavouiert: für die kommunistischen Machthaber bot das eine Handhabe, gegen die Untergrundkirche vorzugehen, die „ja auch der Vatikan ablehne", wie es offiziell immer hieß. Und zu allem Überfluß kommt jetzt im Jahre zwei seit dem Sturz der kommunistischen Regime in einigen Ländern Osteuropas ein neues Leiden für die seinerzeitige Untergrundkirche hinzu: Das Leiden an der eigenen Kirche, an den Machtstrukturen der Kirche, für deren Erhalt und Überleben man im Untergrund den Kopf hingehalten hat. Niemand sollte sich daher über manchen Wutausbruch entrüsten, mit dem manche Untergrundpriester zur Zeit auf die Hinhaltetaktik vatikanischer Stellen reagieren.

Durch die seit längerer Zeit schon in der Wochenzeitung „Die Furche" laufende Berichterstattung über die Geheimkirche in der Tschechoslowakei durch mich und meinen Kollegen Franz Hummer, der 1981 im Wiener Herold Verlag ein Buch zur Praxis der Geheimbischöfe in der katholischen Kirche „Bischöfe für den Untergrund", das leider schon vergriffen ist, herausgebracht hat, hat sich bereits eine interessierte Leserschar mit dem Thema auseinandergesetzt. Stellvertretend für viele Zuschriften sei hier aus einem Schreiben des aus Schwaz in Tirol stammenden Universitätsdozenten Dr. Manfred Schretter zitiert, der das Problem wie folgt sieht: „Ich habe der Furche-Berichterstattung über die Geheimkirche in der CSFR entnommen, daß sich in der ehemaligen CSSR katholische Christen berufen fühlten, in einer Ausnahmesituation mit ausnehmenden Mitteln Christus und der Kirche zu dienen, und daß sich nunmehr, nach der Befreiung, diese Menschen erneut, und zwar der Amtskirche gegenüber, in den Untergrund gedrängt sehen. Dies widerspricht in einem Maße all meinen Erwartungen, daß ich schon an der Qualität Ihrer Berichterstattung beziehungsweise meiner eigenen Fähigkeit, eine Zeitung zu lesen, zu zweifeln begann: Dies ist doch die Situation, aus der in der Frühzeit der Kirche die Märtyrer erwuchsen, und ich hätte mir erwartet, daß nach der Befreiung gemeinsame Freude herrschte und diesen Menschen die gebührende Anerkennung zuteil würde. Als einzigen Grund für den Konflikt konnte ich Ihren Berichten entnehmen, daß es zu Verstößen gegen das geltende Kirchenrecht gekommen ist. Wenn ich die Evangelien richtig lese, so lag der Kern des Konflikts Christi mit den Pharisäern und Schriftgelehrten im Umstand begründet, daß diese dem Buchstaben des (göttlichen) Gesetzes absolute Priorität einräumten, für Christus dagegen die Liebe das Zentrum war. Sollte wirklich die Kirche Christi dem Kirchenrecht absolute Priorität einräumen? Wäre es wirklich ein Verstoß gegen die Liebe zu Gott und den Menschen, sollten tatsächlich Frauen die Priesterweihe empfangen haben? Wäre nicht vielmehr diese Untergrundkirche daran zu messen, was sie für Gott und die Menschen in dieser schweren Zeit geleistet hat?"

Die Amtskirche mißt jedoch nie mit diesem Maßstab, sondern mit dem Zollstock der Opportunität. Das ist der rote Faden, der sich in der Beurteilung der Untergrundkirche bis heute verfolgen läßt. Aus diesen Gründen wird auch die enorme Geheimnistuerei offizieller kirchlicher Stellen um die „ecclesia silentii", wie sie sich selbst nennt, verständlich. Das geht sogar soweit, daß von manchen kirchlichen Amtsträgern Rechercheuren in dieser Angelegenheit Prügel vor die Füße geworfen werden. Die Desinformation seitens offizieller Stellen ist nicht mehr zu überbieten. Der bisherige Prager Generalvikar, Weihbischof Antonin Liska, der Ende August 1991 vom Papst zum neuen Bischof der Diözese Budweis (Ceske Budejovice) und damit zum Nachfolger des jetzt in Prag residierenden Erzbischofs Miloslav Vlk ernannt wurde, hat mir gegenüber in einem Telefongespräch am Freitag, 5. April 1991, das Problem der Geheimpriester und -bischöfe in der CSFR als „äußerst heikle und delikate Angelegenheit" bezeichnet. „Bevor Rom dieses Problem nicht gelöst hat, kann man dazu gar nichts sagen", so Liska wörtlich. „Es ist ganz schlecht, sich dazu zu äußern, selbst wenn ein Tomas Halik darüber spricht." Tomas Halik, selbst geheim geweihter Priester in der Erzdiözese Prag, lange Zeit in der Schweiz tätig, dann in die CSFR zurückgekehrt und seit 1990 als Sekretär der regionalen tschechischen Bischofskonferenz am Beginn einer kirchlichen Karriere, hat sich mehrmals in Interviews, aber auch bei öffentlichen Vorträgen zu dem Problemkreis geäußert. Er hat jene von mir in der „Furche" publizierten Angaben bestätigt, wonach die Zahl der Geheimpriester in der CSFR insgesamt 600 betragen soll.

Antonin Liska jedenfalls ist sehr unzufrieden darüber, was in dieser Angelegenheit im Westen geschrieben wird. Er selbst, so der bisherige Prager Generalvikar und neue Budweiser Bischof, wisse im Detail gar nichts. „Sie wissen mehr als wir", gibt er zu. Wenn man etwas dazu sagen könne, dann nur in dem Sinn, daß „das eine sehr verwickelte Sache ist, die jetzt von Rom gelöst wird". „Sehen Sie, alles was der Vatikan in dieser Angelegenheit von uns gefordert hat, haben wir ausgeführt", sagt Liska – und meint damit offenbar das Sammeln von Namen von Geheimpriestern und deren Weiterleitung an die Glaubenskongregation, was bis September 1990 von den neuen Diözesanbischöfen im gesamten Land durchgeführt wurde. „Jetzt können wir nur ruhig warten, bis die Frage gelöst ist. Alles andere ist nicht in Ordnung. Man kann nicht mit ruhigem Gewissen darüber schreiben, denn es gereicht zum Schaden der Kirche." Auf die Frage, was eigentlich der Kirche der CSFR diesbezüglich schaden könne, antwortet Liska: „Alle diese Berichte könnten im Westen tendenziös gegen die Einheit der Kirche benützt werden, im Sinne einer Aushöhlung des kirchlichen Zölibats, im Sinne einer Unterminierung der kirchlichen Ordnung und Disziplin sowie im Sinne einer Spaltung der Kirche." Er wolle damit nicht unterstellen, fährt Liska vorsichtiger fort, daß westliche Medien das tatsächlich so ausnützten, aber die Möglichkeit und Gefahr, in dieser Richtung zu schreiben, bestehe sehr wohl. „Das ist eigentlich unsere innere Angelegenheit, die nur unsere Kirche und den Vatikan etwas angeht. Die Sache braucht Zeit und wir sind nicht unzufrieden mit der derzeitigen Haltung des Vatikans", betont Liska auf die Frage, ob es der Kirche in der Tschechoslowakei nicht schon zu lange dauere, daß der Vatikan die Lösung des Problems hinauszögere. Man werde in der CSFR „ruhig warten, bis die Lösung aus Rom kommt", sagt Liska, dies sei „unbedingt notwendig". Alles andere würde in dieser Angelegenheit nur schaden. Dann kommt der Befehl, nichts über dieses Gespräch weiterzugeben. Ob ich wenigstens schreiben dürfte, daß ich nichts schreiben soll, lautet meine Frage. Auch das nicht, meint Liska lakonisch.

Am Freitag, 9. August 1991, habe ich ein Gespräch mit dem Weihbischof von Banská Bystrica (Neusohl) in der Slowakei, dem Jesuiten Peter Dubovsky, geführt, der bei der „Erfindung" von Geheimbischöfen seitens der Jesuiten in der Tschechoslowakei, speziell in Brünn, seinerzeit eine führende Rolle spielte. Auch von ihm kommt nur Geheimniskrämerei: „Ich will über diese Sache nicht sprechen. Ich warte auf das, was Rom sagen wird. Sprechen Sie mit Erzbischof Miloslav Vlk über das, worüber er Bescheid weiß. Ich warte auf Rom. Diese Sache kann man nicht mit Druck und Veröffentlichungen lösen. Wir brauchen Patientia. Später werde ich mich schon zu Wort melden, aber jetzt habe ich keine Lust dazu, der Presse ein Interview zu geben. Ich kann mich dieser Frage auch nicht sonderlich widmen – aus Zeitgründen, ich habe anderes im Kopf." Dazu muß man wissen, daß Dubovsky als Beauftragter der slowakischen Bischofskonferenz zur Zeit eher erfolglos an einem neuen Medienkonzept für die slowakische Kirche herumbastelt. Der frühere Geheimbischof – über ihn noch mehr später – hat vor, in dieser Sache etwas zu schreiben, gegen Ende des Jahres, wie er sagt. Nun möchte er von all dem „nichts hören". Einen der besten Kenner der Geheimkirchenszene in Osteuropa, dem Wiener Ministerialbeamten, Hofrat Dr. Manfred Kierein, der die „Sammlung" von Bischöfen, darunter natürlich auch Geheimbischöfe, mit rekonstruierter

Apostolischer Sukzession (das ist die Rückführung einer Bischofsweihe auf einen rechtmäßig und gültig geweihten Bischof, somit die Bestätigung der unmittelbaren Nachfolge der Apostel als erste Bischöfe) hobbymäßig, aber mit ernster Akribie betreibt, hat Dubovsky im Gewissen verpflichtet, nichts über die Geheimkirche zu veröffentlichen.

Msgr. Peter DUBOVSKÝ, S.J.
svätiaci biskup banskobystrický
Nám. SNP 19
975 90 Banská Bystrica

V Banskej Bystrici dňa: 24.6.91

Lieber Dr.Kierein,

Danke vielmals fürdas letzte Brief. Jetzt sehen Sie selbst wie wichtig discretio ist und dazu vollte ich zusetzen, dass jetzt auch Sie von Sachen der Kirche in Not Verantwortung tragen und im Gewissen sind Sie vepflichtet davon nich sprechen.

Euer in Christo

+ Peter Dubovsky SJ

Ps: Bis Ende dieses Jahres wird
die Congregation wahrscheinlich
diese Sachen zu Ende führen.

Faksimile des Briefes von Bischof Dubovsky vom 24. Juni 1991

In einem früheren Brief Dubovskys an den unermüdlich bohrenden Kierein verwies der Weihbischof von Banská Bystrica darauf, daß seine seinerzeitige Bestellung als Bischof im Untergrund und seine Weihe zur „arcana Ecclesiae“ (Geheimhaltungsverpflichtung der Kirche) gehörte und diese Gesinnung ihm auch heute noch zueigen sei. Die von Manfred Kierein direkt (Kardinal Ratzinger) und über den Unter-Sekretär Dr. Jozef Zlatnansky brieflich bestürmte Glaubenskongregation, in der Angelegenheit der rumänischen Geheimbischöfe doch zu einem gerechten Urteil und damit zur Anerkennung zu kommen, wurde von der Nuntiatur in Wien, der

Brief ist mit dem Kürzel des Nuntius, Erzbischof Donato Squicciarini, und dem Siegel der Nuntiatur unterzeichnet, wie folgt beantwortet:

APOSTOLISCHE NUNTIATUR
IN ÖSTERREICH

THERESIANUMGASSE 31
WIEN IV.

N. 1913/91

Die Apostolische Nuntiatur beehrt sich, im Auftrag der Kongregation für die Glaubenslehre folgendes mitzuteilen:

Die Kongregation für die Glaubenslehre bestätigt den Erhalt Ihrer Schreiben vom 23. November 1990, 23. Februar und 30. April 1991 betreffend den Hw. Herrn Emil Riti aus Rumänien, und versichert, daß dieselbe Kongregation als das für solche Fälle zuständige vatikanische Dikasterium ohnedies über das darin beschriebene Problem informiert ist.

Die Apostolische Nuntiatur in Österreich benützt diese Gelegenheit, um ihre besten Empfehlungen zu übermitteln.

NUNTIATUR IN ÖSTERREICH * APOSTOLISCHE

Wien, 22. Mai 1991

Herrn
Dr. Manfred KIEREIN
Kärntnerstraße 17
1010 WIEN

Faksimile des Briefes vom 22. Mai 1991

Die kirchenrechtlich offenen Fragen und persönlich ungelösten Probleme der Geheimpriester in der Tschechoslowakei führen zu einer Atmosphäre des Mißtrauens und zu Desinformation. Die einen bitten händeringend, nichts darüber zu schreiben, weil jedes Wort darüber nur der Kirche in der CSFR schade; andere weigern sich, zu reden, weil sie offenkundig von oben schon gemaßregelt worden sind.

Pater Petr Baran, ein Salesianer Don Boscos, seinerzeit geheim zum Priester geweiht und bei einem ersten Besuch bei ihm in Brünn – davon später – sehr gesprächig, war Anfang April 1991 – nachdem ich einen Artikel über diese Unterredung publiziert hatte, nicht mehr zu Gesprächen bereit: „Mit Ihnen rede ich nicht. Sie schaden mit Ihren Artikeln unserer Kirche." Seine Aussage über Frauen, die in Brünn geheim Theologie studiert und sich – betreut von einem Geheimpriester – auf das Priestertum vorbereitet hatten, will Baran plötzlich nicht gemacht haben. Auf die Frage, warum man der Kirche schade, wenn man über dieses brisante Thema schreibe, meinte er, daß dadurch im Westen der Eindruck antirömischer Affekte seitens der tschechoslowakischen Geheimkirche entstehen könnte. „Ich bin doch nicht gegen Rom und den Papst", gibt sich Baran entrüstet und verweist auf den Artikel in der „Furche" 7/1991 „Anklage gegen Rom". Den Hinweis, daß in diesem Artikel der persönliche Eindruck von mir und meinem Kollegen Hummer widergegeben sei, läßt Baran nicht gelten. „Man hat mich aber in diesen Zusammenhang gebracht, weil ich schon früher mit Ihnen gesprochen habe und von Ihnen zitiert worden bin", erklärte er wütend und abweisend. Er forderte Hummer und mich auf, sein Zimmer zu verlassen: Wir sollten ihn gefälligst mit weiteren Fragen verschonen. Baran wirkt „von oben" gemaßregelt und verängstigt. Und in der Tat: Kurz vor dieser wenig erfreulichen Begegnung sind alle von mir in der „Furche" zitierten Geheimpriester von Nuntius Giovanni Coppa nach Prag vorgeladen worden; dort wurde ihnen ziemlich zugesetzt, die Geheimhaltungspflicht strikt zu wahren. Petr Baran hat diese Unterredung innerlich offenbar zerstört.

In der Tschechoslowakei hat man erst in jüngster Zeit begonnen, sich medial mit den Untergrundkirchen zu beschäftigen. Auslösendes Moment dafür war ein Interview Erzbischof Vlks in der österreichischen Tageszeitung „Die Presse" vom 24. Juli 1991. Darin hatte er, der selber als Priester ein Berufsverbot seitens der Kommunisten auferlegt bekam, sich eher abfällig über die seinerzeitige Geheimkirche geäußert, ihre Proponenten als „etwas exaltierte Personen" bezeichnet, die die Situation nicht richtig eingeschätzt hätten. Das ist natürlich ein massiver Vorwurf gegenüber jenen, die – wie dieses Buch dokumentiert – unermüdlich ihren Kopf für die Kirche hingehalten haben und trotz Repressionen nie ihre Untergrundtätigkeit aus Ängstlichkeit aufgegeben haben. Tageszeitungen wie „Lidova demokracie“ oder „Prace“ zitierten dieses Interview, verkürzten es noch, sodaß – was bisher ohnehin offizielle kirchliche Lesart für das unangenehme, weil außer Kontrolle geratene Problem der Priester- und Bischofsweihen im Untergrund war – der Eindruck entstand, daß hier völlig Verrückte am Werk gewesen waren. Im Zusammenhang mit diesen Veröffentlichungen meldete sich ein geheimnisvoller Anrufer aus Dolny Kubin in der Slowakei bei der slowakischen Kirchenzeitung „Katolicke noviny“ und fragte an, warum denn eigentlich das Kirchenblatt nichts über die Geschichte der Geheimkirchen in der Tschechoslowakei und in Osteuropa bringe. Der zuständige Redakteur, der pensionierte Lungenfacharzt Dr. Frantisek Sykora, antwortete wahrheitsgemäß, daß die Zeitung von den Bischöfen die strikte Anordnung erhalten habe, über die Geheimkirche keine Zeile zu schreiben. Wie sich im Verlauf des Gespräches herausstellte, handelte es sich bei dem mysteriösen Anrufer, der seinen Namen partout nicht preisgeben wollte, um einen vom bereits verstorbenen Brünner Geheimbischof Felix Davidek im Jahre 1971 geheim geweihten Priester. Auf die Frage Sykoras, wieviele Geheimpriester es noch in der Slowakei gäbe, antwortete der Anrufer aus dem nordslowakischen Städtchen, daß es noch mehr als 100 seien. Auch hinsichtlich der Zahl der Untergrundbischöfe sprach der anonyme Anrufer von mehreren, genaue Angaben wollte er allerdings nicht machen. Er werde aber bald nach Brünn gehen, sagte der Priester aus Dolny Kubin, der angab, 70 Jahre alt zu sein, um mit „meinen Oberen“, das sind die Davidek-Leute, die ganze Angelegenheit zu besprechen.

Bei mir wiederum meldeten sich durch das Vlk-Interview betroffene verheiratete Untergrundpriester und ein verheirateter Untergrundbischof zu Wort. Sie wollten öffentlich klarstellen, wie sie über die abfälligen und beleidigenden Äußerungen des Prager Erzbischofs denken, dem auf der Spitze der kirchlichen Karriereleiter trotz seiner frommen Sprache offenbar jedes Gefühl für kirchliche Gemeinschaft abhanden gekommen zu sein scheint. In der „Furche“ 33 vom 15. August 1991 habe ich die Stellungnahme der CSFR-Geheimkirche gegen die ungerechtfertigten Vlk-Vorwürfe unter dem Titel „Desinformationskampagne“ veröffentlicht. Meine Gesprächspartner drückten ihren „Schmerz“ über die Äußerungen des Prager Oberhirten aus und bezeichneten seine Worte über die Untergrundkirche als geeignet, „der Gesamtkirche in der CSFR großen Schaden zuzufügen“. Die Kirchengegner, die alten Nutznießer des realen Sozialismus, Kommunisten und ihre Sympathisanten, würden über diesen innerkirchlichen Streit ihre Freude haben, meinten die Untergrundpriester aus dem früheren Davidek-Kreis. Zu den von Vlk kritisierten „Parallelstrukturen“, die die Geheimkirchen errichtet hätten – man sehe, wie sehr der Amtskirchenvertreter die „Strukturen“ betont, um diese geht es ja eigentlich – meinten die Untergrundleute wörtlich: „Wenn Erzbischof Vlk von Parallelstrukturen der Kirche im Untergrund berichtet, dann möge er doch bitte genau erklären, zu welcher offiziellen Kirche wir diese errichtet haben: Doch nur zu der im Würgegriff des kommunistischen Regimes befindlichen, von diesem völlig kontrollierten Staatskirche mit ihren Friedenspriestern.“ Die Untergrundpriester hielten Vlk ihrerseits vor, er habe sich seinerzeit nicht getraut, sein staatliches Berufsverbot als Priester zu umgehen und im Untergrund zu wirken. „Und uns wirft ausgerechnet er vor, daß wir in den Untergrund gegangen sind, weil wir die ‚Gefahren überschätzt' hätten. Was jetzt gesagt wurde, ist zuviel, deswegen sprechen wir. Wir können nicht mehr alles hinnehmen und schweigen, wozu man uns verpflichten wollte.“

Zuviel war dieser Artikel in der „Furche“ auch einem ständigen „Furche“-Kommentator, nämlich dem Wiener Weihbischof Dr. Helmut Krätzl, der aufgrund seiner Glossen als liberal und weitherzig gilt. Er intervenierte bei der „Furche“-Geschäftsführung, nicht bei der Chefredaktion, solche kritischen Beiträge gegen Erzbischof Vlk künftig zu unterlassen. Daß Wahrheit frei macht, davon will man innerhalb der Kirche offenbar noch immer nichts wissen. Daß Probleme durch Verschweigen nicht gelöst werden, durch Gerüchte und unsachgemäße Behandlung nur noch größer werden, ist den Amtskirchenvertretern offenbar egal.

Übrigens steht Erzbischof Vlk mit seiner Kritik an der Parallelkirche ganz im Gegensatz zu seinem Amtsvorgänger in Prag, Kardinal Frantisek Tomasek. Der greise Erzbischof hat seinerzeit jeden Versuch des Regimes – und es ist eigentlich beschämend, daß sich der jetzige Prager Oberhirte dieser Diktion bedient –, die katholische Kirche in eine „legale“, vom Staat gegängelte, und in eine „illegale“, im Untergrund tätige, auseinanderzudividieren, öffentlich bekämpft. „Ob öffentlich oder nicht öffentlich – wir sind eine einzige katholische Kirche“, hatte Tomasek, von dem Vlk noch einiges lernen könnte, in einem Pastoralschreiben 1988 an die Gläubigen in der damaligen CSSR geschrieben. „Es ist eine Fiktion und eine Lüge, wenn man von einer öffentlichen und einer im Untergrund agierenden politischen Kirche spricht. Der Herr wird uns beim Jüngsten Gericht vor Verleumdungen schützen.“ Die Untergrundkirche kann also Kardinal Tomasek zum Zeugen für ihre kirchlichen Intentionen, ihr „sentire cum ecclesia“ anrufen. Und nicht nur ihn. Auch Papst Johannes Paul II. hatte – Worte sind oft leichter zu setzen als konkrete Schritte der Anerkennung in einem Wust von Kirchenrechtsbestimmungen – während seiner Reise durch die CSFR – davon später – ein Loblied auf die Untergrundkirche als Teil der einen Kirche gesungen. Im übrigen setzt sich ein Kapitel in diesem

Buch auch mit der von Erzbischof Vlk in besagtem Interview gemachten Differenzierung der Untergrundkirche in eine Gruppe von Bischöfen, die mit Zustimmung Roms Ende der vierziger Jahre geweiht wurden – Vlk nennt hier Tomasek und Korec – und jener Gemeinschaft von Bischöfen auseinander, bei denen laut Vlk das Einverständnis Roms fraglich sei. Bezüglich der Bischofsweihe Korecs kann nachgewiesen werden, daß es sich dabei um eine keineswegs so sichere Angelegenheit, was die Zustimmung Roms betrifft, handelte, wie man jetzt glauben machen will. Momentan sind die Auseinandersetzungen innerhalb der Kirche – zwischen Amts- und Geheimkirche besonders in der Tschechoslowakei, aber auch in der unierten Kirche in Rumänien äußerst hart. Die Amtskirche behilft sich mit Schweigegeboten, mit Drohungen und anderen Druckmitteln, die die personale Existenz der Untergrundpriester gefährden könnten. Die Bevölkerung nimmt den Dienst dieser Leute jedoch dankbar an. Ohne sie gäbe es in weiten Regionen Osteuropas kein kirchliches Leben mehr, ohne ihre „gefährlichen Experimente" wären auch die Laien noch nicht ins kirchliche Leben und in die Mitverantwortung der Kirchenleitungen in Osteuropa einbezogen; denn die vom kommunistischen Staat geduldete absolut ergebene Kirche der Friedenspriester hat nur in der Sakristei – und auch dort nur beschränkt – gewirkt. Daß ein unrühmliches Kapitel der jüngsten (Amts)Kirchengeschichte nicht unter den Tisch fällt, dafür wurde dieses Buch geschrieben. Es ist keine Apologie der Geheimkirchen, es beschönigt nicht die Irrwege und Experimente in einer anscheinend ausweglosen Situation, aber es will jenen Menschen die Möglichkeit zur Artikulation geben, die mit Gewissensverpflichtungen und Drohungen noch einmal, diesmal in veränderter Form, eine Angstperiode in ihrem Leben durchstehen müssen, die sie bei Gott nicht verdient haben. Das Buch ist kein wissenschaftliches Werk, es ist aber zweifellos „oral history", es soll ein Denkmal für jene sein, die unbedankt und noch immer angefeindet dazu beigetragen haben, daß Osteuropa in die Gemeinschaft Europas zurückkehren konnte, wie sich der Papst nicht selten auszudrücken pflegt. Die Zeitzeugen und Gesprächspartner kommen ungefiltert zu Wort, meine persönliche Interpretation ist stilistisch von den Interviews beziehungsweise Darstellungen abgehoben und erkennbar. Ich danke vor allem Franz Hummer, der mich mit seinen Forschungen seit mehr als zehn Jahren für das Thema interessiert und mir für weitere Recherchen wertvolle Anregungen gegeben hat. Manfred Kierein danke ich für die Bereitschaft, mir sein Wissen und sein Archiv zur Verfügung gestellt zu haben. Den Gesprächspartnern in der CSFR, in Ungarn, aus der Ukraine, in Rumänien, aus China, Polen und der ehemaligen DDR sowie aus Österreich danke ich für das Vertrauen, das sie mir in langen Begegnungen entgegengebracht haben.

BÖHMEN UND MÄHREN

Rom sucht willfährige Männer

Viele wünschen sie: verheiratete Priester des lateinischen Ritus und weibliche Diakone oder sogar weibliche Priester – und dies alles unter Berufung auf die Geschichte der Kirche während des ersten bewegten Jahrtausends mit dem Schwerpunkt im Osten. Sympathisanten und Kämpfer für die Ordination von Frauen in der katholischen Kirche haben jüngst – einem Bericht der US-Zeitschrift „New Church" (einem Kampfblatt der katholischen Frauenbewegung „Women´s Ordination Conference") zufolge – eine Entdeckung gemacht, die geeignet ist, die katholische Kirche zu erschüttern: Mary Ann Rossi, amerikanische Professorin am „Women´s Studies Centre" der Universität Wisconsin, hat eine im Vatikan abgelegte und ungelesene Arbeit des italienischen Historikers Giorgo Otranto entdeckt, die den Nachweis für die Existenz weiblicher Priester in der frühen Kirche erbringt. Dabei handelt es sich um Bischofsschreiben und Grabinschriften aus der Zeit des frühesten Christentums, in denen – beziehungsweise auf denen – die Praxis der Frauenordination bestätigt wird. Papst Gelasius I. hat im 5. Jahrhundert in einem Mahnschreiben an süditalienische und sizilianische Bischöfe angeordnet, mit der Weihe von Frauen aufzuhören, die Frauenweihe bringe nämlich – so der Papst – den Verfall. Und Verfall befürchtet auch jene Kirche, die gegenwärtig nur mehr von Männern dominiert wird und diese Dominanz mittels göttlichem Recht auch in Ewigkeit absichern will.

Man mag überrascht sein: es gibt verheiratete Priester und auch Frauen als Priesterinnen seit Jahren in der benachbarten Tschechoslowakei. Das Problem der in den Jahren kommunistischer Unterdrückung von Kirche und Religion zur Aufrechterhaltung kirchlicher Strukturen geheim geweihten und im Untergrund tätigen Bischöfe und Priester bereitet den entsprechenden Stellen in der CSFR, aber auch in Rumänien großes Kopfzerbrechen.

Dieses bisher nur Insidern bekannte Problem kam durch einen in Rom eingetroffenen vertraulichen Bericht eines gewissen „Monsignore Jan Blaha" ins Rollen. „Geheimbischof" Blaha, Bittsteller im Vatikan, fungiert als einer der Nachfolger des 1988 verstorbenen „Geheimbischofs" Dr. phil. Felix Davidek aus Brünn, dessen Konsekrator er auch gewesen sein will. Blaha hat übrigens durch den Jesuiten Peter Dubovsky die Bischofsweihe erhalten.

Das Problem, von dem besonders Mähren betroffen ist, umfaßt nach

Angaben aus Rom rund 350 Weihen (vorwiegend verheiratete Männer und Frauen, Priester und Diakone). Die Zahlenangaben schwanken zwischen 350 bis 600 sehr stark, was damit zusammenhängt, daß es mehrere Untergrund„familien" gegeben hat, die die gegenseitige Stärke nicht kannten. Auf Davidek gehen die meisten der genannten geheimen Priesterweihen zurück. Römische Erhebungen wurden früher immer durch die Staatspolizei erschwert, ja verhindert. Man darf heute annehmen, daß die Behörden an Davidek im Sinne der Förderung einer Kirchenspaltung größtes Interesse zeigten, die Person Davideks zwar beschatteten, aber doch nicht verschwinden ließen. In diesem Zusammenhang verdient der Bericht eines mir namentlich bekannten spanischen Journalisten Aufmerksamkeit, den die österreichische katholische Nachrichtenagentur Kathpress in einem nur für Bischöfe und kirchliche Insider bestimmten wöchentlich erscheinenden Informationsdienst (Nummer 11 vom 15. März 1991) publizierte. Darin wird „die nicht zu leugnende Mitwisserschaft der CSSR-Geheimpolizei (StB)" als Faktum bezeichnet, das es dem Vatikan erschwere, die Davidek-Weihen zu legalisieren. Zwei Geheimdienstleuten – diese Geschichte wurde mir von meinen Informanten auch bestätigt, in unterschiedlichsten Formen und mittels perfider Aktionen hat es solche Versuche der Unterwanderung der Kirche in kommunistischen Staaten unentwegt gegeben –, die sich in Rom als Geheimpriester ausgegeben hatten, sei es gelungen, „wichtige Dokumente mit den Namen von Bischöfen aus einem römischen Archiv an sich zu nehmen". Der spanische Journalist folgert in seinem Bericht: „Es darf daher mit Sicherheit davon ausgegangen werden, daß die Polizei teilweise über die Geheimkirche besser als der Vatikan informiert war." Ein größerer Unsinn ist wohl selten geschrieben worden. Abgesehen davon, daß durch zu große Vertrauensseligkeit tatsächlich – siehe die folgenden Kapitel – Geheimpriester und -bischöfe enttarnt und festgenommen wurden, stand wohl manchmal auch die Absicht dahinter, sich mittels des Staates einer für die Kirchendisziplin gefährlich gewordenen Untergrundbewegung zu entledigen, doch dürfte die Gültigkeit einer Weihe niemals vom Mitwissen einer – wenn auch kirchenfeindlichen – Organisation abhängig gemacht werden. Der Text des spanischen Journalisten und seine Bewertung der Untergrundkirche wird denn auch von dieser als reine Desinformation, als Spekulation über Gespräche, in denen der Gesamtzusammenhang nicht verstanden wurde und als versuchte Anti-Propaganda, das heißt Stimmungsmache gegen die unbotmäßige Kirche im Untergrund gewertet.

Davidek selbst hat den Kontakt zu römischen Stellen nie abgebrochen, im Gegenteil: seine in formvollendetem Latein abgefaßten Berichte waren als „Zuckerl" einem kleinen Kreis von Insidern bekannt. Nun prüft unter anderen der oberste Glaubenswächter, Kardinal Joseph Ratzinger, die nicht ganz unerwartet aufgetretenen Probleme. Durch Blahas Bericht haben sich die einschlägigen Fragen „verdichtet". Die Zahl der Geheimbischöfe in der CSFR liegt mindestens um die 40, das ist mehr als dreimal soviel wie die Zahl der Diözesanbischöfe (13). Von den im März 1990 geweihten Bischöfen für Böhmen, Mähren und die Slowakei, wie auch von den für Rumänien ernannten Bischöfen des lateinischen und des griechisch-katholischen Ritus heißt es, daß sie zum Teil aus der Kommunistischen Zeit kompromittiert und daher anpassungsfähig sowie für Rom lenkbar seien: Erzbischof Jan Sokol von Trnava (Tyrnau) und der Bischof von Spis (Zips), Frantisek Tondra, der jetzige Vorsitzende der Bischofskonferenz der CSFR, wurden noch als Kompromißkandidaten den Kommunisten „abgerungen". Jan Hirka, der griechisch-katholische Oberhirte von Presov (Preschau), wurde zwar jahrelang mit dem eigentlich legitimen Inhaber des Presover Bischofsstuhls, Bischof Vasil Hopko (1976 gestorben) gefangen gehalten; 1969 beugte sich der Vatikan aber den nationalen Interessen der Slowaken und bestellte Hirka zum Ordinarius. Hopkos Auffassung war, daß es sich bei den ostslowakischen Unierten um eine ukrainische, keine slowakische Kirche handelte, der Streit schwelt bis heute weiter. Auf Hopko geht übrigens eine griechisch-katholische Untergrundkirche zurück, deren Ausläufer wir noch kennenlernen werden. Vojtech Cikrle, der Bischof von Brno (Brünn), war zuvor Regens des staatlich erlaubten Zentralpriesterseminars in Litomerice (Leitmeritz) und damit mittelbar in der Hand der Geheimpolizei. Ohne entsprechende Disposition zur Zusammenarbeit konnte in der Kommunistenära kein Priester Regens eines Priesterseminars werden. Priesterausbildung war den Kommunisten ein besonderer Dorn im Auge, was die Überwachungen der Vorlesungen, das genaue Überprüfen der Kandidaten, ein strikter numerus clausus bei der Aufnahme und ständige Einflußnahme in das Seminarleben durch die Behörden bezeugen. Das alles braucht hier nicht belegt zu werden. Durch seinerzeit in den Westen geschmuggelte Briefe und Filme sollte das – wenngleich es schon unserem Bewußtsein entschwunden scheint – bestens bekannt sein. Miloslav Vlk, amtsbehinderter Priester, dann Bischof von Budweis, jetzt Erzbischof von Prag, wird von den Untergrundleuten ebenfalls Anpassungsfähigkeit vorgeworfen, weil er es „aus lauter Angst" nicht gewagt habe, geheim seinen priesterlichen Verpflichtungen nachzugehen. Vlk scheint das auch in seinem Interview mit der „Presse" ungewollt zu bestätigen: „Nun, in den letzten Jahren des Regimes wußten wir ziemlich genau, was möglich war, und konnten uns danach richten. Ich erinnere mich da an ein Treffen vor fünf Jahren, an dem 450 Gläubige teilnahmen. Offiziell war so etwas natürlich nicht erlaubt. Aber unter dem Vorwand, ein Hochzeitsjubiläum zu feiern, konnten wir in einem Dorf über ein Wochenende das Kulturhaus mieten. Ich habe damals zelebriert, die Kommunion ausgeteilt und gepredigt. Wir wurden zwar von außen überwacht, aber das hat nicht sehr gestört." Die Untergrundleute sagen heute, daß es ihre Aufgabe gewesen sei, mehr zu tun, als erlaubt war – und erwarteten das auch von der offiziellen Kirche.

Im Würgegriff von Staat und Amtskirche

Als Johannes Paul II. am Samstag, 21. April 1990, in Prag zu seinem sensationellen Pastoral- und Staatsbesuch in der neuen Tschechoslowakei eintraf, scholl ihm neben dem Jubel der Prager auch Dank dafür entgegen, daß er seinerzeit als Erzbischof von Krakau in einer schwierigen Zeit der katholischen Kirche der damaligen CSSR beigestanden und ihre Mühen mitgetragen habe. Václav Maly, Priester, Charta 77-Unterzeichner und Organisator der sanften Revolution vom Herbst 1989, brach mit einem Tabu und bedankte sich in einem Leitartikel in der Prager Kirchenzeitung „Katolicky tydenik" für die „vielen Priester aus der Tschechoslowakei", die Karol Wojtyla „geheim geweiht" habe, „damit sie ihrer Kirche dienen konnten". Johannes Paul II. wurde damit von seiner Vergangenheit eingeholt. Zum ersten Mal war in schriftlicher Form festgehalten worden, daß der amtierende Papst als Krakauer Oberhirte Priester für den geheimen priesterlichen Dienst in den Ländern der Tschechoslowakei nicht nur selbst geweiht, sondern auch für deren theologische Ausbildung Sorge getragen hatte. Details darüber waren bis zu diesem Zeitpunkt nur Insidern bekannt und wurden von diesen als großes Geheimnis der modernen Kirchengeschichte einer breiteren Öffentlichkeit vorenthalten.

Seit Malys Artikel ist in den westlichen Medien das Interesse an dieser Geheimkirche erwacht, aber nicht im gleichen Maße wie in den Medien der Tschechoslowakei. Der zunehmend materialistisch werdende Staat – eine Tatsache, die den neuen Bischöfen des Landes enorme Sorgen bereitet – kümmerte sich vorläufig nicht um seine Vergangenheit. Ein Schleier liegt auch über der Kirchengeschichte der vergangenen 40 Jahre. Hatten sich die teilweise noch aus der alten Ära stammenden offiziellen Vertreter der CSFR im Ausland im Umfeld des Papstbesuches bei Pressekonferenzen noch an die Brust geklopft und auf die Kirchenverfolgung seit 1948 verwiesen, die dadurch entstandene Lebensbedrohung für Glaube und Religion eingestanden, so tendiert die gegenwärtige politische Entwicklung in Richtung Säkularismus, der die Kirche für die gesellschaftliche Neuordnung als nicht notwendig betrachtet. Die neue kirchliche Hierarchie in der Tschechoslowakei trägt selbst nicht wenig dazu bei, daß sie in der Öffentlichkeit kaum zur Kenntnis genommen wird. Aus Überängstlichkeit, wohl auch aus anerzogener Autoritätshörigkeit gegenüber politischen Größen versagen sich die Bischöfe dem gesellschaftspolitischen Dialog, wittern überall nur Antipathien, können dem aufkeimenden Werte-Pluralismus kaum etwas abgewinnen. Stichwort: „Unter den Kommunisten war es einfacher". Dieses war aus dem Munde Erzbischof Vlks, aber auch aus dem Munde eines Laien im slowakischen Untergrund, des seinerzeitigen Mitarbeiters von „Untergrundbischof" Jan Korec und Gründers von christlichen Laienbewegungen in der Slowakei, des Arztes Dr. Silvo Krcmery, zu vernehmen. Klerikalismus und Ghettoisierung der Kirche in der Tschechoslowakei könnten die Folge dieser Einstellung sein. Das Bewußtsein um das Schuldiggewordensein durch Kooperation mit dem kommunistischen Staat über die seinerzeit durch päpstliches Dekret verbotene Priestervereinigung „Pacem in terris" läßt zudem viele Priester und Bischöfe leisetreten. Man klagt die Vergangenheit nicht an, wenn man über sich selbst klagen müßte. Wahrhaftigkeit könnte die verkrampfte Situation lösen. Doch gerade von Bischöfen der CSFR bekommt man immer zu hören, man solle doch die aus der Vergangenheit stammenden Probleme nicht an die Öffentlichkeit tragen. Václav Maly ist einen anderen Weg gegangen.

Er hat bestätigt, was mein Kollege Franz Hummer 1981 für sein Buch „Bischöfe für den Untergrund" herausgefunden und belegt hat und wofür er nicht selten Schelte einstecken mußte: Daß es in der katholischen Kirche ein Konzept gegeben hat, den Kommunismus zu überleben und zu unterlaufen; mittels geheim geweihter Priester und Bischöfe. In Polen, in der damaligen DDR, in der Bundesrepublik, aber auch in Rom selbst wurden bei Auslandsbesuchen geeignete Kandidaten aus dem „Ostblock" geheim zum Dienst in ihrer Ortskirche ordiniert. Und die auf diese Weise geweihten Bischöfe, die in keinem Schematismus, in keinem Annuario (dem Päpstlichen Jahrbuch) aufschienen, praktizierten den Vorgang in ihren jeweiligen Heimatländern weiter. So entstand neben der staatlich anerkannten, das heißt, der staatlichen Aufsichtsbehörde unterstellten und damit ständig kontrollierten, und geheimdienstlich unterlaufenen Kirche eine Untergrundkirche oder – so die eigene Bezeichnung – eine ecclesia silentii. Diese Kirche des Schweigens wirkte in allen kommunistischen Staaten Osteuropas, aber auch in China – und sie wirkt und lebt auch heute noch.

Die Nacht der Zerstörung

Besonders stark ist sie (noch immer) in der Tschechoslowakei – aus mehreren Gründen. Während es in Ungarn, Jugoslawien, Polen und in der DDR, aber auch in Rumänien – hier mit Ausnahme der griechisch-unierten Kirche – in den sechziger Jahren zu einer Art Normalisierung des Kirche-Staat-Verhältnisses auf der Grundlage genau fixierter, das heißt äußerst eingeschränkter Wirkungsmöglichkeiten kam, erlitt die CSSR mit dem Einmarsch der Truppen des Warschauer Paktes in der Nacht vom 20. auf den 21. August 1968 einen enormen politischen Rückschlag. Von der größten Hoffnung stürzte man ab in die finsterste Nacht der Repression und Depression. Amtsbehinderte Priester und Bischöfe im Untergrund, die jahrelang die Welt nur durch vergitterte Fenster betrachten mußten, versuchten – vielleicht in einer Überreaktion, die ihnen aber niemand verübeln darf – das hierarchische Leben der Kirche, die kirchlichen Strukturen zu retten. Sie begannen heimlich Nachfolger für den Fall der totalen Zerstörung der Kirche durch Deportationen zu weihen. In der Tschechoslowakei, besonders in Mähren, gesellte sich zu der äußeren Bedrohung die innere Überzeugung, die cyrillo-methodische Tradition unter den Slawen bewahren zu müssen. Das heißt, die teilweise im Ausland ordinierten Untergrundbischöfe wollten unter schwierigsten Umständen, unter Lebensgefahr ihren Beitrag zur Lebensfähigkeit des Glaubens unter den Slawen leisten. Dies versteht nicht, wer sich nicht mit der mährischen Geschichte, mit dem Traum vom Großmährischen Reich in fester Verbindung mit Rom beschäftigt hat. Das mährische Heiligtum Velehrad ist geistiges Zentrum dieser – fast möchte man sagen – Ideologie, die aber nicht aufgepfropft ist, sondern in der historischen Überzeugung der Mährer wurzelt. So verwundert es nicht, wenn einer der späteren Geheimbischöfe, der schon genannte Felix Davidek aus Brünn, bereits in seiner Zeit als amtsbehinderter Priester und während seiner 14jährigen Gefängniszeit Ideen einer gesamtslawischen katholischen Universität in Velehrad entwickelte und Mithäftlinge – größtenteils Professoren – bereits Vorlesungen auf Klosettpapier entwarfen. Das stammt aus keiner mysteriösen Quelle, sondern wurde dem Autor vom derzeitigen Königgrätzer (Hradec Kralové) Bischof, Karel Otcenasek – selbst ein geheim geweihter Bischof im Untergrund, der bis 1990 40 Jahre lange auf seine Amtsübernahme warten mußte, und Gefängnisgenosse Davideks war – berichtet.

Unmittelbar nach dem Sturz des kommunistischen Regimes in der Tschechoslowakei tauchten bei den neu ernannten Ordinarien der 13 tschechoslowakischen Diözesen Priester aus dem Untergrund auf, die keinerlei schriftliche Hinweise auf ihre Weihe in den Händen hatten. Die

Bischöfe sammelten daraufhin alle Namen ehemaliger Untergrundbischöfe und -priester, ein Verfahren zur Legalisierung wurde eingeleitet. Dabei stellte sich heraus, daß sich unter den Priestern, aber auch unter den Bischöfen Verheiratete befanden, ja daß sogar Frauen angaben, geheim zu Priesterinnen beziehungsweise zu Diakonissinnen geweiht worden zu sein. Seit September 1990 liegen die entsprechenden Listen, die die Diözesanbischöfe der CSFR augestellt hatten, als bestbehütetes Geheimnis der römischen Glaubenskongregation vor, die sich nun mit dem Problem der Legalisierung herumzuschlagen hat. Vom vatikanischen Pressesprecher Navarro Valls wurde dies – auch die Tatsache, daß „zwei Frauen" ordiniert worden sein sollen, Erzbischof Vlk spricht von „einigen Frauen" – vor nicht allzu langer Zeit bestätigt. Für Václav Maly, der mit dem Problem bestens vertraut und auch über die Diskussionen über die Geheimpriester und -bischöfe der CSFR in der Prager Hierarchie genau informiert ist, können „nach katholischem Verständnis diese Priesterweihen nicht als gültig gewertet werden, da mit der Weihe ja die Beauftragung zum Dienst an einer Gemeinde in einer bestimmten Diözese vorgesehen ist, was für die von den Brünner Geheimbischöfen vorgenommenen Weihen nicht gelten kann, weil die selbst ja keine Ortsbischöfe gewesen sind". Maly stellt sich auf den Standpunkt des Kirchenrechts.

Rom und die Ortskirche bewahren striktes Schweigen über all diese Vorgänge. Bestätigt werden die offenen Fragen bei Gesprächen mit tschechischen und slowakischen Bischöfen allemal, wenngleich Größe und Ausmaß des Problems heruntergespielt werden. Kardinal Jan Korec von Nitra jedenfalls bezeichnete mir gegenüber die Frage der Untergrundpriester und -bischöfe als „schwerwiegendes Anliegen". Und das ist es, wenn man tatsächlich vor Ort recherchiert. Die über Nacht gekommene Unterdrückung des „Prager Frühlings" 1968 hat eine Weltuntergangsstimmung in der ohnehin schon sehr im Argen liegenden tschechoslowakischen Kirche geschaffen. Die nur von der Behörden Gnaden existierende offizielle Kirche, deren Hierarchie nie vollständig war, die sich in ihren zwei zugelassenen Priesterseminaren in Litomerice (Leitmeritz) und Bratislava (Preßburg) voll im Würgegriff der Staatspolizei befand, wurde seit den fünfziger Jahren von den amtsbehinderten Priestern und Bischöfen nie anerkannt. Im Untergrund weigerte man sich strikt, mit der offiziellen Kirche zusammenzuarbeiten. Die Priesterseminare und ihre Leitung waren verpönt. Man baute eigene theologische Lehranstalten im Geheimen auf und nützte die Kontakte in einem weltlichen Beruf, um zu missionieren.

Besonders gut verstand dies offenbar der 1921 geborene Felix Davidek nachdem er 1963 aus 14jähriger Lagerhaft entlassen in seine Heimatgemeinde Chrlice bei Brünn zurückgekehrt war. Der 1945 zum Priester geweihte Davidek, Doktor der Philosophie mit starken Neigungen zur Naturwissenschaft und Medizin, baute in Brünn und Umgebung, später in ganz Mähren, ein Netz von Untergrundpriestern und -bischöfen auf, das bis in die Ostslowakei reichte. Davidek wurde – so hat dies dem Autor der in der Nähe des österreichischen Städtchens Laa/Thaya in einem mährischen Dörfchen als Ortspfarrer wirkende Geheimbischof Stanislav Kratky schriftlich bestätigt – 1967 von einem gewissen Jan Blaha geheim zum Bischof geweiht.

Jan Blaha selbst, der zur Zeit in Brünn als Computerfachmann in einem pharmazeutischen Betrieb arbeitet, wurde vom Jesuiten Peter Dubovsky – jetzt Weihbischof in Banska Bystrica – ebenfalls 1967 ordiniert. Wie es zu diesen Weihen kam, ist eine Abenteuergeschichte. Jedenfalls ist die Apostolische Sukzession durch Peter Dubovsky gewahrt. Rechtmäßigkeit und Weiheauftrag sind andere Fragen. Dazu noch später.

Der Griff zu außerordentlichen Mitteln

Davidek gelang es, als Desinfekteur in der Brünner Kinderklinik an die Intelligenz heranzukommen. Die mährische Hauptstadt Brünn hatte – ihrer Industrie wegen – viele amtsbehinderte Priester aus allen Teilen der Tschechoslowakei aufgenommen, die dort als Schwerarbeiter in der Metall- und Lokomotivindustrie einen Job fanden. Mit diesen Kreisen hatte Davidek Umgang, in seinem Haus in Chrlice, aber auch in den mährischen Bergen hielt er an Wochenenden theologische Seminare. Der als sehr fortschrittlich beschriebene Davidek hat auch einen Kreis von Frauen um sich gesammelt, die er – nach Aussagen seiner Freunde – auf das Priesteramt vorbereiten wollte. Außerordentlich schwierige Zeiten, erklären einhellig alle vom Autor befragten von Davidek geweihten Priester und Bischöfe, verlangten außerordentliche Mittel. Bezüglich der Priesterweihen von Frauen gibt es aber im noch bestehenden Freundschaftskreis um den verstorbenen Davidek widersprüchliche Aussagen. Man spürt, wie unangenehm dieses Thema den Angesprochenen ist; es wird aber auch darauf hingewiesen, daß sich ja auch die offizielle Kirche auf ihren Bischofssynoden mit der Frauenordination – wenngleich immer abschlägig – befasse und befaßt habe. Davidek, der Rom über die Vorgänge in Kirche und Staat in der Tschechoslowakei auf Lateinisch immer informiert hat, wollte unter allen Umständen, daß jene Kirche, die sich nicht mit dem kommunistischen Staat arrangiert hat, überlebt. Kontakte zu den Kapitelvikaren vermied man vollständig, man wollte ja nicht enttarnt werden. Und es ist nicht nur einmal vorgekommen, daß ein Geheimpriester nach einem Gespräch mit seinem Ortsordinarius,

Administrator oder Kapitelvikar von StB-Leuten besucht und danach so observiert wurde, daß es scheinbar keine Möglichkeit eines geheimen priesterlichen Wirkens mehr gab.

Kapitelvikar Horky von Brünn hat als Ordinarius ohne Bischofsweihe mehrfach zur Enttarnung von Untergrundpriestern beigetragen; er ist übrigens heute wieder als Bischofsvikar von Brünn in einem kirchlichen Amt. Als sich noch vor der sanften Revolution vom November 1989 die tschechischen Ordinarien mit vielen Gläubigen zur Heiligsprechung Agnes von Böhmen in Rom einfanden, kam es in einer Audienz mit dem Papst zu folgendem Gespräch zwischen Horky und Johannes Paul II: Der Papst erkundigte sich beim Brünner Kapitelvikar, wie es denn den mährischen Untergrundbischöfen gehe. Horky: „Bei uns gibt es keine Geheimbischöfe." Darauf der Papst: „Merkwürdig, zwölf von ihnen habe ich seinerzeit als Erzbischof von Krakau zu Priestern geweiht."

Entscheidend war für Davidek die Erfahrung der Niederschlagung des „Prager Frühlings". So rasch wie möglich wollte er eine Zerstreuung der Kirche verhindern. In den Tagen um den 20. August 1968 gab es in Brünn und Chrlice dann eine rege Weihetätigkeit. Auch Bischof Kratky hat in diesen Tagen die Bischofsweihe von Felix Davidek erhalten, selbst aber keine Bischöfe danach konsekriert. „Diese Weihen wurden unter äußerster Geheimhaltung durchgeführt. Außer Zeugen war niemand bei der Weihe zugegen", berichtet der Geheimbischof. „Keiner hat sich für andere Vorgänge im Haus Davideks interessiert, es hatte uns auch nicht zu interessieren. Jeder von uns hat nur soviel gewußt, als er unbedingt brauchte. Geheimhaltung war oberstes Gebot. Nur so waren wir sicher, daß bei Verhören oder Folterungen nichts verraten werden konnte. Was man nicht weiß, kann man auch nicht verraten." Bischof Davidek wollte das Überleben der Kirche durch kleine Gruppen mit einem Bischof an der Spitze sichern. Große Gruppen, diözesane Strukturen hielt er unter den damaligen Umständen für äußerst gefährlich. Fiel ein Diözesanbischof, war die gesamte Diözese verwaist. Fiel ein Bischof einer kleinen Gruppe, konnten die anderen als eigenständige Kirche weiterexistieren – so seine Idee.

Damit die ordinierten Priester und Bischöfe nicht so leicht enttarnt werden konnten, weihte Davidek auch Verheiratete zu Priestern. Unter den etwa 40 geheim geweihten Bischöfen der Tschechoslowakei – viele schätzen ihre Zahl noch weitaus höher ein – gibt es auch einen verheirateten. Unter den verheirateten Priestern, so berichten bereits im kirchlichen Dienst in Brünn befindliche ehemalige von Davidek geweihte Geheimpriester, haben die kommunistischen Behörden keine Priester oder Bischöfe vermutet. Daher sei dies ein Trick gewesen, um die Behörden irrezuleiten und den kirchlichen Dienst im Untergrund aufrechtzuerhalten.

In der Argumentation gegenüber Rom, das jetzt alle Fälle behandelt, aber offenbar keine Globallösung, sondern nur Einzellösungen anstrebt, hat man sich darauf eingeschworen, daß Davidek die Verheirateten zum Dienst für die in der Ostslowakei befindliche griechisch-unierte Kirche geweiht habe. Warum das alles aber im katholischen Brünn so massiv geschehen ist, kann oder will niemand beantworten. Manche Gesprächspartner in Brünn geben unumwunden zu, daß die Aufgabe der geheim geweihten Ehemänner „eigentlich erfüllt“ sei. Manche von ihnen arbeiten wieder im kirchlichen Dienst, jedoch nicht als Priester. Sie zelebrieren im kleinen privaten Kreis in ihren Wohnungen die Messe. Zu den Frauenordinationen – die manche Brünner Gesprächspartner leugnen, obwohl Rom diese schon bestätigt hat – wird nicht selten darauf verwiesen, daß Davidek damit „zu weit gegangen“ sei.

Ist es schon schwierig, das Problem der verheirateten Priester, dann erst des verheirateten Bischofs theologisch und kirchenrechtlich, aber auch human zu lösen, erweisen sich die Frauenweihen als unlösbar. Eines wird Rom wohl bedenken müssen: Jahrzehntelang haben die Geheimpriester unter schwierigsten Bedingungen kirchliches Leben – wie sie bona fide meinten „romtreu“ und „unabhängig von den Behörden“ – aufrechterhalten, haben in ständiger Angst vor Enttarnung und damit verbundener sofortiger Verhaftung ihre kirchliche Aufgabe erfüllt. Und jetzt sollen oder müssen sie erneut ein Opfer bringen: Beiseitestehen nach der politischen und gesellschaftlichen Umwälzung in der CSFR, um ein kirchliches Prinzip und Gesetz, den priesterlichen Zölibat, nicht in Frage zu stellen. Man spricht heute davon, daß die verheirateten Priester aus Mähren in die Ostslowakei zu den Unierten versetzt werden könnten. Das kann doch nicht die Antwort Roms auf ein menschliches Problem sein? „Wir haben während einer Zeit bitterster Not und Unterdrückung das kirchliche Leben in der Tschechoslowakei aufrechterhalten, inmitten des vom Zweiten Vatikanum so stark hervorgehobenen Volkes Gottes. Dafür haben wir alle Unsicherheiten und Opfer auf uns genommen. Und jetzt macht Rom Schwierigkeiten mit unserer Anerkennung“, klagt der bis vor kurzem im Brünner Bischöflichen Gymnasium wirkende Professor Frantisek Provaznik, selbst Geheimpriester, jetzt von Bischof Cikrle vom Dienst suspendiert, dessen Bruder Bedrich – ein Geheimbischof – als Ingenieur in Brünn arbeitet. Man sollte jetzt wirklich daran gehen, richtet der Professor eine Mahnung an Rom, nachdem es möglich geworden ist, die „Untergrundkirche“ mit der „normalen Kirche“ zu vereinen. Als gutes Vorbild nennt er das Bischöfliche Gymnasium in Brünn, an dem er und weitere frühere Geheimpriester – aufgrund einer Eigeninitiative nach der friedlichen Revolution und mit dem späteren Einverständnis des Ortsordinarius

Vojtech Cikrle – gemeinsam mit „normalen“ Priestern zusammenarbeiten. Das Verhältnis ist nach seinen Worten gut, wenngleich die ehemaligen Untergrundpriester noch immer ein „gewisses Mißtrauen“ gegenüber jenen Priestern empfinden, die die staatliche Berufserlaubnis hatten, also mit dem alten Regime zusammengearbeitet hatten. Der Professor meint auch, daß der Westen von der tschechoslowakischen Untergrundkirche lernen könne, wie man mit Menschen Kontakt hält und auf ihre Probleme eingeht. Hinsichtlich der kirchlichen Brüderlichkeit hat sich Provaznik jedoch getäuscht. Offiziell wegen rüden Umgangs mit Schülern wurde er im Frühjahr 1991 vom Brünner Bischof entlassen.

Ein zweites Mal will die Untergrundkirche nicht Opfer sein. „An der Spitze unserer neuen Hierarchie“ – so eine schwere Anschuldigung Provazniks – „stehen heute nicht selten Leute, die den Kommunisten in den Arsch gekrochen sind. Wir wollen keine Rache. Aber Gerechtigkeit. Während der größte Teil der 600 Geheimpriester bis Herbst 1991 nicht anerkannt ist, wurde uns eine Führung vorgesetzt, die größtenteils kompromittiert ist.“

Gerüchte in Brünn

Wie kommt man eigentlich an Vertreter der Untergrundkirche heran? Die laufen ja nicht überall herum und erzählen ihr nicht beneidenswertes Schicksal. Zunächst galt es daher zu sondieren, was im Zentrum der mährischen Geheimkirche, in Brünn also, an Wissen über diese Untergrundorganisation im Umlauf ist. Alte Professoren waren sehr hilfreich dafür. Sie haben viel erlebt und gehört, kannten und kennen noch viele Beteiligte. So war es auch mit dem 81jährigen Brünner Domorganisten, Konzertmeister und Komponisten, Professor Vladimir Hawlik – er wohnt mit seiner Frau in der Dompfarre in Brünn/Petrov, gleich neben dem bischöflichen Ordinariat und kann von seiner Wohnung direkt auf den Brünner Petersdom sehen. Kaum war das Problem angetippt, sprudelte es aus ihm – der seiner künstlerischen Fähigkeiten wegen von den Kommunisten in der ganzen Welt herumgereicht wurde – heraus, daß Katholiken während der Kommunisten-Ära 1948 bis 1989 sehr wohl um die Geheimpriester und -bischöfe gewußt, aber kaum darüber gesprochen haben. Manche von den Geheimpriestern, erzählt er, waren verheiratet, einige von den Geheimen sind heute offiziell als Priester anerkannt. In der CSFR berichten – so Hawlik – die Zeitungen (weltliche und kirchliche Medien) kaum etwas über dieses Problem. Über ordinierte Frauen beginne man erst jetzt zu sprechen.

Den Geheimbischof Felix Davidek, Oberhaupt der mährischen Geheimkirche mit einem Netz über die gesamte CSSR, hat Hawlik persönlich sehr gut gekannt. Genaues über seinen Fall habe man nicht gewußt. „Er war eingesperrt – und im Gefängnis hat ihn ein anderer Bischof geweiht, wahrscheinlich der Weihbischof von Olmütz, Zela, der 1950 zu 25 Jahren Gefängnis verurteilt worden war und 1969 gestorben ist." Diese Information wird sich allerdings in weiteren Gesprächen als falsch herausstellen. Zela hat Davidek zum Priester, nicht zum Bischof geweiht. Nachdem Davidek zum Bischof konsekriert worden war, habe er mit niemandem darüber sprechen wollen. Hawlik: „Davidek stammte aus Chrlice. Er stotterte beim Sprechen, was sich besonders stark beim Predigen auswirkte und etwas lächerlich wirkte. Ich weiß, daß er einmal in einem Gespräch mit dem Brünner Ordinarius Karel Skoupy (dieser 1886 geborene Bischof residierte mit Unterbrechungen von 1947 bis 1972, war ab 1953 interniert und kam 1968 wieder in sein Amt, starb 1972), der damals schon ein alter Herr war, das Angebot machte, ihm, Davidek, freiwillig den Bischofssitz zu überlassen." „Infelix", so hat nach den Worten Hawliks Bischof Skoupy in Anspielung auf Davideks Vornamen (Felix = Glücklicher, Infelix = Unglücklicher) das Gespräch unter vier Augen begonnen, „was machst du bloß?" Daraufhin habe der Geheimbischof gesagt: „Exzellenz, es wäre am besten, wenn Sie weggingen und ich hier regieren würde. Ich bin jung und Sie sind alt." Für Hawlik steht fest, daß Davidek gerne die Diözese Brünn übernommen hätte. Der sehr kleine, schmächtige Davidek ist nach des Domorganisten Aussage „sehr intellektuell" veranlagt gewesen und habe „überhaupt nicht in die damalige Zeit gepaßt". Ob Davidek unter dem Druck der Behörden, der Geheimpolizei gestanden sei, könne er nicht sagen, „aber es wäre möglich gewesen".

Hawlik schildert den Geheimbischof, dessen Handlungen der katholischen Kirche soviele Sorgen bereiten, als einen übernervösen Menschen. „Wenn wir uns getroffen haben, war er immer sehr ängstlich und vorsichtig. Immer schaute er nach rechts und links, ob uns jemand beobachtete." Hawlik selbst ist mit Davidek über Graf Hugo Strachwitz, den Schwiegervater von Hawliks Tochter, bekannt geworden. Der vor zehn Jahren verstorbene Strachwitz, seinerzeit als Offizier der Schweizer Garde im Vatikan beschäftigt, war mit Davidek im selben Gefängnis in Mirov eingesperrt. Daß Davidek stotterte, sei ein Grund dafür gewesen, so Hawlik, daß er sich in psychiatrische Behandlung begeben habe. Hier taucht ein Stereotyp auf, das in der Argumentation gegen den Brünner Geheimbischof seit Jahren eine Rolle spielt. Davidek sei „verrückt" gewesen, heißt es immer wieder. Zu dieser Einschätzung wesentlich beigetragen hat eine Beurteilung Davideks – offenbar aufgrund eines Gespräches mit dem jetzigen

Nuntius in Bukarest, dem Steyler Pater John Bukovsky, der im Sommer 1977 einige tschechoslowakische Diözesen im Auftrag Papst Pauls VI. bereiste und die Situation in den verwaisten Bistümern erkundete – die Hansjakob Stehle in seiner „Ostpolitik des Vatikans" gibt: „Bukovksy sprach auch mehrere Stunden mit dem ‚prominentesten', aber dubiosesten Gegner dieser Politik (gemeint ist die doppelbödige Ostpolitik des Vatikans, Anm.d.Verf.): dem bei Brno lebenden Felix Davidek, einem damals 60jährigen, psychisch gestörten Priester, der durch einen (bis heute unbekannten) Bischof ohne Genehmigung des Vatikans in den sechziger Jahren die Bischofsweihe erhalten hatte und eine von Rom unabhängige ‚Untergrundkirche' in der CSSR aufzubauen versuchte. Davidek hat einer großen Zahl, wahrscheinlich Hunderten von verheirateten Männern verschiedenster Berufe und wahrscheinlich auch Frauen die Priesterweihe gespendet – sakramental gültig, doch im Widerspruch zum kanonischen Recht." Daran schließt Stehle die inzwischen sattsam bekannte Formel von der Ausnützung von Davideks „Dissidenten"-Kirche seitens des StB, „um Mißtrauen und Spaltungstendenzen im ‚offiziellen' Klerus zu fördern, seine Loyalität anzuzweifeln und den Vatikan zur Intervention in einer Affäre zu veranlassen, die unter den repressiven Umständen der CSSR-Kirchenpolitik nicht wirklich zu klären ist." Das schrieb Stehle in seiner 1983 erschienenen überarbeiteten und erweiterten Fassung des bereits 1975 publizierten Buches. In sehr vergröberter Form findet sich die StB-Verknüpfung Davideks in dem von der Kathpress veröffentlichten Bericht des oben zitierten spanischen Journalisten wieder. Stehles Aussage muß heute mit völlig anderen Augen gelesen werden. Sie ist Ergebnis – wie aus dem Text ja selbst hervorgeht – von erschwerten Rückkontrollen in einer Zeit, da mit gegenseitigen Desinformationen und Halbwahrheiten Politik gemacht wurde.

In Ermangelung der Möglichkeit, Recherchen vor Ort durchzuführen, erzählte man eben Geschichten weiter. So kann man auch im Buch meines Kollegen Franz Hummer „Bischöfe für den Untergrund" noch die Feststellung lesen, daß Davidek „sich in ärztlicher Behandlung befindet". Zum damaligen Zeitpunkt hat man das eben als psychiatrische Behandlung gedeutet und damit die Möglichkeit geliefert, die Gültigkeit der Davidek-Weihen anzuzweifeln. Nach dem gültigen Kirchenrecht kann ein Verrückter nicht gültig Sakramente spenden, damit auch nicht gültig Priester- oder Bischofsweihen vornehmen. Stehle hat bei seiner Formulierung leider nicht den Widerspruch entdeckt, daß er zuerst Davidek für psychisch gestört, dann aber dessen Weihen doch für sakramental gültig erklärt. Erst jetzt, nach unzähligen Gesprächen mit Freunden und Bekannten Davideks, mit seinen engsten Mitarbeitern und seiner engsten Mitarbeiterin, die für

„seine“ Untergrundkirche als Generalvikarin arbeitete – eine Funktion, die laut Kirchenrecht eigentlich nur einem Priester, der auch Weihbischof sein soll, zukommen sollte –, wird klar, daß Davidek ein Programm verfolgte, daß er sich flexibel den Gegebenheiten und Notwendigkeiten anpassen konnte, daß er mittels einer rigorosen Disziplin jede Gefährdung seiner Mitarbeiter und damit der Untergrundkirche zu vermeiden trachtete.

Der alte Professor Hawlik, der Sympathien gegenüber dem Toten empfindet, hat jedoch die Tür zu weiteren Informationen geöffnet. Er erzählt vom Marienheiligtum Turany, acht Kilometer südlich von Brünn (heute bereits eingemeindet), wo Davidek begraben liegt. Pfarrer ist dort heute ein ehemaliger Kanonikus in Petrov, Navarik, der vor einem Jahr aus Brünn versetzt wurde. Navarik war als Augustiner-Eremit (die jetzt wieder in Alt-Brünn arbeiten, wo Gregor Mendel, der Entdecker der Erbgesetze lebte und wirkte) während der Nazizeit Organist in der Kirche St.Magdalena in Brünn. Diese Kirche – Sitz des mährischen Petriner-Ordens, aus dem Davidek Mitarbeiter rekrutierte, ist heute eines der Zentren der ehemaligen Untergrundkirche. Ob Bischof Davidek auch Frauen geweiht hat, kann Hawlik nicht sagen, er glaubt aber eher nicht, „weil wir hier in Brünn sehr orthodox katholisch sind und da ist die Frauenordination nicht möglich“.

Im bischöflichen Ordinariat von Brünn

Wenige Schritte rechts neben der Wohnung Hawliks liegt das bischöfliche Ordinariat von Brünn. Vor nunmehr zwei Jahren Sitz des Kapitelvikars Ludvik Horky, der nach dem Tod Bischof Skoupys bis 1990 die „unbesetzte“ Diözese als Ordinarius, jedoch ohne Bischofsweihe geleitet hat. Neuer Bischof ist dort seit März 1990 – nach 18 Jahren der Sedisvakanz – Vojtech Cikrle (Zicklein). Sein Sekretär, der sehr junge Frantisek Blaha, bezeichnet die Angelegenheit der tschechoslowakischen Geheimpriester als „eminentes Problem“: „Aber es ist jetzt nicht möglich, darüber zu sprechen, weil Bischof Cikrle noch nichts dazu sagen kann.“ Jedenfalls gibt es Geheimpriester, die bereits in den Dienst der Diözese übernommen wurden. Offiziell, betont Blaha auf eine entsprechende Frage, ist „kein verheirateter Priester in diözesanen Diensten“. Den von vielen Informanten als „Nachfolger“ Bischof Davideks bezeichneten Jan Blaha, einen Namensvetter, kennt der Bischofssekretär, will aber keine näheren Auskünfte zu dessen Person geben. In den tschechoslowakischen Medien wird nach seinen Worten über die Geheimpriester nichts berichtet. Das sei auch „gar nicht notwendig“, meint Blaha treuherzig. „Unser Herr Bischof hat Kontakt zu ihnen, er ruft sie auch öfters zusammen und spricht mit ihnen.

Genaue Zahlen weiß nur der Bischof. Mir selbst sind unter den Geheimen zwei Bischöfe bekannt." Innerhalb der offiziellen Kirche wird jetzt das alte Desinformationsspiel weiterbetrieben. Schema: Wir kennen alles, wir wissen alles, haben alles im Griff – aber unangenehm ist uns die Sache sehr. Weiß man doch, was auf dem Spiel steht: Eine Teilkirche – nach Verständnis des Zweiten Vatikanischen Konzils eine vollwertige Kirche – ging eigene Wege, entzog sich dem zentralistischen Zugriff. In kirchenpolitischen Zeiten wie diesen eine Gefahr, wie sie höher nicht eingeschätzt werden kann.

Gleich danach geht's zu Jiri Mikulasek, dem Pfarrer der Brünner Dompfarre. Wie überall hier in Petrov kennt auch er einige Geheimpriester, diesmal aus der Salesianergemeinschaft, die wie alle Orden und Ordensgemeinschaften in der CSSR im April 1950 in einer Nacht- und Nebelaktion der Kommunisten aufgehoben worden war. Einer der Salesianer ist bereits Rentner, mit dem anderen, Petr Baran, der 20 Jahre als Helfer in einem Brünner Krankenhaus gearbeitet habe, verbrachte er eine Arbeitswoche in der Hohen Tatra. Als junger Theologe hat Pfarrer Mikulasek Bischof Davidek einmal in Olmütz gesehen. Jiri Mikulasek konnte seine Theologiestudien während des Prager Frühlings in Olmütz abschließen. 1973 wurde er vom Olmützer Apostolischen Administrator, Bischof Josef Vrána (seit 1972 Vorsitzender der regimenahen Priestervereinigung „Pacem in terris"), exakt eine Woche nach dessen Bischofsweihe zum Priester geweiht. Olmütz hat nach dem Tod Vránas 1987 vom Staat – faktisch nicht kirchenrechtlich – einen Kapitelvikar vorgesetzt bekommen, Frantisek Vymetal, ebenfalls Vorsitzender von „Pacem in terris", damals Dekan der von den kirchlichen Dissidenten im Untergrund abgelehnten theologischen Fakultät in Leitmeritz und Parlamentsabgeordneter. Den Theologiestudenten war von der noch offiziell von Rom eingesetzten vorkommunistischen Bischofsgeneration der Tschechoslowakei, Beran, Trochta, Picha und anderen, der Eintritt ins Leitmeritzer Zentralseminar untersagt worden. Über Nacht gab es da eine ganze Studentengeneration, die sich zum Priestertum berufen fühlte, aber niemanden hatte, der diesen Wunsch erfüllen konnte. Davidek hat sich dann ihrer angenommen. Heute sitzt auf dem Brünner Bischofsstuhl ein Mann, der Regens dieses von der Kirche verpönten Seminars war.

Zurück zu Olmütz: Exakt 29 Jahre, nachdem der letzte Erzbischof von Olmütz, Josef Matocha, 1961 nach elfjähriger Internierung gestorben war, erhielt das mährische Erzbistum in Frantisek Vanák wieder einen von Rom ernannten Bischof. Vanák ist im September 1990 gestorben.

Unser Informant, Pfarrer Mikulasek, hat – wie nicht anders zu erwarten – von verheirateten Priestern „gehört". „Vielleicht" – so sagt er – „hat

Davidek auch Frauen zu Diakonissinnen geweiht." Momentan werde in der CSFR darüber nichts geschrieben. Aus dem Schematismus der Diözese Brünn aus dem Jahre 1982, den Mikulasek vorlegt, geht hervor, daß Davidek, Jahrgang 1921, im Jahre 1945 zum Priester geweiht worden war. Davidek hat während des Zweiten Weltkrieges Theologie studiert. Von Davideks Priesterkollegen leben in der Brünner Gegend noch Ludvik Gazda, Pfarrer von Telnice – das ist jener Ort, von dem aus Napoleon einst in der sogenannten Schlacht bei Austerlitz (heute Slavkov) am 2. Dezember 1805 die Österreicher und Russen niederrang – und Anton Lanik, Pfarrer von Saratice. „Jetzt ist Rom am Zug", sagt Mikulasek auf die Frage, wie man dieses Problem einer Lösung zuführen könnte.

Frauen um Davidek

Bei Petr Baran, dem von Pfarrer Mikulasek erwähnten Salesianerpater, der heute als Jugendseelsorger im Haus des Bischöflichen Gymnasiums in Brünn arbeitet (das Haus ist seit September 1990 wieder als kirchliches Institut in Betrieb), wird der Faden um Davidek weitergesponnen. Baran ist erstaunt, daß ich auf ihn gestoßen bin, fragt, wer seinen Namen genannt habe. Er gibt gleich zu Beginn des Gesprächs zu, daß „hier im Haus wahrscheinlich viele wirken, die Davidek geheim geweiht hat". Er nennt als ersten Professor Frantisek Provaznik, der am Bischöflichen Gymnasium unterrichtet. Wir werden ihn später kennenlernen. Der rührige Baran entkräftet gleich die „Befürchtung" Pfarrer Mikulaseks, er selbst sei vielleicht auch von Davidek geweiht worden: Nein, ihn hat der spätere Kardinal Stefan Trochta (1905 geboren, selbst Salesianerpater, 1942-45 in den KZs Mauthausen und Dachau, 1954 von den Kommunisten zu 25 Jahren Gefängnis verurteilt, 1960 freigelassen, Hilfsarbeiter, Rentner, 1968 wieder im Amt, 1973 Kardinal, 1974 nach mehrstündigem „Gespräch" mit dem staatlichen Bezirks-Kirchensekretär gestorben) geheim geweiht. Eine Urkunde über diesen Akt gibt es bis heute nicht, nur persönliche Zeugen. Baran gibt eine ausführliche Schilderung, wie es zu seiner geheimen Priesterweihe gekommen ist. Aus seinen Worten geht hervor, daß diese Praxis in den fünfziger Jahren ausgebildet wurde und in den sechziger Jahren schon eine Selbstverständlichkeit war. Mit Baran kommen wir auch mit einem Untergrundkreis in Berührung, der im Bereich der Orden Böhmens lokalisiert werden kann. Klar wird auch, daß es seit Beginn der fünfziger Jahre, also seit Beginn des antikirchlichen Kampfes der Stalinisten in der CSSR, in kirchlichen Kreisen ein Wissen um ein Spezialmandat seitens des Papstes Pius XII. gegeben haben muß, um zu garantieren, daß die klerikale Kirche in der Tschechoslowakei nicht ausstarb.

Bis 1950 – dem Jahr der Ordensaufhebungen durch die Kommunisten in der CSSR – studierte Baran bei den Salesianern an verschiedenen Stätten (1948 hatte er maturiert), machte seine Pädagogikpraxis, wurde aber am 13. April 1950 mit anderen Ordensgenossen eingesperrt. „Wir wurden in Ossek bei Duvcok interniert, blieben dort bis zum 5.September und wurden dann zum Militär eingezogen und kamen zu den sogenannten PTP-Truppen, wo wir 40 Monate lang waffenlos dienten. Ab 31. Dezember 1953 war ich wieder Zivilist und arbeitete an einer Montanhochschule bis 12. April 1954. Dann wurde ich noch einmal interniert. Es gab überhaupt eine große Anzahl eingesperrter Salesianer. Ich mußte 18 Monate lang im Uranerzbergbau in Jachymov arbeiten. Nach der Freilassung arbeitete ich bis 1969 in einem der größten Stahlwerke der Tschechoslowakei in Vitkovice. Am 13. Dezember 1967 wurde ich von Kardinal Trochta in Prag geheim zum Priester geweiht."

Das Theologiestudium hatte Baran im Untergrund absolviert. „Wir Salesianer hatten ein geheimes Studium aufgebaut. Die Bücher, die uns zur Verfügung standen, waren alle auf Latein, nur Kirchengeschichte gab es auf Deutsch. Vom Salesianerzentrum in Turin haben wir auf geheimen Wegen die Literatur bekommen, was äußerst gefährlich war. Das StB, die Staatspolizei, hat uns ständig beobachtet." Erst im November 1969 konnte der geheim geweihte Baran öffentlich als Priester auftreten. Sogar seine Eltern haben zwei Jahre lang nicht gewußt, daß ihr Sohn bereits Priester war. Bis 1974 arbeitete er in der Pastoral als Kaplan in Hohen Seibensdorf (bei Sumperk), in einer ursprünglich deutschsprachigen Gegend. Am 22. Juli 1974 kam er noch einmal in den Kerker wegen einer Predigt, in der er mit dem atheistischen Vorwurf abgerechnet hatte, der Glaube sei nichts als Unsinn. Baran hatte wörtlich gesagt: „Der Glaube ist nicht Unsinn, wie unsere Behörden sagen. Die Atheisten selbst müssen viel mehr glauben als wir, wenn sie nicht an Gott glauben." Das hat ihm, der im Jahr des „Prager Frühlings" 1968 von den Stahlarbeitern in Vitkovice zum Präsidenten der dortigen Gewerkschaftsbewegung gewählt worden war, acht Monate Kerkerhaft eingebracht. „Das war die Retourkutsche der Kommunisten für meine damalige politische Betätigung", ist Baran überzeugt.

Danach kam er nach Brünn, wo er bis 1990 im St. Anna-Krankenhaus als Helfer arbeitete, als Priester hatte er keine staatliche Arbeitserlaubnis. Baran ist einer jener Geistlichen, die heimlich Jugendseminare aufbauten, Jugendliche zu Glaubensgesprächen „in den Bergen" einluden, im Untergrund Exerzitien hielten und ständig vor dem Abgrund neuer Gefängnishaft standen. Verhöre waren an der Tagesordnung. Heute lacht Baran verschmitzt darüber. „Aber es gab eine ständige Bedrohung, was kaum jemand verstehen kann, der das nicht erlebt hat. Mit einem Fuß stand man ständig im Kerker." Wenn man Baran so erzählen hört, kann man nicht verstehen, wie der schon öfter hier zitierte Prager Erzbischof Vlk zur Auffassung kommen konnte, die Leute der Untergrundkirche hätten „die Gefahren überschätzt". Hinter den Aktivitäten der Untergrundkirche standen die Erfahrungen der fünfziger Jahre, als Mönche, Nonnen, Theologiestudenten in Umerziehungslagern oder sogenannten Konzentrationsklöstern verschwanden, als Bischöfe wie Josef Beran von Prag vierzehn Jahre lang konfiniert waren oder ein Stefan Trochta von Leitmeritz zu 25 Jahren Haft verurteilt wurde. Dahinter standen aber auch persönliche Erlebnisse, die keinen anderen Schluß zuließen, als den, daß die Kirche vernichtet werden sollte. Und bis zu einem gewissen Grad ist das den Kommunisten auch gelungen.

Daß die vatikanischen Spezialbefugnisse – davon später – für den Fall der Trennung der Teil- von der Gesamtkirche natürlich für die speziellen Erfordernisse in der CSSR in Eigenverantwortung adaptiert und großzügig interpretiert und angewendet wurden, liegt in der Natur der Sache. Man hat – wie Petr Baran – nicht nur getan was man durfte beziehungsweise was man konnte. Als Salesianer, Schüler Don Boscos, lag ihm die Jugend besonders am Herzen. „Jeden Tag gab es einen geheimen Zirkel für die Jugend, am Wochenende gab es Programme auf dem Land. Der harte Kern waren ungefähr 300 Jugendliche, die bei uns mitmachten. In den Bergen hatten wir eine Hütte, wo wir uns trafen; war dies nicht möglich, gingen wir auf ein Zeltlager." Baran hatte in dieser Zeit nur Kontakte zu Geheimpriestern aus der Salesianergemeinschaft. Heute ist die Salesianerprovinz in der Tschechoslowakei fast wieder in Ordnung, das Provinzialat ist in Vinohrady in Prag. Baran hat die Aufgabe erhalten, das alte Salesianerzentrum im Westen außerhalb von Brünn – heute in einem Neubauviertel an der Brünner Umfahrungsstraße in Richtung Norden gelegen – zu reaktivieren. Die Salesianer haben vom Staat Grund und Gebäude wieder zurückbekommen. Die Kirche ist während der Kommunistenära abgebrannt. Damals wurde das Heim vom Bund der Kommunistischen Jugend benützt. Zuletzt nützte eine Baufirma das Haus. An der Stelle der Kirche befindet sich heute ein Kinderspielplatz mit einigen Felsbrocken. Das Heim selbst ist verwahrlost. 30 bis 50 Millionen Kronen, schätzt Baran, wird der Kirchen- und Heimneubau (das alte Gebäude ist nicht mehr zu gebrauchen) kosten. Er sieht das ganze als Lebensaufgabe an. Es gilt, neuen Geist in diese von der Umgebung her schöne, sonst aber triste Vorstadt zu bringen.

Auf das Eingangsthema Geheimpriester angesprochen, berichtet Baran von „mehreren geheimen Priestern" am Bischöflichen Gymnasium in Brünn. Zwei von ihnen – es sind der Spiritual Vladimir Vitek und Rektor Veskernja – sind Mitglieder der Kongregation der Petriner, der Bruderschaft vom Allerheiligsten Sakrament (einer im vorigen Jahrhundert von Václav Klement Petr in Mähren gegründeten Kongregation). Am Gymnasium, mit dem Baran, der im Haus einen Jugendclub leitet, organisatorisch und funktionell nichts zu tun hat, gibt auch ein gewisser Stanislav Kratky hin und wieder Exerzitien, „wahrscheinlich ein geheim geweihter Bischof". Ein weiterer früherer Geheimpriester ist der Assistent des Spirituals, Frantisek Frana. Die Genannten – so Baran – „sind sicher nicht verheiratet". Allerdings – Baran sagt dazu „leider" – gibt es auch verheiratete katholische Geistliche. „Ich will aber nicht von ihnen sprechen." Ohne einen Namen zu nennen verweist Baran auf einen verheirateten Priester, der in Petrov, also im kirchlichen Zentrum Brünns beim Petersdom, in unmittelbarer Nähe des Ordinariats, lebt: „Aber dieser Mann wirkt dort nicht als Geistlicher."

Zur brisantesten Frage, ob Bischof Davidek auch Frauen geweiht habe, berichtet Baran folgendes: „Als ich nach Brünn kam, gab es hier einen Zirkel von Frauen, die sich auf das Priestertum vorbereiteten. Wahrscheinlich hat sich ein Geheimbischof dieser Sache angenommen, der nicht wußte oder wahrnehmen wollte, daß eine Frauenordination unmöglich war. Ich weiß, daß ein Geheimpriester die Frauen theologisch und spirituell auf die Weihe vorbereitet hat. Ich kenne diesen Priester. Aus persönlichen Gründen will ich aber nichts weiter dazu sagen, auch keine Namen nennen."

Verheiratete Priester

Der Spiritual des „kleinen Seminars" in Brünn, der Petriner Vladimir Vitek, ist ein hagerer Mann, mit ausgemergeltem Gesicht, der sehr bedächtig spricht und offenkundig Zugang zu den Herzen seiner Schüler findet, ein gesuchter Gesprächspartner ist. Ständig wird er von den Jugendlichen umlagert. Er ist so etwas wie die Seele des Hauses. 1951 – erzählt er – hat er in Wischau (Vyskov) maturiert. Nach der Matura wurde ihm das Weiterstudium von den Kommunisten verboten. Es wurde ihm vorgeworfen, ein eifriger Ministrant gewesen zu sein. Vitek wollte aber Theologie studieren. Daher hat er in den Jahren 1951 bis 1953 „extern", wie er sagt, das heißt also: geheim, Theologie studiert. Gleichzeitig hat er als Hilfsarbeiter in einem Krankenhaus gearbeitet. Zwischendurch half Vitek als Religionslehrer an einer Schule aus.

1954 kam dann jenes Gesetz, das den Religionsunterricht an Schulen verbot. Jetzt wurde es für ihn schwierig. Ab diesem Zeitpunkt bekam der Aushilfsreligionslehrer keine Beschäftigung mehr. Es gelang ihm dann doch in einem Betrieb unterzukommen und zwar als Helfer in der Wischauer

Vladimir Vitek(li.),Franz Gansrigler

Zuckerfabrik – bis zum Jahre 1956. Ab diesem Jahr hat er in Olmütz das Pädagogische Institut besucht und danach bis 1960 im Sudentenland gelehrt. „Weil ich aber ständig über Gott gesprochen habe, mußte ich die Schule verlassen." Vitek kam nach Brünn in eine Fabrik, in der er mit neun Priestern zusammentraf, die keine staatliche Berufsausübungsgenehmigung, aber ebenfalls dort Arbeit gefunden hatten. Diese Priester waren jedoch keine geheim geweihten. Vitek selbst ist in dieser Zeit in die Kongregation der Petriner eingetreten, deren Aufgabe es ist, jungen Leuten auf ihrem Weg zum Priestertum zu helfen, sie zu begleiten.

Eine Aufgabe, die Spiritual Vitek jetzt im „kleinen Seminar" in Brünn wieder erfüllt: Diese – wie Vitek sagt – „einzigartige Schule in unserer Republik" bereitet junge Burschen und Männer auf die Matura und danach auf einen katechetischen Beruf vor; Mädchen wurden ab 1991 zugelassen. Das normale Gymnasium – es hat zwei erste und einen zweiten Jahrgang – bereitet Schüler aus Böhmen, Mähren und der Slowakei, Burschen und Mädchen, die hier auch ein Studentenwohnheim haben, auf die Matura vor: das Gymnasium hat eine stark religiöse Ausrichtung, es lernen hier aber auch Schüler ohne religiöses Bekenntnis und Evangelische. Immer wieder werden junge Leute hier getauft oder zur Erstkommunion geführt.

1968, während der Dubcek-Ära, – erzählt Vitek – ist er „von einem schon verstorbenen Geheimbischof hier in Brünn" heimlich zum Priester geweiht worden. Es ist kein Zweifel, daß damit Davidek gemeint ist. Später stellt sich heraus, daß diese Vermutung richtig war. Ab 1969 mußte der heutige Spiritual als Sanitätsfahrer in der Psychiatrischen Klinik in Brünn arbeiten. Zwanzig Jahre lang – bis Ende 1989 – hat er Patienten in die Klinik gefahren. Seither kann er sein Priesteramt frei ausüben.

Aber es gibt doch Schwierigkeiten mit der Übernahme geheim geweihter Priester in den offiziellen kirchlichen Dienst, wie ist das bei Vitek gewesen? Er verweist darauf, daß dieser Übernahmeprozeß bei Ordensbrüdern „nicht so schwer gewesen" sei. Für „die normalen Priester, die Weltpriester" sei es fast unmöglich, als Priester anerkannt zu werden. Vitek gibt die Antworten sehr bedächtig, es sprudelt nicht aus ihm heraus.

Vorsichtig ist auch seine Antwort auf die Frage, wie man das Problem der Geheimpriester, die oft nicht einmal ihre Priesterweihe nachweisen können, lösen sollte. Vitek geht das ganze einmal von der staatlich-behördlichen Seite an. Nach den neuen gesetzlichen Bestimmungen, sagt er, werde sich der Staat nicht mehr in kirchliche Angelegenheiten einmischen. Daher werden behördlicherseits jene Priester anerkannt, die auch die Kirche als solche registriert. Viele dieser Priester – Vitek gehört ja auch dazu – wurden von der Kirche bereits anerkannt. Für die meisten von ihnen gibt es nach seinen Worten aber „Probleme mit dem Dienst".

In erster Linie betrifft das die verheirateten Priester. Vitek gibt zu, daß es solche gibt. „Es wurden in Brünn und Prag einige Ehemänner zu Priestern geweiht für den Fall, daß sich die Lage der Kirche unter den Kommunisten noch verschlechtern sollte. Für diese Priester sollte jetzt bald eine Lösung gefunden werden", betont Vitek. Er hofft, daß sie in der griechisch-katholischen Kirche der Ostslowakei untergebracht werden können, der mit Rom unierten Kirche, in der es auch verheiratete Priester gibt. Daß Frauen auch zu Priestern geweiht worden sind – im Gespräch mit Vitek ist bis jetzt der Name Davidek noch nicht gefallen – darüber werde geredet. Er selbst, betont Vitek, habe dergleichen jedoch nicht erlebt.

Nun geht es nicht mehr anders: Bischof Felix Davidek muß genannt und nach seiner Person gefragt werden. „Ich persönlich", so Vitek, „habe ihn sehr gut gekannt. Der Vatikan schätzt Davidek in erster Linie deshalb, weil er 14 Jahre im Gefängnis saß." Vitek war vor nicht allzu langer Zeit bei Johannes Paul II. in Rom und konnte dort diese Davidek-Wertschätzung in Erfahrung bringen. Der Spiritual gibt aber zu bedenken, daß es Davidek als „sehr progressiver Mensch vielleicht manchmal ein bißchen zu weit getrieben" hat. Jedenfalls stellt er seinen „Weihebischof" – das ist jetzt klar – als einen „sehr intelligenten Menschen, einen Studiermenschen" dar, der sich mit Philosophie, Medizin und Theologie in gleicher Weise beschäftigt habe.

Problemkreis Zölibat

Das Gespräch wird durch einen Termin unterbrochen, den Vladimir Vitek einhalten muß. Sein Assistent Frantisek Frana, von Davidek geheim geweihter Priester, jetzt anerkannt und seit September 1991 Leiter des Konvikts beim neuen bischöflichen Gymnasium in Brünn, erläutert näher die Aufgaben der verheirateten Geheimpriester während des kommunistischen Terrors. „Für das vergangene Zeitalter des Kommunismus waren die geheimen Priester im Ehestand der beste Weg, ihren wahren Beruf geheimzuhalten. Sie lebten in einer Ehe, die Kommunisten glaubten, daß in der katholischen Kirche nur Zölibatäre Priester sein könnten. Heute natürlich sind damit enorm viele Probleme entstanden."

Frana glaubt, daß alle von Davidek geweihten Priester rechtmäßig geweiht worden sind – aber: „Das letzte Wort hat Rom." Die genaue Zahl der Geheimpriester kennt er nicht. Persönlich ist er mit zwei verheirateten Priestern bekannt, deren Namen er aber nicht nennen will. In Brünn soll es rund 50 geben. Manche von ihnen sind schon mehr als 70 Jahre alt.

Sehr zugeknöpft gibt sich Frana auf die Frage nach den Geheimbischöfen. Er wisse nicht, ob es solche gäbe, früher habe es Geheimbischöfe eher unter den normalen Pfarrern gegeben. Jedenfalls erwarten jetzt alle eine offizielle kirchenrechtliche und humane Lösung ihres Problems. Jahrzehntelang haben viele von ihnen unter schwierigsten Bedingungen, in ständiger Angst vor der Enttarnung und der damit verbundenen Verhaftung ihren kirchlichen Dienst verrichtet – und jetzt sollen sie, oder müssen sie, erneut ein Opfer bringen: Beiseitestehen, um ein kirchliches Prinzip und Recht, den priesterlichen Zölibat, nicht in Frage zu stellen. Diese Problematik wird aus den Worten Franas besonders deutlich erkennbar. Es besteht die Möglichkeit, die verheirateten Priester in die Ostslowakei zu schicken, sagt Frana, zu den Griechisch-Katholischen. Dazu müßten die Familien aber total entwurzelt werden. Priesterschicksal – stimmt! Für einen Zölibatären vielleicht weniger ein Problem, aber für eine Familie? Darauf gibt es nur Achselzucken.

„Die Aufgabe der geheim geweihten Ehemänner ist eigentlich erfüllt, sie müssen auf andere Wege warten", sagt Frana. Sie sollten sich den Bischöfen unterordnen. Momentan arbeiten manche zwar seelsorgerisch wieder mit, aber nicht offiziell, liturgisch könnten sie „nur privat" auftreten, sie zelebrieren die Messe mit einer kleinen Anhängerschar in ihren Wohnungen.

Die kirchliche Anerkennung ist niemandem gleichgültig

Seit September 1990 liegen die Listen der Geheimpriester und -bischöfe den CSFR-Diözesanbischöfen und auch Rom vor. Frantisek Frana zu dem Vorgang der Registrierung: „Jeder Geheimpriester mußte ein Formular ausfüllen, auf dem er nach seinem theologischen Wissen gefragt wurde und auch danach, wer ihn geweiht hat. Das wurde gesammelt und nach Rom geschickt. Es haben sich alle Geheimpriester gemeldet, ich kenne niemanden, dem die kirchliche Anerkennung gleichgültig wäre. Nun geht es um die Bemühung einer einheitlichen Lösung." Vielleicht ist das das Grundproblem, daß es für soviele Einzelfälle und -schicksale gar keine einheitliche Lösung geben kann.

Zur Persönlichkeit Bischof Davideks merkt Frana an, daß er – „ein kleiner, magerer Mann, sehr klug, ein Polyhistor" – ein „weites Herz mit einer großen Liebe" gehabt habe. War Davidek ein gültig geweihter Geheimbischof? Frana antwortet mit einem klaren Ja. Er hebt noch Davideks „großen Glauben", seine „enorme Frömmigkeit" hervor. „In jeder freien Minute hat er den Rosenkranz gebetet. Er war ein überzeugter Priester, der auch treu zum Papst stand, dem das Zweite Vatikanum als kirchliches Programm ein Anliegen war. Davidek war ein sehr entschiedener Mann, dabei gleichzeitig auch sehr demütig."

Frana glaubt nicht, daß Davidek von den Kommunisten ausgenutzt wurde. „Schließlich war er doch lange im Gefängnis. Davidek hatte viele Bekannte unter anderen Gefängnisinsassen, die ihn über Spitzelaktionen der Kommunisten informierten." Der Assistenzspiritual verweist auf die Affäre Slansky. Der ehrgeizige Kommunist und seinerzeitige Generalsekretär der KP habe in den fünfziger Jahren versucht, das kommunistische System auszuweiten, ihm den endgültigen gesellschaftlichen Sieg zu verschaffen. Zu diesem Zweck habe man Christen und Kommunisten gemeinsam ins Gefängnis gesteckt, daß die letzteren die ersten aushorchen und beeinflussen sollten. Natürlich saßen nach ihrer Freilassung, so Frana, die Kommunisten wieder auf ihren alten Posten. Davidek habe berichtet, daß ihm, der vielen Gefangenen „psychisch geholfen" habe, die Inhaftierten sehr verbunden gewesen seien und diese ihn daher vorgewarnt hätten.

Manche behaupten heute – auch für Rom scheint dies nicht uninteressant zu sein, um mit dem Geheimpriesterproblem im Kreise Davideks fertig zu werden –, Davidek selbst sei psychisch krank gewesen. Wenn das der Fall gewesen wäre, so Frana, dann wäre er dies erst im fortgeschrittenen Alter gewesen. Bis zum Jahr 1975 hat Davidek nach Aussage Franas als Sterilisateur/Desinfekteur in der Brünner Kinderklinik gearbeitet, eine Aufgabe, die man sicherlich keinem psychisch Kranken anvertraut hätte.

Armee von Geheimpriestern

Es gibt Gerüchte, daß Davidek einen Nachfolger zum Bischof geweiht habe. Das sei sehr wahrscheinlich, sagt der sehr vorsichtige Frana. Es sei möglich, daß Davidek sogar mehrere Nachfolger zu Bischöfen geweiht habe. Im Hintergrund des enormen Weihewirkens von Davidek steht dessen Idee von einem Unterlaufen des Kommunismus durch eine Armee von Geheimpriestern. Dazu Bischof Otcenasek von Königgrätz, der Davidek im Gefängnis kennengelernt hat: Davidek sei voll von Plänen zur Rettung der Kirche gewesen. Um sein Äußeres habe er sich kaum gekümmert. Von der Gefängnisleitung sei den Insassen – wie beim Militär – eine bestimmte Ordnung der Gefängniskleidung vorgeschrieben gewesen, die Davidek nie beachtet habe – beispielsweise sei er ständig mit offenen Schnürsenkeln herumgelaufen. Wegen Disziplinlosigkeit sei er auch immer wieder im Sonderarrest gelandet. Im Gefängnis – so Otcenasek weiter – habe Davidek – wie bereits erwähnt – die Idee der Errichtung einer gesamt-slawischen katholischen Universität im mährischen Heiligtum Velehrad entwickelt.

„Das mit Velehrad stimmt", bestätigt Frantisek Frana. „Bischof Davidek hatte immer große Ideen und Pläne." Übrigens wirkt der verstorbene Geheimbischof in Mähren mit dieser Vision noch weiter. Zur Zeit hegt eine Gruppe katholischer Intellektueller – darunter der Herausgeber der neuen katholischen Monatsschrift „Dialog 2000", der Brünner Lungenkrebsspezialist Bohumil Lang (er ist Mitarbeiter der Volkspartei) – den Plan, eine Art interuniversitäres Begegnungszentrum in Velehrad mit angeschlossenem Wohnheim zu errichten. In Grundzügen hat man die Arbeit dafür bereits aufgenommen, nur mit den Wohnplätzen hapert es noch. Teilnehmer an Symposien in Velehrad müssen noch eine Stunde (zirka 50 Kilometer) mit dem Auto zu ihrem Quartier fahren.

Sollte oder könnte man die Geheimpriester, die ihre Weihe von einem Bischof mit Apostolischer Sukzession, wie dies kirchenrechtlich möglich ist, „sub conditione" noch einmal weihen? Mir sind mehrere solcher Fälle bekannt. Sie werden in den folgenden Kapiteln noch erörtert werden. Frana meint dazu, daß das wohl eine Lösung wäre, „um dem kirchlichen Recht Genüge zu tun". Allerdings dürften solche Konditionsweihen „nur mit Erlaubnis des Präfekten der Glaubenskongregation, des Kardinals Joseph Ratzinger, erfolgen; anders kommt das nicht in Frage".

Inzwischen ist Spiritual Vladimir Vitek wieder zurückgekehrt. Er steigt direkt in die Frage um die Persönlichkeit Bischof Davideks ein. Vitek hat Davidek in einer Brünner Pfarre kennengelernt, wo der Geheimbischof Vorlesungen über Theologie hielt. Vitek hat daran teilgenommen – und traf Davidek später in der Kinderklinik. Als Sanitätsfahrer war er dann oft mit ihm in Verbindung. Offenbar ist daraus eine sehr enge Freundschaft entstanden, denn Vitek wurde der persönliche Begleiter Davideks, sein Chauffeur auf dessen „Fahrten durch die Republik". Davidek hatte ein weites Bekanntennetz und fühlte sich wahrscheinlich wirklich so wie der Oberhirte der tschechoslowakischen Geheimkirche.

„Man wußte es, und wußte es auch wieder nicht", lautet die Antwort Viteks auf die Frage, ob bekannt gewesen sei, daß Davidek ein Geheimbischof war. Etwa 1987 wurde der Name Davideks in Zusammenhang mit seiner geheimbischöflichen Funktion erstmals öffentlich in der Zeitschrift der Brünner philosophischen Fakultät genannt. Dies geschah, wie Vitek erzählt, im Rahmen einer Seminararbeit über die sogenannte tschechoslowakische Geheimkirche. Der Artikel hatte zum Ziel, darzustellen, wie man künftig gegen die Untergrundkirche vorgehen sollte. Und in diesem Text fiel erstmals öffentlich der Name Felix Davidek.

Als einer der „Nachfolger" Bischof Davideks wird immer der schon erwähnte Jan Blaha genannt, der in Brünn wohnt, in einem Haus in der Nähe des Hauptbahnhofes, direkt unterhalb der Peterskathedrale. Frana, der Spiritual-Assistent, kennt diesen Namen nicht, weiß – wie er beteuert – nicht, um wen es sich da handeln soll. Vladimir Vitek hingegen, der nicht mitbekommen hat, daß sein Assistent der unangenehmen Frage offenbar mit einer Notlüge ausgewichen ist, läßt sich in der Beantwortung zwar lange Zeit, denkt nach, um schließlich zu bestätigen, daß es sich dabei „um einen Geheimbischof" handelt. Vitek: „Es soll bei uns mehr Geheimbischöfe als ‚normale' Bischöfe geben.

Studium im Untergrund

Spiritual Vladimir Vitek geht immer mehr aus sich heraus und erzählt über sein Leben als Geheimpriester. Er habe sich immer gefragt, warum er, der so gerne Theologie studiert hätte und Priester geworden wäre, zwanzig Jahre lang als Rettungsfahrer der Brünner Psychiatrischen Klinik habe arbeiten müssen. Heute wisse er, daß er dadurch Zugang zu den gefährdetsten Menschen, Drogenabhängigen und Alkoholikern, bekommen habe, die er bekehren habe können. Viele zählen heute zu seinen Mitarbeitern: beispielsweise der Direktor des Brünner Bischöflichen Gymnasiums Dr. Hruska, der jüngste Direktor der ganzen Republik. „Aus den Reihen dieser Leute kommen viele Priester", erzählt Vitek, der davon überzeugt ist, ein Charisma zur Entdeckung von Berufungen unter diesen Menschen zu haben. „Es ist wichtig, daß einfache Leute, Narkotiker, Alkoholiker, bei uns den Sinn ihres Lebens gefunden und auch ihr Leben geändert haben. Und von diesen Leuten geht wieder ein Impuls für andere aus."

Vitek stammt aus der Slowakei, seine Mutter war Tschechin, sein Vater Mähre. Er nennt sich deswegen einen „echten Tschechoslowaken". Er wurde in Spiske-Vlache, dem Geburtsort von Bischof Tondra, geboren. In der Slowakei hat er „ein Gefühl für das Priestertum" bekommen. Kurz vor Gründung der Slowakischen Republik von Hitlers Gnaden 1939 übersiedelte er mit seinen Eltern nach Vyskov, 30 Kilometer von Brünn entfernt. Nach dem Krieg besuchte er das Gymnasium in Vyskov und war dort auch eifriger Ministrant. 1949, ein Jahr nach der kommunistischen Machtübernahme, holte ihn ein kommunistischer Professor und sagte ihm: „Ich habe gehört, du willst Priester werden. Das hat keine Zukunft. Die Kirche wird liquidiert." Vitek hörte ihm ruhig zu, sagte aber nichts. 1950 wurden dann alle Diözesanseminare aufgelöst und die beiden sogenannten interdiözesanen Zentralseminare in Preßburg und Leitmeritz gegründet. Die Bischöfe – so Vitek – haben diese Seminare als nicht legal angesehen. Seitens des Vatikans und seitens der Bischöfe habe es Aufforderungen gegeben, in diese Institute nicht einzutreten. Da sei derselbe Professor, der ihm zuerst vom Eintritt in ein Seminar abgeraten habe, zu ihm gekommen und habe ihm gesagt, daß er Vitek für ein staatliches Priesterseminar sehr wohl gebrauchen könne und er ruhig dort eintreten solle. Dafür könne Vitek, lockte der Professor, auch die Matura schneller machen. Von staatlicher Seite bestand offenbar großes Interesse, diese kontrollierten Seminare auch zu füllen. Vitek sagte aber ab. Er gehorchte den Bischöfen und wollte ganz bewußt in ein staatlich eingerichtetes Priesterseminar nicht eintreten. Daraufhin machte ihn der betreffende Professor aufmerksam, daß er keine Chance habe, je an einer Universität aufgenommen zu werden.

1952 maturierte Vitek in Vyskov (Wischau). Vor dem Abitur war er noch an Tuberkulose erkrankt. Zwischendurch arbeitete er bei einer Ordensschwester in einem Spital, die ihm heimlich geholfen und ihn mit Calciumtabletten versorgt hat. In diesem Krankenhaus hat er viel für seinen späteren Beruf als Sanitätsfahrer gelernt.

Zwei Jahre half Vitek dann bei einem Katecheten in Vyskov aus und unterrichtete Religion, was zu der Zeit noch ein Pflichtfach war. Nachdem Religion als Schulfach abgeschafft worden war, stand Vitek plötzlich als Arbeitsloser da. Den ehemaligen Religionslehrer wollte kein Betrieb, keine Fabrik als Arbeiter aufnehmen. Nur die Zuckerfabrik in Vyskov – „die nehmen jeden", hat man ihm gesagt – beschäftigte ihn dann als Saisonarbeiter. Dort wurde er zu verschiedenen Arbeiten herangezogen. Als Maturant durfte er auch hin und wieder Kanzleiarbeiten verrichten.

In dieser Fabrik stammte der Direktor aus den Reihen der Arbeiter. Und dieser Mann hat es – so Vitek – bedauert, daß ein so intelligenter junger Mann nicht studieren könne. „Er versprach mir zu helfen. Bedenken Sie, das sagte ein kommunistischer Direktor!" Auf dessen Intervention hin konnte er sich im Pädagogischen Institut in Olmütz anmelden, wo er während der Ferien Kurse belegte. Danach wirkte Vitek vier Jahre lang als Lehrer in Jesenik im Sudetenland. 1953 suchte ihn der StB auf, weil „jemand" an der Schule Heiligenbildchen verteilt hatte, auf denen sich angeblich Texte befanden, die gegen die Republik gerichtet waren. Es wurde eine Hausdurchsuchung bei ihm durchgeführt, die Kinder wurden unter Druck gesetzt. Man hat ihm vor Augen gehalten, daß er deswegen eingesperrt werden könne. Natürlich waren diese Bildchen eine rein religiöse Sache. Doch die Aufforderung auf ihnen, den Glauben nicht aufzugeben, wurde politisch verstanden und als antikommunistische Propaganda interpretiert. Während der gesamten Zeit seines Wirkens in Jesenik in Nordmähren wurde er vom Geheimdienst bespitzelt.

1960 mußte Vitek, weil er in die Kirche gegangen war, die Schule verlassen. Er übersiedelte nach Brünn und begann dort wieder als einfacher Arbeiter in einer Maschinenbau-Fabrik, in der Lokomotiven hergestellt wurden. Dort kam er mit neun Priestern zusammenen, denen die staatliche Berufserlaubnis entzogen worden war, die gerade aus dem Gefängnis entlassen worden waren und jetzt in dieser Fabrik arbeiteten. In der Fabrik war auch Pater Svobodnik beschäftigt, ein späterer Generaloberer der Eucharistiner, der im Untergrund Theologie unterrichtete. Bei ihm begann Vitek, heimlich Theologie zu studieren. In dem vom Wiener Eucharistinerpater Leo Kuchar 1984 publizierten Buch „Den Radar unterflogen", findet sich eine Stelle, die – ohne Namensnennung – beschreibt, wie so ein Studium im Untergrund verlaufen ist. P. Kuchar ist selbst ein geheim geweihter Priester. Er wurde, wie so viele seiner Amtsbrüder, in Polen zum Priester geweiht, weil dies in der CSSR außerhalb der Zentralseminare nicht möglich war. Zugang zu den Seminaren erhielten ja nur Konfidenten. Kuchar beschreibt kurz das Studium seines Freundes Pater Josef Prazan, der wie Kuchar Eucharistiner ist und in Wien-Gumpendorf wirkt: „Josef hatte zwei Dozenten, die sich den gesamten Lehrstoff aufteilten. Der eine war unser gemeinsamer Freund, ein Priester, der später Generaloberer seiner Ordensgemeinschaft geworden ist (dabei handelt es sich um den von Vitek erwähnten Pater Svobodnik, Kuchar durfte 1984 seinen Namen noch nicht nennen, Anm.d.Verf.). Er war Fachmann für Philosophie und Bibelkunde. Die übrigen Hauptfächer, wie Dogmatik, Kirchenrecht, Moral- und Pastoraltheologie verblieben mir. Es war unser Ehrgeiz, die Erfordernisse der theologischen Ausbildung eher aufzustocken als zu erleichtern. Josef mußte auch mehr lernen und wissen als andere Priesteramtskandidaten, die an öffentlichen Lehranstalten studierten. Bei den Prüfungen gab es keine freundschaftliche Nachsicht." Vitek, der bei Svobodnik einen ähnlichen

Lehrgang belegt hatte, bestätigt: „Es war genauso, wie es Pater Leo Kuchar in seinem Buch beschreibt.“

Weihe in der Dubcek-Ära

In der Dubcek-Ära während des Prager Frühlings 1968 wurde Vitek durch Mittelsmänner an einen bestimmten Ort bestellt, wo er zum Priester geweiht wurde. Das Ganze kam unter Mithilfe von Geheimbischof Stanislav Kratky zustande. So konnte er am 24. April 1968 geheim zum Priester geweiht werden – von Felix Davidek, von dem er vorher nicht gewußt hatte, daß er Bischof war. Vor der Priesterweihe erhielt er einen Plan, auf dem beschrieben wurde, wohin er sich zu wenden hatte. Am Tag vorher war Vitek schon in einer anderen Privatwohnung zum Diakon geweiht worden. Die Priesterweihe erhielt er dann in Chrlice. Vitek wurde für seine Ordenskommunität, die Eucharistiner/Petriner, geweiht, die ihn für bestimmte Aufgaben im Untergrund vorgesehen hatte. Deshalb wurde seine Weihe auch jetzt ohne Probleme anerkannt. Geheimpriester, die aus einer Ordensgemeinschaft stammen, werden über diese in das gegenwärtige kirchliche Leben integriert. Die Aufgabe der Eucharistiner ist es, junge Leute zum Priestertum zu führen.

Nach 1969 verließ Vitek die Fabrik in Brünn und begann in der dortigen Psychiatrischen Klinik als Sanitätsfahrer zu arbeiten. Und blieb dabei für 20 Jahre. Er hatte hauptsächlich mit Alkoholikern, Narkotikern und anderen Drogenabhängigen zu tun, die er als Rettungsfahrer in Akutfällen abholen und mit der Zwangsjacke abliefern mußte.

Als Geheimpriester enttarnt wurde Vitek 1975 durch einen Zufall. Er schien nämlich plötzlich im Brünner Schematismus (dem Verzeichnis der Diözesan- und Ordenspriester) auf, ohne zu wissen, wie er dort hineingekommen war. Nachdem sein Name auf dieser Liste genannt worden war, tauchte sofort die Geheimpolizei bei ihm auf. Man sagte ihm, daß er nach Paragraph 190 des Strafgesetzbuches – Verletzung der staatlichen Aufsichtspflicht über die Kirche – verurteilt und ins Gefängnis kommen werde, sollte er sich priesterlich betätigen.

Erst nach Jahren konnte Vitek erfahren, wie er in das Verzeichnis der Brünner Priester gekommen war. Ein Mitbruder hat es ihm berichtet. 1975 befand sich eine Delegation aus Italien in Brünn – ein Priester mit einer Gruppe von Studenten und Lehrlingen –, die ihn, Vitek, besuchen wollte. Er sei jedoch nicht zu Hause gewesen. Daraufhin hat sich der italienische Priester in seiner Naivität an das von Kapitelvikar Ludvik Horky (der erst nach dem päpstlichen Verbot 1983 aus „Pacem in terris“ ausgetreten ist) besetzte Ordinariat in Brünn mit der Bitte gewandt, bei der Suche nach Vitek zu helfen. Mit dem damaligen Kanzler, der auch in Italien studiert hatte, plauderte der italienische Priester zwanglos und verriet so, daß Vitek auch ein Priester sei. Ohne daß man ihn gefragt hätte, ist er daraufhin in den Schematismus aufgenommen worden. Seit dieser Zeit wurde er observiert.

Trotz allem arbeitete er im Untergrund als eine Art Seelsorger für Narkotiker und Alkoholiker weiter. Es gelangen ihm, wie er sagt, viele Bekehrungen. Nach dem Schneeballsystem haben dann die Neubekehrten ihrerseits wieder kleine Gebetsgemeinschaften gegründet. In einer dieser Gemeinschaften wurde auch der jetzige Direktor des Brünner Gymnasiums, Hruska, zum Glauben geführt. „Die haben in ihren Privatwohnungen auf den Knien gebetet", erzählt Vitek und weist darauf hin, daß der eigentliche revolutionäre Prozeß im Jahr 1989 in der CSSR durch die Heiligsprechung der seligen Agnes von Böhmen in Rom, zu der viele Gläubige ausreisen durften, eingeleitet worden sei. Dr. Hruska selbst sei auch bei dieser Heiligsprechung in Rom gewesen.

Die Drogenabhängigen und Alkoholiker haben nach der friedlichen Revolution die Eucharistiner/Petriner um die Gründung einer Schule für Lehrlinge und Spätberufene ersucht. Man will jenen, die Theologie zu studieren gedenken, zur Matura verhelfen. Das war der Grundgedanke zur Installierung der Schule in Veveri in Brünn, dem bisherigen Bischöflichen Gymnasium. Zunächst hat alles privat, in der Wohnung von Vitek, gleich um die Ecke beim Gymnasium, angefangen – und wird, wie man sich überzeugen kann, auch heute noch außerhalb der offiziellen Unterrichtsstunden dort fortgesetzt. Vitek hat einen Schülerkreis um sich gesammelt, der wie in Untergrundzeiten funktioniert. Er ähnelt einer Ordensgemeinschaft, Tag und Nacht gehen Schüler und Interessierte bei dem Eucharistinerpater aus und ein, Essen und Trinken steht für jeden bereit, stundenlange Gespräche ergänzen und erweitern den schulischen Lehrstoff.

Dr. Hruska, der jetzige, sehr junge Direktor des Bischöflichen Gymnasiums, inserierte im Februar 1990 in verschiedenen Brünner Zeitungen, daß sich interessierte Menschen zu einem theologischen Aufbaulehrgang anmelden könnten. „Es kam eine riesige Menge von Anmeldungen", so Vitek.

Das Ganze war eine persönliche Initiative eines Freundeskreises aus der Untergrundzeit. Es galt nun, diese Idee auch dem noch in Petrov residierenden Kapitelvikar gegenüber schmackhaft zu machen. Die künftigen Studenten wurden daher von den Gründern aufgefordert, ihre Bewerbungen und ihre Interessensbekundungen ans Ordinariat in Brünn zu schicken. Kapitelvikar Horky – erst im März 1990 kam der neue Bischof Cikrle – forderte daraufhin die Initiatoren auf, ihm ein Konzept zu übermitteln, wie sie sich das denn vorstellten. Danach hat man „einfach angefangen“ – mit Hruska als Direktor.

Gleichzeitig ist man an das Unterrichtsministerium herangetreten, hat die Pädagogen und Studenten offiziell angemeldet, die Initiative zeigten. Man wollte nicht warten, bis alles offiziell bewilligt war. Jeden Freitag gab es in der Wohnung Viteks ein Treffen aller angemeldeten Studenten, bei dem mit dem Lateinunterricht begonnen wurde. Später stellte die philosophische Fakultät in Brünn einen Raum zum Unterricht zur Verfügung: Dort wurde dann Latein, Tschechisch und ein theologischer Grundkurs gegeben. „So hat sich das ganze einfach als pädagogisches Kollegium entwickelt.“

Bis Ende April 1990 konnte dann dem Ministerium der gesamte Studienplan vorgelegt werden: Und dieses genehmigte den zweijährigen Vorbereitungslehrgang für Spätberufene. Das jetzt bestehende Bischöfliche Gymnasium ist also de facto dieses Kurses wegen entstanden, sonst wäre es bis heute nicht existent. Die Kontakte zu Bischof Cikrle sind dem Vernehmen nach gut. Der Bischof hat die Arbeit bestätigt und den Direktor auch offiziell mit dieser Aufgabe beauftragt. Seit Herbst 1991 hat man eine neue Gebäudeanlage übernommen. Eigentümer ist die Diözese. Das Ministerium finanziert die Professoren und Lehrer. Das neue achtklassige Gymnasium befindet sich am Stadtrand von Brünn. Dazu kommen zwei Klassen für Spätberufene: Es gibt schon sehr viele Burschen, die sich dafür interessieren, aber auch Mädchen. Und schließlich Vorbereitungsklassen für Spätberufene, insgesamt also zwölf Klassen. Erzbischof Vlk von Prag – wieder muß er erwähnt werden – nannte Versuche, die Untergrundkirche unter legalen Bedingungen fortzusetzen, wie dies beispielsweise im Brünner Gymnasium, in der Vitek-Provaznik-Gruppe geschieht – wir werden noch andere Beispiele für heutige „Untergrund“arbeit kennenlernen – „eine Flucht vor der Realität in eine romantische Scheinwelt“. Was in Brünn von der seinerzeitigen Untergrundkirche an Initiativen gesetzt wurde, ist wohl alles andere als romantische Verklärtheit oder Flucht vor der Realität.

Mißtrauen zwischen den Gruppen

Für Vitek ist in der derzeitigen kirchlichen und klerikalen Situation der Tschechoslowakei folgendes wichtig: Viele Priester mußten zwanzig und mehr Jahre auf ihre Priesterweihe warten, weil sie in den fünfziger Jahren den Anordnungen der Bischöfe und des Vatikans „einfach gehorcht“ hatten und nicht in die staatlich gelenkten und kontrollierten Zentralseminare eingetreten waren beziehungsweise die bestehenden Seminare verlassen mußten. Ihnen stehen jene Priester gegenüber, die trotzdem in die staatlich überwachten Institute eingetreten sind, heute trotz allem anerkannt sind und auf besten Plätzen und in hervorragenden Funktionen offiziell tätig sind. Es gebe großes Mißtrauen zwischen diesen beiden Gruppen.

Unter den Geheimpriestern gibt es nach Vitek ebenfalls zwei Arten: Jene, die verschiedenen Ordensgemeinschaften – die seit April 1950 in der CSSR verboten waren – angehörten, also für diese Kommunitäten geweiht waren; und jene, die in verschiedenen Berufen, als Ärzte beispielsweise oder als Ingenieure, gearbeitet haben und noch immer dort arbeiten. „Das sind gute Spezialisten in ihrem Metier, sie haben hervorragende Berufe, sind deswegen nicht immer 100prozentig fähig – obwohl geweiht – als Priester zu wirken. Hier will sich ein Teil vom Vatikan legalisieren lassen, andere wieder nicht – viele sind auch sehr skeptisch, was die politische Stabilität in der CSFR betrifft", sagt Vitek im Hinblick auf die Vorgänge in der Sowjetunion vom 19. August 1991.

Alle jedoch – betont Vitek – stehen jetzt in einem Verzeichnis der Priester, einer Art Schematismus, sie feiern die Messe und spenden die Sakramente. Vitek trifft sich häufig mit diesen Leuten; sie ergänzten einander bezüglich Informationen und pädagogischer Kenntnisse. Man warte jetzt auch auf eine Entscheidung der Bischofskonferenz, für welche Aufgaben diese Priester eingesetzt werden könnten. Manche helfen ja schon in den Pfarren aus. Ob die Bischofskonferenz selbständig etwas entscheiden und unternehmen wird, wagt man nicht zu prophezeien.

Ein Problem besteht bei den verheirateten Priestern. Viele von ihnen stammen aus jener Gruppe von Seminaristen, die ihr Theologiestudium bereits Ende der vierziger Jahre begonnen hatten, dann die Seminare verlassen mußten und geheiratet hatten. Ihre Berufung – sagt Vitek – haben sie jedoch weiterverfolgt. Schließlich seien sie doch geheim geweiht worden, weil die Kirche der CSSR auf dieses Potential nicht verzichten durfte. Sie leben heute vor allem in Brünn, in Prag, aber auch verstreut in der Slowakei.

Erstmals Anklänge des Bi-Ritualismus

Der kirchenrechtlich und theologisch bestens versierte Frantisek Provaznik, dessen Temperament bei den Gesprächen mit ihm immer wieder durchbricht, hat sich mit der Frage der Anerkennung der Untergrundbischöfe und den kirchenrechtlichen Tricks offensichtlich schon auseinandergesetzt. Vieles von seinen Formulierungen klingt wohlüberlegt und vorformuliert. Provaznik zur Zahl der Geheimpriester in Böhmen und Mähren sowie in der Slowakei: „Es wurden im Laufe der vergangenen Jahrzehnte 600 geheime Priester bei uns geweiht. Darunter auch Bischöfe. Einige dieser Geheimbischöfe haben ihre Weihe angeblich aus den Händen des damaligen Krakauer Erzbischofs und jetzigen Papstes, Karol Wojtyla, empfangen. Hier in Brünn gab es neben Felix Davidek noch andere Untergrundbischöfe, deren Namen ich aber nicht nennen will. Jetzt löst Rom langsam die Frage. Die erste Etappe haben wir bereits hinter uns: Sie galt der Frage, ob die 600 Geheimen überhaupt rechtmäßig geweiht wurden. Diese Frage ist gelöst. Falls sie nicht rechtmäßig geweiht wären, müßte man auch die Frage nach der Rechtmäßigkeit der Weihen der Bischöfe stellen, die sie geweiht haben. Ohne die entsprechenden Bischöfe wäre das ganze ja gar nicht möglich."

Jetzt ist also die zweite Etappe im Gang. Der Vatikan versucht – so Provaznik – mit den „normalen Bischöfen ins Gespräch zu kommen, inwieweit die Geheimpriester mit irgendeiner Funktion beauftragt werden können".

Zu den verheirateten Priestern gibt Provaznik eine Interpretation, die bei den anderen Befragten – Vitek und Frana – zwar anklingt, aber gleichzeitig entkräftet wird. Manche Bischöfe, sagt der Professor, hätten während der Kommunistenzeit die „spezielle Erlaubnis" gehabt, verheiratete Priester für den griechisch-katholischen Ritus zu weihen. Die Behauptung, diese seien für den römisch-katholischen Ritus geweiht worden, weist Provaznik als „falsch" zurück. Die Ostslowakei mit ihren griechisch-katholischen Gläubigen und Bischof Jan Hirka an der Spitze sind nach seinen Worten Zeugnis dafür, daß diese Kirche die entsprechenden Priester gebraucht habe; und bei den Griechisch-Katholischen dürfen die Priester verheiratet sein. Die Lösung des anstehenden Problems sieht Provaznik in der Entsendung der verheirateten Geheimpriester in die Ostslowakei.

Aber Brünn ist doch römisch-katholisch. Wieso gibt es ausgerechnet hier diese Massierung von verheirateten Priestern? Provaznik weicht aus: Ursprünglich habe man sie ja mit dem Ziel geweiht, sie in die Ostslowakei zu schicken. Das ist natürlich bis heute nicht erfolgt. Einige von ihnen hätten auch katechetische Gruppen in Brünn geleitet, schließlich seien diese „griechisch-katholischen Priester" – so bezeichnet sie Provaznik – manchmal auch „als Helfer der lateinischen Kirche herangezogen" worden. Deswegen, argumentiert der Professor weiter, hätten sie auch ihr Priestertum „nicht gehalten", sondern wie normale Arbeiter in Fabriken gearbeitet. Es gäbe dazu noch eine große Anzahl von Geheimdiakonen; daß sich auch Diakonissinnen oder gar Priesterinnen darunter befänden, weist Provaznik – und das machen, wie wir noch sehen werden, alle aus der Davidek„familie" stammenden Geheimpriester und -bischöfe – weit von sich.

Jetzt müsse man rasch daran gehen, die Untergrundkirche mit der

„normalen Kirche“ zu vereinen. Als gutes Vorbild nennt Provaznik das Bischöfliche Gymnasium, an dem er bis zu seiner Suspendierung durch Bischof Ciklre im Frühjahr 1991 selbst unterrichtet hat. „Hier gibt es ‚normale‘ Priester und ehemalige Geheimpriester. Die Zusammenarbeit zwischen beiden Gruppen ist sehr gut. Was hier so ungezwungen gelöst ist, bereitet aber draußen noch viele Probleme.“ Die früheren Untergrundpriester empfinden – so Provaznik – „noch immer ein gewisses Mißtrauen gegenüber jenen Priestern, die mit dem Staat zusammengearbeitet haben“. Und faktisch mußte jeder Priester, der die staatliche Berufsausübungserlaubnis hatte, mit den Behörden in irgendeiner Weise kollaborieren. Trotzdem – sagt der Professor – sollte man sie „nicht verachten“. Er weist in diesem Zusammenhang darauf hin, daß die „Pacem in terris“-Priester das zur Kollaboration notwendige Maß allerdings entscheidend überschritten hätten.

Von den Problemen der böhmischen, mährischen und slowakischen Untergrundkirchen, meint Professor Provaznik, könnte der Westen in Bezug auf die Seelsorge noch einiges lernen; wobei er sehr dankbar dafür ist, daß man im Westen sowohl für die vergangenen als auch für die gegenwärtigen Probleme der Kirche der Tschechoslowakei großes Verständnis gezeigt hat und noch immer zeigt.

Strategien im Untergrund

Während eines weiteren Gesprächs mit Frantisek Provaznik im Brünner Gymnasium wird ein Diakon, verheiratet, vorgestellt, der noch nicht „enttarnt“ ist: Frantisek Skvaril aus Vyskov. Ein jüngerer Mann, den Felix Davidek seinerzeit geweiht hat. Skvaril betreibt seine Anerkennung in Olmütz. Sogar Diakone haben heute Schwierigkeiten, anerkannt zu werden, bloß weil sie verheiratet sind.

Provaznik erzählt seinen Werdegang, der mit Einschränkungen Parallelitäten zu den anderen hier geschilderten Fällen aufweist. Es sind dieselben Personen, die Theologen im Untergrund ausgebildet haben, es handelt sich um dieselben Orte, an denen sich die Untergrundkirche entwickelte.

Der Staatsicherheitsdienst – so Provaznik – habe sich mit seiner aktenkundigen Religiosität befaßt und ein Dossier darüber angelegt. Dieses Dokument wurde aber nicht an die Militärbehörde weitergereicht. Deswegen konnte Provaznik die Militärakademie besuchen, die er mit „Sehr gut“ absolvierte. Von militärischer Exaktheit ist Provazniks Charakter und Haltung bis heute geprägt. In seinem Militärpaß steht nur Lobendes über den gläubigen Menschen, dessen religiöse Betätigung dem Militär zunächst verborgen geblieben war. Nachdem sein curriculum vitae dann bei der obersten Militärbehörde doch eingetroffen war, wurde er degradiert und einfacher Arbeiter im technischen Bereich.

Als Provaznik von seinem Militärdienst nach Hause kam, wartete der bereits erwähnte Eucharistinerpater Svobodnik auf ihn und bereitete den jungen Mann auf das Priestertum vor. Unmittelbar nach der Absolvierung des Militärdienstes hatte sich Provaznik auch mit dem Bischof bezüglich der Frage auseinandergesetzt, ob er in das interdiözesane Seminar in Leitmeritz eintreten sollte. 1959 war Bischof Skoupy von Brünn interniert, er stand unter Hausarrest; die Studenten wußten, daß nur der Heilige Stuhl, nicht aber die Kommunistische Partei ein interdiözesanes Seminar errichten konnte. Unter dramatischen Umständen suchten die Studenten, die Priester werden wollten, den Bischof auf und fragten ihn, ob sie nach Leitmeritz gehen dürften. Und aus Skoupys Munde hörten sie: Nein. Das sei für sie ausschlaggebend gewesen, betont Provaznik, andere Wege zum Priestertum zu suchen.

Als die Studenten fragten, was sie tun sollten, da sie doch die Berufung fühlten, sei ihnen sowohl von Kardinal Beran, dem Prager Erzbischof, der seit 1949 interniert, 1965 nach Rom ausgewiesen und dort 1969 im Exil gestorben war, und Bischof Skoupy gesagt worden, daß sie sich an den Priester Stanislav Kratky wenden sollten. Kratky war im Untergrund für die Brünner Diözese zuständig: Und von Kratky ging der Weg ins illegale Seminar, das von Felix Davidek geleitet wurde. Gleich zu Beginn des Studiums im Untergrund sei ihnen gesagt worden, daß es ihnen egal sein soll, wer sie lehrt, ob Priester, Bischof oder Papst. Sie kannten nur den Namen Kratky, der ihnen vom Bischof genannt worden war, detto den Namen Davidek, den Kratky genannt hatte – mehr wußten die Studenten im Untergrund nicht. Erst nachdem sie das Studium beendet hatten und geweiht wurden, erkannten sie ihre „Weihebischöfe" (Konsekratoren).

Provaznik wurde am 14. Februar 1969 von Bischof Davidek in Brünn geheim geweiht – in Gegenwart eines Zeugen. Heute liegt dieses Zeugnis bereits schriftlich vor. Es befindet sich in den Händen von Bischof Kratky. Dort wird der noch lebende Weihezeuge genannt. Und dieses Testimonium liegt auch dem Brünner Bischof, Vojtech Cikrle, vor. Ähnliche Fälle gibt es noch viele, betont Provaznik. Diese könnten auch anders gelöst werden. Sein Fall kann nicht auf andere übertragen werden. Provaznik ist bis jetzt nicht anerkannt. Ich habe schon erwähnt, daß er mittlerweile von Bischof Ciklre vom Dienst am Brünner Bischöflichen Gymnasium suspendiert wurde. Heimlich, wie könnte es anders sein, trifft er sich noch immer mit seinen Schülern, die sehr an ihm hängen.

Zur Person Davideks: Davidek, so Provaznik, habe eine derart große Intelligenz gehabt, daß er mit einer großen Palette arbeiten konnte. Er sei außerdem ein sehr ehrgeiziger Mann gewesen: Jeden Menschen, jeden Studenten und Kleriker, den Davidek erzogen hatte, wollte er – nach Aussage Provazniks – auch später noch leiten und führen. Er selbst, so Provaznik, sei von Anfang an von Bischof Davidek für die Jugendarbeit bestimmt gewesen. „Ich mußte alles tun, um eine Enttarnung zu vermeiden, denn die Arbeit mit der Jugend war äußerst gefährlich, in diesem Bereich bewahrte sich kaum jemand vor der Enttarnung durch den StB."

Davidek ist nach den Worten Provazniks ein „Stratege" gewesen. Er hat es verstanden, sich ruhig verschiedene Kleinigkeiten für seine Schützlinge auf dem Weg zum Priestertum auszudenken. Er habe jede Situation für sich genützt; so konnte Provaznik offiziell Psychologie und Pädagogik auf den KP-Schulen studieren, um Lehrer zu werden und seinen Dienst als Priester später erfüllen zu können. Davidek forderte seine Leute auch auf, Liturgie zu studieren, um die Jugend damit bekannt zu machen. Wie das bewerkstelligen? Davideks Lösung war, daß Provaznik Organist werden mußte; und als solcher konnte er als Chorleiter beispielsweise unter der Jugend offiziell wirken. „Für die Kommunisten sah das ganze sehr harmlos aus." Dies ist nur ein Beispiel, wie qualitativ hochstehend Bischof Davidek den Weg seiner Kleriker geprägt hat. „Doch mir und auch Bischof Davidek gelang es nicht, dieses Spiel fortzusetzen. Und ich hatte Glück, nicht im Gefängnis, sondern als einfacher Straßenarbeiter zu landen." Provaznik dankt Gott und seinen Lehrern, daß sie ihm das alles beigebracht haben, „weil das damals nötig war für die Kirche".

„Davidek" – so beginnt Provaznik zu schwärmen – „setzte unglaubliche Initiativen, um die Möglichkeiten eines jeden Menschen kennenzulernen und auszuschöpfen. Und er wußte diese Möglichkeiten dann auch auf jeden Kleriker anzuwenden."

Davidek nahm sich in den achtziger Jahren der Organisation des illegalen Studiums an normalen Gymnasien und anderen Schulen an. Er organisierte Religionsunterricht für Schüler und Jugendliche, um das Loch, das der Staat riß, ab der 7. Klasse war Religionsunterricht offiziell verboten, zu füllen.

Davideks Motto und Plan für „seine" Kleriker lautete: „Tut das, was die offizielle Kirche nicht tun darf. Das heißt: Ihr braucht nicht taufen oder trauen, auch keine öffentlichen Messen lesen, das können und dürfen die anderen auch. Er war nicht einmal von der Katechese der Grundschulkinder begeistert, der Gefahr der Enttarnung wegen. Doch es war unsere Aufgabe, Gläubigen dazu zu verhelfen und zu motivieren, ihre Kinder normal in den Religionsunterricht zu schicken und zu riskieren, daß sie um 100 Kronen weniger Gehalt hatten."

Zu seinen Priestern sagte Davidek immer: „Das ist eure Sendung, deswegen seid ihr da.“ Und er kannte keine Entschuldigung, falls ein Priester nicht das tat, was er anordnete. Wenn ein offizieller Priester nicht ins Krankenhaus gehen konnte, um nicht die staatliche Anerkennung zu verlieren, oder auch aus Angst vor folgender physischer Bedrohung, hat man eben einen

Frantisek Provaznik

„Ministranten“ aus der Pfarre geholt. „Und das ist es“ – Provaznik wird, wie es seinem Charakter entspricht, heftig – „was die lieben Leute aus dem Westen begeistern sollte – und dann erst sollten sie beginnen, unsere Untergrundkirchen zu kritisieren.“

Provaznik hat in der Folge von seinen Studenten dasselbe verlangt, was Davidek von ihm gefordert hatte. Alle sollten so gut wie möglich, wie es sich für einen Katholiken geziemt, an normalen Schulen studieren. Außerdem sollten sie sich fundiert mit Theologie und den Religionen befassen. Provaznik im Original-Ton: „Das System war so, daß wir in der Geheimschule eine Woche lang die christliche Weltanschauung studierten, um nachher mit der Kommunistenscheiße etwas anfangen zu können.“ Es gab dann auch Fächer für Literatur, Ethik, Psychologie und Naturwissenschaften. „Wir nutzten alles aus, was im KP-System offiziell gelehrt wurde und brachten es auf den richtigen Weg.“ Auf diese Weise schonte Davidek auch die Kräfte seiner Kleriker, indem sie nicht irgendwo alles tun mußten; er verlangte lebendigen Glauben von den Jugendlichen und Aktivität in den Pfarren. Die Gläubigen wurden im Untergrund auch darauf vorbereitet, daß sie wegen ihres christlichen Handelns leiden könnten. „Unsere geistige Formation war ganz offen – außer dem Geheimstudium. Wir erzogen die Menschen dazu, Opfer zu bringen.“

Vom Westen her sind in den achtziger Jahren böse Nachrichten über Davidek und die mährische Geheimkirche verbreitet worden. Auch Radio Free Europe hat sich – wie Provaznik berichtet – an dieser „Kampagne“ beteiligt. Nähere Einzelheiten darüber weiß Provaznik nicht. „Es überraschte mich aber nicht, daß der StB auch über diesen Sender seine Politik verbreiten konnte. Wir haben damals Radio Free Europe mit viel Anerkennung gehört, alles aber gleichzeitig mit sehr realen Augen gesehen.“ Provaznik verweist auf einen gewissen Minarik, einen ehemaligen StB-Mitarbeiter, der die Sendungen über Davidek gestaltet hat. StB und KGB – so Provaznik – bedienten sich keiner blöden Leute. „Wir hatten jedoch eine sehr reale Vorstellung von Radio Free Europe, da wir wußten, daß sie keine vollständigen Informationen über unsere Situation hier besaßen.“ Auf die Medienkampagne gegen Davidek werde ich im folgenden noch genauer eingehen.

Provazniks größter Wunsch ist es, daß der gesamte Klerus in der CSFR – offiziell und im Untergrund – zusammenkommt, um endlich mit der Pastoration zu beginnen. Er sei ja dafür geweiht, mit voller Kraft für das Evangelium zu arbeiten. Deswegen hat er großes Verständnis für die Ungeduld einiger seiner Mitarbeiter aus der Geheimkirche, aber auch Verständnis für die Bischöfe und die „normalen“ Priester, daß sie einem unbekannten Problem kein Verständnis entgegenbringen. „Aber in den

Taten des Glaubens sollten wir uns einig werden. Und die Früchte unserer Arbeit sollen zeigen, wer Christus angehört und wer Beelzebub." Sonst wäre das die beste Schule für „unsere atheistischen Opponenten, wenn sie sagen können: Seht her, wie sie untereinander streiten. Wir liefern ja denen nur Material, wenn wir uneins sind."

Geheime in St. Magdalena

Auf Petrov in Brünn wohnt der rund 75jährige Priester Jozef Krcma mit seiner Haushälterin. Er hat seinerzeit als Pfarrer von Janisek (etwa 40 Kilometer von Brünn) dem Salesianerpater Petr Baran Unterkunft für dessen geheime Religionskurse mit Jugendlichen aus Brünn geboten. Krcma berichtet von den Petrinern und Eucharistinern in der mährischen Hauptstadt, die in der Kirche St. Maria Magdalena ihr Zentrum haben. An dieser Kirche wirken – das heißt: feiern die Eucharistie und predigen, hören aber nicht die Beichte, da ihnen dazu die bischöfliche Jurisdiktion fehlt – jene Geheimpriester, die noch nicht kirchlich anerkannt sind. „Sie kommen dorthin zur Aushilfe", erklärt Krcma.

Felix Davidek ist Krcma natürlich ein Begriff. Er beschreibt ihn als „übereifrig", aber auch als „übertrieben" in seinen Taten. „Merkwürdig muß er schon gewesen sein in seiner Totalität", gibt Krcma allerdings zu. „Wenn Davidek wenigstens nur verheiratete Männer geweiht hätte!", meint Krcma zum Problem Priesterweihe von Frauen durch den Geheimbischof. In der Tafelrunde des Brünner Oberhirten Vojtech Cikrle, berichtet Krcma weiter, wird nichts über die Geheimpriester gesprochen. „Ciklre redet nicht über dieses Thema und wir sprechen ihn auch nicht darauf an." Cikrle wird von den Brünner Klerikern immer kritischer gesehen. Nach der ersten Euphorie – „ganz Brünn war bei seiner Inthronisation im Frühjahr 1990 auf den Beinen" (Krcma) – hat sich nun eine nüchterne Stimmung in Bezug auf den vom Staat geduldeten ehemaligen Leitmeritzer Regens breit gemacht.

Bei Geheimbischof Kratky

In Hradek, etwa zwölf Kilometer vom österreichischen Laa/Thaya entfernt, lebt ein gelegentlicher Exerzitienleiter des Brünner „kleinen Seminars", Pfarrer Stanislav Kratky. Sein Name ist bisher schon öfter gefallen. Er bekennt sich zu seiner Bischofsweihe und zu seinem Amt, betreibt auch seine Anerkennung, obwohl er von dem – fast möchte man sagen in der Kirche verfemten – Felix Davidek geheim zum Bischof geweiht worden war. Kratky, Jahrgang 1922, wurde 1945 in Brünn von Bischof Karel Skoupy zum Priester geweiht. Zum Bischof wurde er am 27. August 1968 von Felix Davidek in dessen Heimatort Chrlice südlich von Brünn konsekriert. Kratky berichtet, daß Davidek von Jan Blaha 1967 zum Bischof geweiht wurde, und Blaha 1967 von Peter Dubovsky SJ (jetzt als Informant über die Geheimkirche durch die Ernennung zum Weihbischof von Bánska Bystrica kirchlich „kaltgestellt") geheim zum Bischof geweiht worden war. Kratky selbst – dessen bischöfliches Motto „Ad plenitudinem" lautet und in dessen Wappen sich zwischen zwei Stacheldrähten die griechischen Worte „Phos" (Licht) und „Zoe" (Leben) befinden – hat keine Bischofsweihen erteilt. Diese Aussagen liegen alle schriftlich vor. Sich selbst bezeichnet Kratky als „Bischof der Kirche des Schweigens in der CSFR und Pfarrer von Hradek".

Bei einem Besuch in Hradek findet sich Bischof Kratky gerade in einem Pastoralgespräch mit einem Brautpaar, das kirchlich heiraten will, zuvor aber noch getauft werden muß. Kratky ist sehr vertrauensselig. Er hat sofort Zugang zum Menschen, wirkt sehr einnehmend.

Er hat Davidek sehr gut gekannt, hat aber kein Foto von ihm. „Ein Foto war in der damaligen Zeit der Verfolgung der Kirche für uns ein Feind, deswegen gibt es auch keine Fotografien aus dieser Zeit, das wäre äußerst gefährlich gewesen." Kratky hat seine Akte nach Rom gesandt, will nicht, daß viel über ihn gesprochen und geschrieben wird. „Solange die Sache in Rom ist, sollte man nicht darüber schreiben."

Über die Umstände der Bischofsweihen durch Davidek erzählt Kratky folgendes: Sie fanden alle in der kritischen Situation der damaligen CSSR in den Tagen nach der Invasion der Truppen des Warschauer Paktes am 20. August 1968 statt. Es bestand große Angst, daß es nach der Okkupation auch zu Deportationen – vornehmlich in katholischen Kreisen – kommt. Man hatte diesbezüglich das schreckliche Beispiel der Ukraine vor Augen. „Man wußte ja nicht, was wird", so Kratky.

Der Hauptgedanke Davideks und seines Kreises war folgender: Wenn wir zerstreut werden, dann ist es wichtig, daß es mehrere Bischöfe gibt. Auch wenn wir bleiben können, wird die Situation durch die strenge Polizeiherrschaft für uns nicht leichter. Kleine Gruppen waren daher notwendig, große kirchliche Gruppen und Einheiten gefährlich. „Dieser Gedanke war eine Überlebensstrategie."

Bischof Kratky, dem die Ausübung des priesterlichen Berufes seinerzeit von den kommunistischen Behörden entzogen worden war, arbeitete zehn Jahre lang am Bau, neun Jahre als Kranführer. Vor dem Entzug der staatlichen Berufsausübungsgenehmigung befand er sich im Kerker. „Wenn man mit den Kommunisten nicht zusammenarbeiten wollte, gab es keine

ŘÍM. - KATOL. FARNÍ ÚŘAD
671 27 HRÁDEK

N.34 / 91

Res: responsio ad ep. 29.1.1991

Rev.

Dr Manfred Dieter Kierein
Kaerntnerstr. 17
A -1010 Wien

ΦωΣ | ✗
✗ | ZωH

ad 1. - Motto: Ad plenitudinem
Wappen : Stacheldrath / 2 Felder/ und griechisch
Fós - Zoe

2. Natus Brunae 11.11.1922
Sacerdos ordinatus 5.7.1946 Brunae ab Epo Carolo Skoupý

3. Consecratio Episcopalis Brunae-Chrlice 27.8.1968
ab Epo Felice Maria Davídek

4. Ep. Davídek consecratus ab Epo ~~Petro Dubovský S.J.~~
Joanne Bláha 1967
Ep. Joannes Bláha consecratus ab Epo Petro Dubovský S.J.
anno 1967

5. Ich selbst habe keinen Consecration erteilt.

Sectio ecclesiae silentii procedens ab Episcopo Joanne Bláha bleibt fast ganze in abscondito. Solutio quaestionis per Congregationem de doctrina fidei exspectatur.

Cum benedictione

Stanislav Krátký
Episcopus Ecclesiae silentii ČSFR
parochus in Hrádek
76127 ČSFR

Anerkennung." 1968 – also zur Zeit der Dubcek-Ära – sagte man ihm noch: „Sie werden niemals als Priester wirken dürfen." Deshalb sei er sehr überrascht gewesen, als er wenige Tage vor dem Einmarsch der WAPA-Truppen für eine befristete Zeit die Amtsausübungsbewilligung in Vertretung eines krank gewordenen Pfarrers bekam. Ab 15. August 1968 sollte Kratky in Mutjenice, einer sehr großen mährischen Pfarre, wirken „bis der Pfarrer wieder gesund ist“. Doch dann kam die Okkupation.

Einige Tage vor dem 27. August 1968 war Kratky von Davidek verständigt worden, daß er sich bei ihm an dem und dem Tag zum Empfang der Bischofsweihe einzufinden habe. „Alle diese Weihen wurden strikt geheimgehalten. Es waren außer Zeugen keine anderen Leute bei der Weihe zugegen. Vielleicht war noch jemand im Haus Davideks, aber mich hatte das nicht zu interessieren. Ich habe mich nicht umgesehen, nichts beobachtet. Ich habe nichts Zusätzliches gewußt, nur soviel, wie man gerade brauchte. So konnte man auch nichts verraten, falls man enttarnt werden sollte.“ Davidek habe ihm dann gemäß dem römischen Ritus die Bischofsweihe gespendet.

„Davidek war sehr tüchtig in dieser Beziehung“, meint Kratky. „Für uns war es zu der Zeit nicht wichtig, Fragen zu stellen. Davidek hat damals mehrere Bischöfe geweiht. Die einzige Sicherheit, daß ich nichts weitererzählen kann, war die, daß ich nichts wußte und man mir nichts sagte.“ Die Menschen sind ja von Natur aus neugierig. Damals sei aber die wichtigste

Geheimbischof Stanislav Kratky (li.), Franz Hummer

Tugend gewesen, „nicht neugierig zu sein". „Unser Noviziat war das Gefängnis, wo wir Erfahrungen mit der Geheimpolizei StB machten."

Daß Davidek auch Frauen zu Priesterinnen geweiht haben soll, verneint Kratky deutlich. „Aber diesbezüglich gehörte Davidek zu den Progressisten. Er war geneigt, die Frage der Frauenordination einer Lösung zuzuführen. Allerdings kann das nur von Rom ausgehen. Davidek hat diese Frage theologisch bearbeitet. Er war da nicht der erste. Bekanntlich hat sich auch die Bischofssynode 1971 mit diesem Thema – allerdings abschlägig – befaßt. Auch der Leitmeritzer Oberhirte, Kardinal Trochta, hat darüber nachgedacht. Diese offene Frage ist also nicht hier bei uns entstanden. Jeder weiß heute um das Problem der Frauenordination."

Bei den theologischen Vorträgen Davideks im Untergrund, erzählt Bischof Kratky weiter, seien auch Frauen zugegen gewesen, die heimlich Theologie studierten. „Meiner Meinung nach hat die Lösung dieser Frage allerdings keine Eile." Jetzt sei jedoch eine Komplikation für deren Lösung entstanden, weil auch die Theologie Fortschritte gemacht habe. Kratky verweist auch auf die Situation in der anglikanischen Kirche: Die Einheit mit Rom sei sehr nahe gewesen, die Frauenordination bei den Anglikanern habe jedoch der Ökumene einen Strich durch die Rechnung gemacht. „Man muß jetzt in dieser Angelegenheit Stellung beziehen", fordert Kratky. „Davidek war geneigt, diese Frage zu lösen."

Der Pfarrer von Hradek beginnt von Davidek zu schwärmen: „Er hatte so ein Charisma zum Unterricht, die Leute zu gewinnen, besonders die Intelligenz. Auf jedem Gebiet trachtete er sich die neuesten Entdeckungen anzueignen. Er war ein Universalgelehrter, wirklich ein Talent. Eine echte Begabung."

Davidek hat auch sehr asketisch gelebt: „Ich weiß nicht, wieviele Stunden er geschlafen hat. Jedenfalls ist er immer vorbereitet gewesen, wenn ich gekommen bin – ob es Tag oder Nacht war. Ich sah ihn nie schlafen. Er hat auch niemals gesagt: Ich bin jetzt müde und gehe schlafen."

Kratky rühmt auch Davideks Toleranz: „Er war sehr offen für alles. Das ist es ja, was die Katholizität ausmacht. Besonders begeistert war er von Teilhard de Chardin, dessen Schriften er außerordentlich gut gekannt hat. In seinem theologischen Denken entwickelte er ein System, in dem auch die Frauen ihren Platz hatten."

Um weitere Einzelheiten über den geheimnisumwitterten Menschen und Untergrundbischof Felix Davidek zu erfahren, verweist Kratky auf einen anderen Geheimbischof: Ingenieur Bedrich Provaznik aus Brünn, den Bruder von Professor Frantisek Provaznik aus dem Brünner Bischöflichen Gymnasium, den wir schon kennengelernt haben. Bedrich Provaznik ist ein ausgezeichneter Experte für die Ostkirche.

„Wir sind heute schwarze Schafe“

In einem weiteren Gespräch, Kratky hat Vertrauen gefaßt, klagt der Geheimbischof, daß die Geheimpriester und -bischöfe heute „als schwarze Schafe“ angesehen würden. Und dies besonders wegen der Frage der verheirateten Priester und wegen der Frauen als Priesterinnen: Dem Geheimbischof ist jetzt auf einmal alles bekannt, was er im ersten Gespräch noch geleugnet hat: Nachdem ich ihn auf die Äußerung des vatikanischen Pressesprechers Navarro Valls aufmerksam gemacht hatte, wonach es zwei Priesterinnen in der Tschechoslowakei gäbe, konnte Kratky auch nicht umhin, das zu bestätigen. Er meinte: „Man sollte nicht gleich alles, was neu ist, abtun“ und verwies auf entsprechende theologische Diskussionen seinerzeit in der theologischen Buchreihe „Quaestiones disputatae“ durch Karl Rahner. Es gehe heute um das bene distinguere: Es sei nicht gut, alles zu generalisieren. In der damaligen Tschechoslowakei habe eine sehr schwierige Situation geherrscht.

Vor den Übergriffen des NKWD (Narodnyj Kommissariat Wnutrennych Del/das Volkskommissariat für Innere Angelegenheiten, das 1934 geschaffene stalinistische Terrorinstrument, aus dem sich das KGB entwickelte) haben nach Kratkys Worten alle Angst gehabt. Für Kratky sind KGB und StB identische Organisationen. Es habe auch Pseudo-Priester gegeben, die nach Rom geschickt wurden; einer von ihnen habe sich 1968 als von Davidek geheim geweihter Bischof vorgestellt. So seien auch Namen über geheim Ordinierte dem Geheimdienst StB bekannt geworden. Kratky gibt zu, daß noch viele Fragen offen seien. Die Feinde seien damals wie heute sehr raffiniert. „Und sie sind noch nicht gestorben. Wir wissen nicht, wo die noch überall sitzen. Jedenfalls haben sie noch indirekten Einfluß.“ Man darf sich daher nicht wundern, daß Antworten manchmal nur zögernd kommen und von den Geheimbischöfen die letzten Details nicht bekanntgegeben werden.

Felix Davidek selbst hat auch nicht alles weitergegeben, was er tat oder wußte. Das wird uns später auch Davideks Generalvikarin Ludmila Javorova bestätigen. Davideks Worte und Handlungen waren von der Erfahrung bestimmt, daß man im Kerker nur das sagt, was man auch weiß. Er hat es immer für gut befunden, wenn niemand genau wußte, wer ihn geweiht hat.

In der Davidek-Gruppe gibt es Personen, die niemandem bekannt waren. Manches habe die Polizei zwar gewußt, das gesamte Untergrundnetz konnte sie aber nicht überwachen, geschweige denn zerreißen. Die wichtigsten Informationen über die CSSR-Geheimkirche wurden erst nach dem 17. November 1989 nach Rom geschickt.

Nach den Worten Kratkys ist der in Brünn lebende Geheimbischof Jan

Blaha die wichtigste Person der Post-Davidek-Ära. Davidek ist ja 1988 unter tragischen Umständen gestorben. Blaha war einige Male in Rom, wo er Besprechungen mit der Congregatio pro Doctrina Fidei hatte. An der Glaubenskongregation arbeitet als Unter-Sekretär der slowakische Monsignore Jozef Zlatnansky, der über den gesamten Sachverhalt am besten informiert ist. Die Geheimpriester – sagt Kratky – sind heute ein Skandal, Stein des Anstoßes für die Kirche. „Doch wurden wir nicht für eine Diözese, sondern für Sibirien geweiht.“ Deswegen erwarte man auch nichts Konkretes vom Vatikan. Trotzdem sei eine Anerkennung wichtig, weil der Skandal groß sei. Diejenigen, die früher wegen der StB-Kontrolle nicht öffentlich in Erscheinung treten konnten, werden jetzt vom Vatikan amtsbehindert. Kratky schließt sich auch dieser Meinung an, die sich wie ein roter Faden durch die Argumentation der Vertreter der seinerzeitigen Amtskirche zieht.

Er setzt alle seine Hoffnungen auf den tschechoslowakischen Vatikanbotschafter Frantisek Halas, der ein guter Freund der Geheimkirche ist. Er selbst – so Kratky – hat Halas gefirmt. Der Geheimbischof versichert – das ist bei Frantisek Provaznik erstmals angeklungen – daß die verheirateten Priester für den Ostritus geweiht worden seien. Die wichtigste kirchenrechtliche Frage dabei ist die, ob der Ritenwechsel vor oder nach der Weihe stattgefunden hat. Bischof Davidek hat nach Aussage Kratkys die Erlaubnis gehabt, solche Weihen vorzunehmen, weshalb sie auch nicht irregulär vorgenommen worden seien. Diese Tatsache ist „auch in unserer mährischen Gegend nicht unerhört“, gibt Kratky zu bedenken, weil es schon in früherer Zeit in Mähren griechisch-katholische Priester gegeben habe, die hier gewirkt haben.

Als entscheidend sieht der Geheimbischof in Hradek die Frage nach der Kraft der hl. Messe zur Überwindung des Satans an. Der Glaube an die Kraft der Eucharistie sei der tiefste Grund für all die bekannten Vorkommnisse in schwierigster Zeit gewesen. Das war „unsere mystische Kraft“, die auch die Kommunisten nicht brechen hätten können. „Wer nicht glaubt, versteht das alles nicht. In diesem Sinne ist das auch jetzt noch die Kraft der ecclesia silentii in der CSFR.“ Denn die ehemaligen Geheimpriester könnten auch jetzt noch nicht viel machen, wohl zelebrierten sie die Messe, was ja auch Krcma in Petrov/Brünn bestätigt hat. „Jede Messe ist für sie stärker als eine Atombombe. Und die Verheirateten wollten nicht den Zölibat umgehen, sondern auch zu dieser Kraftquelle vorstoßen.“ Kratky setzt auf maximale Veritas. Der Papst, sagt er, sei sicher nicht gut und vollständig informiert. Es liege im System der Kirche, daß er nicht zum Papst vorstoßen und persönlich mit ihm sprechen könne.

Die wichtigsten Informationen liegen auch dem Erzbischof in Prag vor.

Und was Prag nicht weiß, das gibt es auch nicht, kritisiert Kratky. Auch Bischof Cikrle von Brünn sei informiert worden, es gibt Kontakte zu ihm. „Aber alle unsere neuen Bischöfe haben ja nicht im Untergrund gearbeitet, kennen diesen nicht, daher können sie auch nicht vollständig informiert sein. Sie haben zwar einiges gehört, aber nicht alles, und sie konnten auch gar nicht alles hören. Deswegen haben sie auch nicht die Kraft, sich zu engagieren." Kratky verweist auf Kardinal Korec, der einiges gewußt habe, auch auf Otcenasek von Königgrätz: „Er wußte von uns, hatte aber Angst, und hat auch mitgelitten. Otcenasek hat es abgelehnt, andere Bischöfe zu weihen, eben weil er Angst hatte und weil er ständig observiert wurde." Das hatte auch etwas mit Vorsicht gegenüber den Behörden zu tun. „Karel Otcenasek hatte immer die Hoffnung, doch noch zum Bischofsamt zugelassen zu werden, er war ja für seine Diözese Königgrätz geweiht, sodaß er es unterließ, etwas ‚Ungesetzliches' zu tun."

Jetzt will man erreichen, daß alle Priester arbeiten können, die Chancen werden ja immer besser. Kratky ist zweckoptimistisch. Botschafter Halas agiere in Rom im Sinne der ecclesia silentii. Ihm seien auch viele Untergrundpriester bekannt. „Er ist wie ein Sohn zu mir", sagt Kratky.

Die Vorbereitung für die Errichtung der Untergrundkirche geht auf die fünfziger Jahre zurück, als die Seminare ausgelöscht wurden. Die Bischofskonferenz verfügte damals, daß niemand in die neuen Seminare in Leitmeritz und in Bratislava eintreten sollte. Aus Mähren – so Kratky – ist niemand in die neuen, vom Staat genehmigten und kontrollierten Seminare eingetreten. Kratky erzählt vom Schicksal des Alttestamentlers Professor Jozef Koutny, der dem Bischofswunsch entsprochen und sich nicht als Professor den Kommunisten zur Verfügung gestellt hatte. Deswegen sei er ein Märtyrer geworden. Koutny hatte eine Berufung nach Leitmeritz, verweigerte aber gemäß dem Wunsche der Bischofskonferenz den Dienst. Kurz darauf wurde er erhängt in einem Eisenbahnwaggon aufgefunden. Sein Tod wurde in der Öffentlichkeit als Selbstmord dargestellt. Auch der Jurist Professor Jozef Dolezal wurde einer ähnlichen Haltung wegen lange eingesperrt. In Hradek lebt heute noch ein 62jähriger Geheimpriester, der damals auch nicht weiterstudieren konnte, im Untergrund. Er erhielt seine theologische Ausbildung und die Weihe geheim und wartet jetzt auf die Zustimmung Roms. Bischof Kratky zelebriert mit ihm – wie üblich in diesen Kreisen – privat die Messe. Früher hat dieser Untergrundpriester bereits geheim zelebriert, jetzt muß er es noch immer tun.

Kratkys Kreis: Zehn Bischöfe und 200 Priester

Auf die Frage nach Namen von Untergrundbischöfen, ziert sich Kratky zunächst. Nomina sunt odiosa. Der während eines Zeitraums von 40 Jahren indoktrinierte Spruch wirkt auch heute noch. Doch dann rückt der Geheimbischof mit neun Namen heraus: Jan Blaha, Jindrik Pesek (1980 gestorben), Fridolin Zahradnik (griechisch-katholisch und verheiratet), Jiri Krpalek, Bedrich Provaznik, Vaclav Razik (gestorben), Oskar Formanek SJ (im Sommer 1991 verstorben), Eugen Kocis und Dusan Spinner. In der von Blaha und Kratky geführten Untergrundkirche Mährens gibt es mindestens 200 Priester, Blaha und Kratky haben sie in einer Art Schematismus zusammengefaßt. Diese Daten wurden auch alle nach Rom weitergereicht.

Bischof Blaha ist ein Computerfachmann in Brünn und arbeitet in einem pharmazeutischen Betrieb. Blaha wollte seine von ihm erstellte Liste Kardinal Ratzinger weitergeben. Kratky staunt darüber, warum Rom alle Namen wissen wolle. „Warum genügt es nicht, daß ein Bischof genannt wird. Für wen braucht Rom alle diese Namen?“, fragt Kratky, sein Mißtrauen ist unverkennbar.

„Für uns war immer klar, wer nach einem Namen fragt, der kommt vom StB. So einer war von vornherein verdächtig. Hierher nach Hradek kamen immer StB-Leute und wollten etwas wissen. Manchmal kamen auch Priester mit vielerlei Fragen zu Besuch; sie alle hatten dieselben Fragen, da war alles klar.“

Als Kratky in Brünn als Kranfahrer am Bau arbeitete, kam ein Geistlicher zu ihm und fragte, warum er etwas Bestimmtes gepredigt habe. Kratky hatte in einem Dorf 100 Kilometer von Brünn entfernt gepredigt. Die Befragung konnte also kein Zufall sein. Soviel also zum Vertrauen der Untergrundpriester zu Rom.

Wie war das damals mit Bischof Davidek? „Bei ihm sind alle Kanäle zusammengelaufen. Er hat nur gute Priester aufgenommen, dafür hatte er einen Blick. Es gab so etwas wie eine Netzinformation. Das war erstaunlich. Jetzt können wir nur beten und sonst machen, was wir wollen. Verheiratete Priester, die nicht öffentlich am Altar dienen können, denen ist es nicht verboten, privat die Messe zu lesen. Es gibt keine Kirchengesetze dagegen. Sie können nur nicht öffentlich wirken, nur aushelfen.“ Die Sache selbst hat Bischof Blaha – er wird offensichtlich als Nachfolger Davideks betrachtet – für sich reserviert. Die „innerste Linie“ der Geheimbischöfe und -priester – so Kratky – war in der Kommunistenära unbekannt. Bloß Korec, Dubovsky und Otcenasek waren durch Zeitungsberichte auch in der Öffentlichkeit kirchliche Größen. Ihre Namen waren 1968 während der Dubcek-Ära publiziert worden.

Die Geheimpolizei – so Kratky – wußte um Davidek und von ihm, Kratky, auch. Das war ab 1975 der Fall: Damals seien Priester nach Wien gekommen, die sich als von Davidek Geweihte ausgegeben und so die Namen erfahren hätten. Auch Kapitelvikar Horky habe ab diesem Zeitpunkt von ihnen gewußt. Kratky wurde seitdem sehr genau beobachtet. Es kam auch zu einem großen Verhör – Stunden um Stunden. Man drohte, ihn ins Gefängnis zu schaffen. Kratky war damals in Kunstadt (im Norden Mährens) Pfarrer, wozu er die staatliche Erlaubnis hatte. Als Bischof war er noch nicht enttarnt. 1978 hat er dann wieder die Zustimmung des Staates zur Amtsausübung verloren. Er wurde vor die Wahl gestellt, sich entweder versetzen zu lassen oder die Amtsbefugnis zu verlieren. Daraufhin habe er Kapitelvikar Horky wissen lassen, daß dieser ihn nicht zu retten brauche. Kratky gab Horky persönliche Dokumente mit nomina tecta, die Horky nach Rom weiterleiten sollte. Rom sollte um die Geheimkirche wissen und auch die Namen der Untergrundpriester und -bischöfe kennen, falls ihm etwas passieren sollte. Horky habe ihm versichert, daß er keine Angst zu haben brauche; alles lande in einem Geheimarchiv. „Doch nach zwei Tagen war der StB bei mir." Daraufhin hat sich Kratky über Mittelsmänner persönlich an Rom gewandt – „mein Name war dort bekannt" – und die Antwort bekommen, daß Rom nichts Genaues wisse und er nichts unternehmen solle.

Kratky wollte aber nicht, daß seine Person mit Geheimbischof Davidek in Zusammenhang gebracht werde, deshalb gab er an, von Bischof Karel Skoupy geweiht worden zu sein. Der Geheimdienst hat allerdings psychologisch so gut gearbeitet, daß er immer etwas herausbekam. So mußte aus Kratkys Äußerungen klarwerden – wie er heute unumwunden zugibt – daß er Bischof ist. Es folgte die Versetzung nach Hradek, an die österreichisch-tschechische Grenze, wo alles devastiert war: „Ich sollte hier wohl kaputtgehen." Kirche und Pfarrhof waren zerstört, das kirchliche Leben lag am Boden.

Doch es kam anders. Kratky kniete sich in seine Arbeit hinein, langsam gelang es ihm, die Kirche in Hradek zum Leben zu erwecken. Der total verwahrloste Pfarrhof wurde restauriert, Kirche (mit Maulbertsch-Bildern) und Karner konnten erneuert werden. Die Begegnungen mit Davidek wurden naturgemäß immer seltener. Jeder Bischof im Untergrund arbeitete in seinem Personalbereich selbständig. „Nur, wenn etwas Wichtiges zu besprechen war, kamen wir zusammen. Manchmal verlief der Kontakt auch über Mittelsleute, nicht direkt."

Kratky versuchte ab 12. April 1991 zwei Wochen lang, die römischen kirchlichen Behörden von der Rechtmäßigkeit und Gültigkeit der von Davidek gespendeten Bischofsweihen zu überzeugen. Wie Jan Blaha, der sich eine Woche davor im Zentrum der Weltkirche befunden hatte, kam er ohne Ergebnis zurück. Lange Zeit hielt sich das Gerücht, Kratky könnte der Nachfolger Bischof Vlks in Budweis sein. Vlk wurde ja zum Erzbischof von Prag ernannt. Auch diese Hoffnung der Untergrundkirche hat sich nicht erfüllt.

Jetzt setzt Kratky auf die Absegnung einer Art Personalprälatur durch Rom. Nach dem Vorbild der „Mission de France“, meint er, könnte in den tschechoslowakischen Untergrundkirchen mit ihrer großen Anzahl von Bischöfen sowie den verheirateten Priestern eine Kirche in der Kirche für besondere Aufgaben installiert werden. Woran das scheitern könnte, läßt Kratky in einem Interview erkennen, das er mir nach der Rückkehr seines Amtsbruders Jan Blaha aus Rom am 5. April 1991 gegeben hat.

Das Kirchenrecht als Falle

Über den Rom-Besuch seines Amtskollegen im Untergrund ist Kratky hocherfreut. Endlich einmal konnte ein Geheimbischof die Anliegen der ecclesia silentii direkt Kardinal Joseph Ratzinger, dem obersten Glaubenswächter, vortragen. Die Gattin von Botschafter Halas, des tschechoslowakischen Vertreters beim Heiligen Stuhl, hat Kratky dazu noch in einem Schreiben mitgeteilt, „daß die Sache gut für uns ausschaut“. Halas stand seinerzeit im Untergrund mit der Geheimkirche in Verbindung und hat noch immer eine persönliche Affinität zu den Geheimpriestern.

Wichtig ist nach den Worten Kratkys die Darstellung der vollen Wahrheit. Auch gegenüber den Gläubigen. Manchmal sehe man in der Tatsache, daß es im Kreis von Davidek und anderen Geheimbischöfen verheiratete Priester gibt, eine Attacke gegen den Zölibat. Mit Blick auf Rom, das in dieser Angelegenheit noch immer Strenge signalisiert, betont Kratky: „Das hatten wir nicht im Sinn. Wenn zwei dasselbe machen, ist es nicht immer das gleiche. Ein Motiv war, daß wir in Zeiten der Verfolgung eine große mystische Kraft brauchten. Und diese mystische Kraft liegt in der Messe, für die wir Priester benötigten. Um die notwendige Anzahl von Priestern zu weihen, hatten wir die dementsprechenden Fakultäten (Erlaubnisse) seitens Roms. Es gab auch die Möglichkeit einer Ritenänderung für römisch-katholische Christen, um Verheiratete zu Priestern ordinieren zu können. Wir mußten diese nützen.“ Das heißt also, daß für verheiratete Männer der Ritus geändert wurde. Sie mußten einfach in die unierte Ostkirche übertreten, um zu Priestern geweiht werden zu können. In der griechisch-katholischen Kirche, einer mit Rom unierten Kirche, gibt es verheiratete Priester. „Wir sollten also nicht immer von katholischen verheirateten Priestern sprechen – das kann man auch – aber eigentlich sind sie alle griechisch-katholische Priester, die verheiratet sind", präzisiert Bischof Kratky.

Daß diese verheirateten Geistlichen aber ihren Dienst ausschließlich in der lateinischen Kirche Mährens geleistet haben, begründet Kratky folgendermaßen: „Es ist so, daß die Orientalen die Möglichkeit zum Bi-Ritualismus haben. Und auch die ‚Lateiner' können nach Abschluß ihrer Studien bi-rituell den Unierten dienen. Das müssen wir immer unterscheiden. Für manche Priester im Westen bedeutet katholisch immer nur römisch-katholisch. Es gibt aber auch Griechisch-Katholische. Und wenn hier ausnahmsweise diese Möglichkeit des Bi-Ritualismus in der Zeit des Totalitarismus bestand, dann mußten wir sie auch ausnützen, damit wir das Wichtigste unseres Glaubens, die Eucharistie und das Bußsakrament, den Gläubigen anbieten konnten." Jetzt sei die Zustimmung Roms für diese Art von Priestern erforderlich, betont Kratky, der meint, daß sie danach sowohl in der lateinischen Kirche arbeiten könnten, ähnlich den katholischen Priestern in der Ukraine. Außerdem bestehe noch die Möglichkeit, daß jüngere verheiratete Priester in die Ostslowakei zu den dortigen Unierten gehen. Der dortige Ordinarius, Bischof Jan Hirka von Presov, hat sich diesbezüglich aber nicht sehr begeistert gezeigt – auch aus nationalistischen Gründen. Hirka ist Slowake, er duldet nicht einmal die ukrainische Sprache beim Gottesdienst.

Das bedeutendste Problem bei den verheirateten, bi-rituellen Geistlichen ist aber der verheiratete Geheimbischof Fridolin Zahradnik. Weder in der lateinischen noch in der orthodoxen und auch nicht bei den Unierten sieht das Kirchenrecht derzeit einen verheirateten Bischof vor. Kratky, der betont, das orientalische Kirchenrecht nicht so gut zu kennen, verweist etwas allgemein auf die „vielen Möglichkeiten", die es dort gegeben habe. „Aber selbst wenn das nicht erlaubt war, ist die Bischofsweihe für den Betreffenden ganz bestimmt gültig. Am besten ist es natürlich, wenn etwas erlaubt und gültig ist. In diesem von Ihnen genannten Fall ist die Gültigkeit mit Sicherheit gegeben. Über die Erlaubtheit muß Rom entscheiden. Wir standen in einer ganz besonderen Situation. Wir konnten in Rom nicht um Rat fragen.

Der verheiratete Bischof ist mir sehr gut bekannt. Er ist ein sehr solider Mann; ich denke, daß er die meisten der Geheimpriester geweiht hat. Aufgrund seines Berufes hatte er die Möglichkeit, die ganze Tschechoslowakei zu bereisen. Er führte eine Restaurationsfirma für historische und sakrale Bauten, daher kam er geschäftlich überall herum. Es war aus Gründen der Sicherheit sehr wichtig, daß dieser Bischof verheiratet war. Ich denke, daß er heute zölibatär lebt; er ist ja schon ein älterer Mann. Auch zu diesem Fall erwarten wir eine positive Entscheidung Roms. Nur muß bedacht werden, daß dieser verheiratete Bischof eben griechisch-katholisch ist, er hat den Ritus gewechselt."

Auf die Frage, was Kratky von Rom denn nun eigentlich für seine Gemeinschaft erhoffe, kommt die klare Antwort: „Zustimmung und Bestätigung." Wieder argumentiert der Geheimbischof mit der völlig anderen Situation der Kirche in der Kommunistenära – speziell in der Tschechoslowakei. „Es hätte ja alles auch ganz anders ausgehen können, selbst jetzt ist noch nicht alles in Ordnung. Solange hier ein Faktor der Unsicherheit besteht, ist nichts in Ordnung. Bereits in den ersten Dokumenten im Jahre 1967 über unsere Tätigkeit sagten wir, daß die Untergrundarbeit solange vonnöten sein wird, bis die Freiheit überall gesichert ist. Die Freiheit ist nicht teilbar. Ich weiß nicht, wie unsere Prälaten in Rom darüber denken. Aber die Situation ist noch sehr gefährlich. Momentan ist der Zugriff der Sekten auf die Jugend in der Tschechoslowakei sehr stark. Und wenn unsere Priester im Untergrund nicht tätig sein können, dann wäre das ein großer Schaden für die Kirche. Sehr viele Gläubige sind über die Existenz einer Kirche im Untergrund informiert. Und wenn diese Frage nicht gelöst wird, besteht die Gefahr, daß die Gläubigen das Vertrauen in die Kirche verlieren. Ich weiß nicht, ob das unsere Hierarchen in Rom verstehen werden, aber hier ist das sehr wichtig."

Immer wieder kommen die berühmten facultates, spezielle Erlaubnisse Roms für den Fall zur Sprache, daß einer Orts- oder Teilkirche die Möglichkeit der Verbindung mit Rom genommen wird. Der alte Codex Iuris Canonici aus dem Jahre 1917 sah im Kanon 329 juridische Maßnahmen im Falle einer Behinderung vor. Der neue nachkonziliare Kodex kennt im Kanon 413 ähnliche Bestimmungen. Es geht dabei um den Fortbestand der Amtskirche. Um diesen in Zeiten der Verfolgung zu sichern, wird den Teilkirchen mit ihren Bischöfen gestattet, mit vereinfachten liturgischen Riten und ohne die normalen juridischen Prozeduren Priester und eigene Nachfolger zu weihen. Die italienische katholische Zeitschrift „il regno" hat – sehr beeindruckt von der Tätigkeit der Untergrundkirche – einige neue und originelle Entwicklungen diesbezüglich geortet: Es sei eine vollkommen neue Art der Beziehungen zwischen den Untergrundpriestern und ihrer Gemeinde, außerhalb jedes territorialen Bezuges (der in der normalen Diözesanordnung der katholischen Kirche heute so wichtig ist) oder einer sogenannten kategorialen Seelsorge (zum Beispiel an Studenten oder Soldaten), entstanden. Neu sei auch die Beziehung zwischen dem weihenden Bischof und dem geweihten Priester, „denn es gibt in solchen Fällen keine bindende Beziehung zu den anderen Diözesanpriestern, aber auch nicht zum Ortsbischof". „il regno" folgert, daß sich diese neue Art von

Kirche auch in der Gegenwart bewähren könnte, und durchaus geeignet erscheint, unter den neuen geschichtlichen und sozialen Bedingungen zu wirken. Die Erfahrungen im Untergrund, die große Spiritualität, neue pastorale Wege, die besondere Präsenz der Kirche in der Gesellschaft, die die heutige offizielle Kirche in der Tschechoslowakei nicht kennt, darf nicht verlorengehen. Kratky verweist in diesem Zusammenhang auf die sogenannten „Mexikanischen Fakultäten", die es der Kirche ermöglicht hätten, im Untergrund zu überleben. Erzbischof Verolino, der Nuntius in der Tschechoslowakei zur Zeit der kommunistischen Machtergreifung, hat vor seiner Abreise 1948 weitere facultates specialissimae hinterlassen. Alles andere geschah dann im Verborgenen. Es gibt noch immer geheime facultates, über deren Vorhandensein noch niemand informiert wurde. Darin spiegelt sich nach Ansicht Kratkys das Leben Christi wider: „Es gab die öffentliche Seite dieses Lebens und dann die geheimnishafte Seite seines Lebens im Verborgenen. Diese Unterscheidung scheint mir sehr wichtig. Bei uns hatte das Existenzgründe. Die Frage ist, wie die Lage in unserer Kirche aussähe, wenn es unsere Tätigkeit nicht gegeben hätte. Wir wollen keine Gratulationen, wir kämpfen jetzt nur um unser Überleben."

Das wichtigste Axiom der Untergrundkirche sei das Heil der Seelen gewesen: Prima lex salus animarum. Das muß auch Axiom der offiziellen Kirche sein. Kratky dazu: „Das Recht ist außerdem für die Gläubigen da, nicht die Gläubigen für das Recht. Wir stellen uns nicht gegen das Recht, aber das Recht muß dienen. Und wenn wir das Recht an die erste Stelle stellen, ist das nicht biblisch und nicht katholisch. Denn die Gläubigen waren zur Zeit des Totalitarismus zwar da, aber das Recht war nicht vorhanden." Heute wird das Kirchenrecht der Geheimkirche zum Fallstrick.

Kratky betont, daß die Geheimkirchen in Osteuropa ein besonderes Anliegen Papst Pauls VI. gewesen seien. Dieser Papst habe zusätzlich zu den schon vorhandenen facultates neue Möglichkeiten und damit pastorale Freiräume für die Untergrundkirche geschaffen. „Jan Blaha, unser Oberhaupt gewissermaßen, sollte in Rom diese Frage klären. Es gibt da eine Linie, die über Jan Blaha läuft und eine andere geht über uns nicht gut bekannte, aber sehr wichtige Priester, die eine Gruppe um Kardinal Trochta bildeten – und dort war Monsignore Rabas für die Untergrundweihen maßgebend. So gesehen ist es gar keine Frage, daß Davidek – und damit auch ich – gültig geweihte Bischöfe sind. Ich kann auch nicht begreifen, und ich werde das ganz bestimmt auch römische Stellen fragen, wenn ich dazu die Möglichkeit habe, warum ein Priester problematisch sein soll, der ganze 40 Jahre keine Zustimmung des Staates bekommen hat. Wer darf dann überhaupt anerkannt werden?"

In diesem Zusammenhang weist er auch eine von manchen westlichen Journalisten Davidek unterstellte Zusammenarbeit mit dem StB weit von sich zurück. „Wenn Davidek nicht eine Minute die staatliche Zustimmung zur Ausübung seines Priesteramtes erhielt, dann ist die Sache wohl klar. Und überhaupt: Entweder war er im Kerker oder er wurde observiert. Das habe ich selbst bemerkt, wenn ich mich mit ihm zu Gesprächen traf. Vor seinem Haus stand immer ein Geheimdienstauto. Wenn frühere StB-Leute Davidek heute verleumden, dann sind doch ihre Absichten durchsichtig. Das sind doch alles Verbrecher, die mit dem KGB zusammengearbeitet haben. So eine Behauptung kann nur aus dem Mund der Feinde kommen. Das kann keiner seiner Bekannten sagen."

Daß Davidek auch paradoxe Schritte setzte, sei nur Taktik gewesen. Wer nicht im Kerker war, der könne das auch nicht gänzlich verstehen.

Diese Verdächtigung sei also nicht wahr. „Und wenn nur irgendetwas daran sein sollte, dann war es Taktik seitens Davideks. Wenn wir nur den Anschein von einer StB-Zusammenarbeit Davideks gehabt hätten, hätten wir keine Verbindung mehr mit ihm gehabt."

Man müsse heute bedenken, daß es das Phänomen des Totalitarismus in der Art des realen Sozialismus noch nicht in der Kirche gegeben habe. „Jetzt geht es um die Eingliederung in die normalen Strukturen der Kirche", sagt Kratky. Auch er betont, daß es ganz schädlich wäre, wenn man „die guten Menschen und Priester, die soviel während der Kommunisten-Ära riskiert haben, übersieht." „Man sollte den Heiligen Geist nicht betrügen", meint der Untergrundbischof.

Die theologische Ausbildung von Frauen im Untergrund darf – wie Kratky sagt – nicht so verstanden werden, daß man damit die Absicht verfolgt habe, sie einmal zu Priesterinnen zu weihen. „Wenn wir das so verstehen, dann wäre das schädlich. Es ging um das Apostolat, das alle betraf. Und was Frauen in der Kirche bedeuten, das ist dogmatisch durch Maria klar ausgesagt. Warum sollen wir die Frauen in der Kirche so übersehen, das verstehe ich nicht! Hat das nicht Papst Johannes Paul II. theologisch fundiert auch in ‚Mulieris dignitatem' gesagt? Es gibt viele Wege, die noch keiner gegangen ist. Wir können nicht alle Wege nur in der Tradition suchen."

Zu den vom Vatikan bestätigten „zwei Frauen", die angeblich Priesterinnen sein sollen, meint Kratky, der offensichtlich diese Fälle kennt, aber keine Namen nennt, daß sich die Frage stelle, ob sie normal sind. „Eine andere sehr wichtige Frage ist, ob sie vom StB beauftragt wurden, um uns zu schaden. Das braucht gar keine direkte Steuerung zu sein. Und das konnte auch jemand ohne unsere Zustimmung machen, der sich als Bischof der Untergrundkirche ausgab. Wo aber ist der Beweis, daß Bischof Davidek so etwas gemacht hat?“ Es wird behauptet, daß Davideks Generalvikarin, Ludmila Javorova, Priesterin sei. Kratky, der sie sehr gut kennt, bezeichnet sie als erste Mitarbeiterin Davideks. „Der Grund war wiederum die Sicherheit. Eine Frau war in der Kommunistenzeit nie so gefährlich wie ein Mann in der zölibatären Kirche.“ Javorova habe nie behauptet, Priesterin zu sein. Sie befasse sich sehr viel mit theologischen Fragen und sei in Brünn auch katechetisch tätig.

Mit dem Onkel auf Kriegsfuß

Interessant ist, wie Bischof Davidek privat gelebt hat und wie er von seiner eigenen Familie beurteilt wird. Im Hause Felix Davideks in Brünn/Chrlice leben derzeit seine Schwester Debora und sein Neffe Felix. Das Haus in Chrlice ist Davideks Elternhaus. 1963, als er aus dem Gefängnis kam, war sein Vater schon gestorben. Seine Mutter lebte noch bis 1965. Der junge Felix Davidek ist 1954 geboren.

Dieser Felix arbeitete seinerzeit in der Landwirtschaft und war – als 1988 sein Onkel starb – gerade auf Urlaub. Davidek war damals sehr krank, berichtet der junge Felix. Er hatte nach einem Sturz von der Treppe innere Blutungen. In den letzten Jahren habe Davidek sehr viel geraucht, es sei „sehr schlimm“ mit ihm gewesen. Davidek wollte nicht ins Spital, er blieb in Hauspflege.

Was weiß die Familie von seiner Untergrundzeit? In den Jahren 1951 bis 1963 sei er im Gefängnis gewesen. 1951 wurde er – wie damals üblich – zu 25 Jahren Kerker verurteilt. Warum, das wird erst aus anderen Gesprächen klar werden. Als Davidek im Gefängnis war, hat dessen Schwester Bittgesuche an Präsident Nowotny geschickt. Die Gnadengesuche blieben jedoch alle unbeantwortet. Davidek war in Mirov (bei Prerov) und in Valdice (bei Jicin in Böhmen) im Gefängnis. Während dieser Zeit hatte die Familie kaum Kontakt mit ihm. Ein- oder zweimal im Halbjahr durfte man ihn besuchen. Davidek befand sich in Arbeitslagern, wo er Kochpinsel und Schuhstrecker herstellte, aber auch Glas für Lampen schliff. In den sechziger Jahren sind viele politische Häftlinge entlassen worden. Davidek, der 1945 von Weihbischof Zela geweiht worden war, durfte nach dem Gefängnis nicht sofort als Priester wirken. Er arbeitete daher in der Kinderklinik in Brünn als Desinfekteur (bei Spielsachen etc.). Die Bedingung seiner Entlassung war, daß er sieben Jahre irgendwo arbeiten mußte und erst dann machen konnte, was er wollte. Daher fuhr er täglich mit dem Zug acht/neun Kilometer nach Brünn zur Arbeit. Die hl. Messe las er – auch an Sonntagen – immer zu Hause – privat für die Familie. Der junge Felix Davidek hat nur wenig Informationen über Geheimbischöfe und -priester. Er verweist auf seine Schwester Gabriele, die jünger ist als er. Sie hat in den siebziger Jahren bei Davidek als Sekretärin gearbeitet.

Felix Davidek junior lebte elf Jahre in Prag. Seine persönliche Ausrichtung war eine andere als die seines Onkels, erzählt er. Davidek war an allem interessiert, konnte viele Fremdsprachen, studierte pro Nacht drei Bücher. Er hat nicht nur gelesen, sondern auch Exzerpte angelegt. Zuerst war es nur möglich, russische Fachliteratur zu kaufen. „Und er kaufte viele Bücher. In seinem Zimmer lagen überall Bücher herum, am Boden, auf dem Klavier, in seinem Bett, er hat auf Büchern geschlafen. Zeitungen und Zeitschriften bedeckten den Fußboden. Er sammelte alles, was er nur bekommen konnte." Differenzen gab es zwischen Felix junior und senior bezüglich der Ansichten über die offizielle Kirche. „Mein Onkel war in dieser Sache seltsam", sagt der junge Felix. „Ich denke, daß Kardinal Tomasek Davidek nicht so sehr geliebt hat. Es gab da Spannungen. Mein Onkel hatte einen Kreis von Menschen, denen er vertraute, anderen gegenüber war er sehr mißtrauisch. Ich habe eine Familie in Prag kennengelernt, die für mich sehr wichtig war, ich fand dort eine zweite Heimat, das war die Familie Kaplan. Ich war von dieser Familie begeistert, mein Onkel aber nicht." Aus dieser Familie, die ebenfalls im Untergrund kirchlich tätig war und mit Kardinal Tomasek geheim zusammengearbeitet hat, stammt die heutige Abgeordnete im Prager Föderativen Parlament, Maria Kaplanova, die als katholische Aktivistin eine ähnliche feministische Theologie vertritt, wie wir sie später bei Davideks Weggefährtin Ludmila Javorova kennenlernen werden. Von diesen Kreisen, von der offiziellen Kirche, von Kardinal Tomasek und Kapitelvikar Horky – so Felix Davidek junior – habe sein Onkel nichts gehalten.

Davidek habe sich stets von der Geheimpolizei beobachtet gefühlt. „Ich persönlich weiß, daß er vor Wanzen in seinem Zimmer besondere Angst hatte. Er dachte, daß es in seinem Zimmer so etwas gab. Deswegen hat er mit uns manchmal nur schriftlich, nicht mündlich verkehrt. In den siebziger Jahren war unser Haus noch ohne Verputz, mein Onkel dachte, daß bei den Verputzarbeiten Abhörgeräte eingebaut wurden." Manchmal stand in einiger Entfernung vom Haus der Davideks ein Militärauto, Davidek senior vermutete, so sein Neffe, daß es Geheimpolizisten seien. Ins Haus seien StB-Leute seines Wissens nicht gekommen.

In Chrlice hatte Davidek besonders guten Kontakt zur Familie Javora. Da gab es sehr intensive Beziehungen, diesen Menschen hat er außerordentlich vertraut. „Das ist eine große Familie mit neun Kindern. Jetzt sind alle schon aus dem Ort. Diese Leute waren auch bei seinem Tod dabei. Sie sind in seinen letzten Lebensjahren täglich hierhergekommen. Ein von meinem Onkel geweihter verheirateter Geheimpriester war auch darunter."

Der größte Teil der Bücher Davideks befindet sich in Horny Stepanov, wo Davidek nach seiner Priesterweihe als Kaplan lebte und wirkte. Gewohnt hat er dort privat bei der Familie Prikril. Davidek war ja nicht nur Priester, sondern auch studierter Mediziner. Bei den Prikrils war er als Hausarzt tätig. Die anderen Teile der Davidek-Bibliothek befinden sich heute an verschiedenen Orten. Auch am Dachboden des Hauses in Chrlice. Der Schwager des jungen Davidek hat auch interessante Bücher, nur die russischen Bücher wollte niemand haben.

Tiefe Gräben zwischen den Kirchen

Die Spannungen zwischen der offiziellen Kirche in der CSFR und den seinerzeitigen Untergrundkirchen in Böhmen, Mähren und in der Slowakei sind nach wie vor groß. Es hat bis heute nichts genützt, daß der Papst in diesem Zusammenhang 1990 in Prag von nur „einer Kirche", die zusammenhalten sollte, gesprochen hat. Worte wirken zwar zunächst ermunternd, die fehlenden Fakten – sprich: Anerkennung und Amtseinsetzung der im Untergrund wirkenden Priester – sind ernüchternd. Johannes Paul II. ließ dem verbalen Dank gegenüber den Priestern, „die sich im Geheimen aufs Priestertum vorbereiteten und es ebenso geheim ausübten", keine Taten folgen. Wie sagte der Papst doch so schön: „Sie haben dabei riskiert, bestraft zu werden, und trotzdem konnten Sie dorthin das Licht des Evangeliums bringen, wo sonst jede Wirkung der Kirche verboten war. Aber es waren nicht zwei, sondern nur eine Kirche. Das, was Gott verbunden hatte, konnte nicht durch menschliche Willkür getrennt werden. Meine Lieben, dies ist der Wunsch, der aus meinem Herzen kommt: Da Ihr alle gelitten habt, wenn auch auf verschiedene Weise, möget Ihr nun brüderlich teilhaben an den gemeinsamen Früchten." Die Früchte sind bereits aufgeteilt, die Opportunisten, willfährige Männer, teilen sie unter sich; die echte Geheimkirche wird bestenfalls geduldet, darf den Tisch abwischen und den Mist wegräumen. Daß hier Ressentiments entstehen, liegt auf der Hand.

Ein aus Brünn stammender, in Wien-Gumpendorf wirkender Eucharistiner, Leo Kuchar, der jetzt viel in seine alte Heimat reist und in einigen Fällen in Zusammenarbeit mit dem derzeitigen Wiener Erzbischof, Kardinal Hans Hermann Groer, der selbst ein Südmährer ist, bereits Hilfe zur kirchlichen Anerkennung von Geheimpriestern leisten konnte, konstatiert ebenfalls eine zunehmende Polarisierung in der Kirche der Tschechoslowakei.

Der Brünner Leo Kuchar schildert seinen Weg zum Priestertum in seinem schon genannten Buch „Den Radar unterflogen". Er wurde 1966 als Geheimpriester enttarnt, weil er von einem Priester bei den Behörden angezeigt wurde, der dafür eine kirchliche Würde bekam. Kuchar, der damals noch in Brünn lebte, schien im Schematismus seiner Kongregation, der Eucharistiner, auf, wo versehentlich auch sein Weihedatum angeführt worden war. Die Behörden hatten davon Wind bekommen oder hatten schon vorher einen vagen Verdacht. Ein geborener Wiener, dessen Verwandte noch in der österreichischen Bundeshauptstadt leben, wurde vom StB von Brünn nach Wien geschickt, um in Gumpendorf den Schematismus einzusehen. Daraufhin wurde Kuchar in Brünn einem Verhör unterzogen, konnte jedoch nachweisen, daß er unter eine bestimmte Amnestie fiel, weswegen die Behörden keine Handhabe gegen ihn hatten.

1968 während des Prager Frühlings durfte er beim Pfarrer von Alt-Brünn aushelfen. Er arbeitete zu diesem Zeitpunkt als Röntgenassistent im Brünner St. Anna Spital. Es war Palmsonntag, der Chef der Klinik und die ganze Kollegenschaft war versammelt. Der Chef ging sogar zur Beichte. Die ganze Mannschaft wußte nichts von seiner geheimen Weihe, alle waren unvorbereitet. Als er am darauffolgenden Montag seinen Dienst in der Klinik wieder antrat, sagte man ihm, in Alt-Brünn gebe es einen Priester, der ihm stark ähnlich sehe. Das könne doch nur sein Zwillingsbruder sein. Daraufhin habe er ihnen reinen Wein eingeschenkt. Eine Stationsschwester der Abteilung sagte ihm, sie wisse es schon lange, daß er Priester sei. Und zwar hat sie immer beobachtet, wie er Sterbenden in Agonie bedingungsweise die Krankensalbung und die Absolution gespendet habe.

Kuchar hatte sich eines Tricks bedient. Er ließ immer die letzten Röntgenaufnahmen von den Bettnachbarn verschwinden und hatte damit einen Vorwand, diese Aufnahmen neu zu machen. So konnte er, nachdem er das Röntgengerät über das Bett gestellt hatte, unbeobachtet die Krankensalbung aus einer kleinen Dose mit dem Öl spenden und dies als Markierung des röntgenisierten Körperteils ausgeben. Die Schwester hatte nun bemerkt, daß Kuchar mit seinem Gerät jedesmal unterwegs war, wenn es einen Sterbenden auf der Station gab. Und immer habe er eine Aufnahme gemacht, auch wenn sie von der Visite nicht angeordnet worden war. Die Stationsschwester dachte darüber nach und fand – da sie an Zufälle nicht glaubte – heraus, daß da ein Geheimpriester am Werk sein müsse. Sie hat jedoch nichts verraten, wenngleich sie sich ihren Reim schon darauf gemacht habe. Diese Schwester hat dann bei Kuchar eine schon lange geplante Lebensbeichte auf einem Kutschbock abgelegt.

Des Kontrastöltricks hat sich der Eucharistiner auch bei einem streng bewachten Strafgefangenen bedient, der in tiefem Koma lag, weil er angeblich aus einem Fenster gesprungen war. Der Sterbende hat auf Kuchar einen „klerikalen Eindruck“ gemacht. Der humorvolle Kuchar wörtlich: „Er hatte so ein Vater-unser-Gesicht.“ Mit diesem Trick hat Kuchar das Wachpersonal getäuscht, das den Röntgenraum nicht verlassen wollte.

Zurück zur Enttarnung Kuchars: Dem verhörenden Major gegenüber konnte er beweisen, daß er unter Amnestie fiel. Das hatte der Major aber entweder vergessen oder er wußte von der Anwendung der entsprechenden Anordnung nichts. Das Wesentliche war, daß der Stichtag schon vorbei war, vor dem unerlaubte Sakramentenspendung in Tateinheit mit unerlaubter Priesterweihe ein Delikt war. Wenn man bedenkt, womit sich der kommunistische Staat befaßte, dann überrascht es nicht, daß alle Energien unproduktiv in der Überwachung und Bespitzelung seiner Bürger aufgingen.

Kuchar lebte damals in der Franziskanergasse in Brünn bei den Eucharistinern von St. Magdalena. Da kam eines Tages ein Pfarrer aus Südmähren zu ihm, der bei ihm eine Beichte ablegen wollte. „Ist er ein Konfident?“, fragte sich Kuchar. „Woher weiß der, daß ich Priester bin?“ Der Amtsbruder sagte, daß er ein pensionierter Religionsprofessor ohne staatliche Bewilligung sei. Kuchar informierte sich jedoch zuerst genauer und erfuhr, daß der alte Mann zwar ein guter Priester, jedoch vom Bezirkskirchensekretär zu ihm geschickt worden war mit einer infamen Geschichte: Es gebe in Brünn einen geheim geweihten Priester, dem man die staatliche Erlaubnis geben wolle. Nur besitze dieser – eben Kuchar – keine Zeugnisse über seine theologische Qualifikation. Deswegen brauche man das Urteil eines Fachmannes, der bei ihm beichten und dann berichten sollte, wie er´s macht. „Der arme Priester“ – so Kuchar - „wollte mir helfen und wußte nicht, daß er infam mißbraucht wurde.“

Die momentanen Schwierigkeiten der Kirche in der CSFR beschreibt Kuchar folgendermaßen: Die Pfarrer, die vom Staat bisher besoldet wurden, wurden eigentlich fürs Nichtstun bezahlt. Jede eifrige Tätigkeit wurde von den Kommunisten schon bestraft. Diese Priester haben sich so sehr an das bequeme Leben gewöhnt, daß sie auch jetzt – nach dem Umbruch – nichts leisten wollen. Sie sind nicht einmal bereit, Laien zum Dienst an der Kirche heranzubilden. Das ganze sei eine von den Kommunisten hervorgerufene fürchterliche Gewöhnungssache.

Nun herrscht eine Polarisierung zwischen denen, die in gewohnter Passivität verharren und denen, die mit Volldampf Aktionen setzen. Und das ist von Pfarre zu Pfarre verschieden. Die Aktiven fühlen sich jedenfalls verraten.

In der heutigen CSFR gibt es sehr viele Ungetaufte. Die 40jährigen haben den brutalen Kommunismus der fünfziger Jahre nicht mehr erlebt. Sie hatten einen Beruf, Geld. In jedem Betrieb wurde gestohlen, was nicht niet-

und nagelfest war. Das war für die Menschen sehr angenehm. Es entstand eine atheistische Generation. Die Kirche muß sich gegenwärtig an Neuheiden wenden, wie zu Zeiten der Urkiche. Die alte Generation will auf alten Fundamenten aufbauen, die jüngste Generation ist religiös interessiert.

Bei einer Privataudienz bei Paul VI. am 21. August 1968 – am Tag nach dem Einmarsch der Warschauer-Pakt-Truppen in die CSSR – hat der Papst Kuchar von seiner großen Hoffnung auf die Kirche aus dem Osten erzählt. Den „Eisernen Vorhang" nannte Paul VI. einen „Schutzwall gegen die Irrtümer der westlichen Kirche", die nicht in den Osten dringen könnten. Der im Osten gewissermaßen „tiefgekühlte Glaube" sollte konserviert werden, um nach dem Freiwerden des Ostens den Westen missionieren zu können. Aber – so Kuchar heute – das ganze konnte doch keine Einbahn bleiben, wie der Papst naiv vielleicht gehofft hatte: Der Osten nimmt tief beeindruckt alles als positiv an, was aus dem Westen kommt. Kuchar wundert sich: „Menschenteppiche gegen Bischöfe sind bei uns nicht möglich." Drüben ist alles umgekehrt: „Wir hatten nur staatlich eingesetzte Bischöfe. Was hätten wir damals für einen vom Papst ernannten und eingesetzten Bischof gegeben!"

1968, während der Dubcek Ära, gab es einen Aufbruch in der Kirche, der viel lebendiger war als jetzt, sagt Kuchar. Das war ein Dammbruch, das Wasser war nicht mehr aufzuhalten. Ohne Einmarsch der Warschauer Pakttruppen wäre es nicht nur zu einer Demokratisierung, sondern zu einer echten Demokratie gekommen. 1968 forderte man freie Wahlen, die KP sollte verschwinden. Es bleibt die Frage, ob Dubcek so weit gegangen wäre. Manche sagen Nein, er hätte die Schraube wieder angezogen, da sich der Kommunismus nicht demokratisieren lasse. Nach dem November 1989 konzentriert sich das Interesse der CSFR-Bürger stark auf den materiellen Wohlstand. Damals – so Kuchar – sei man froh gewesen, einmal frei zu sein. Im kirchlichen Bereich ist 1968 aufgrund der neu geschenkten Freiheit mehr geschehen als heute. Man fühlte sich damals frei, ohne je im Westen gewesen zu sein. Die jetzige Generation kennt den Westen und will, daß es zu Hause so aussieht wie dort. „Das ist ein Hemmschuh für alles Spirituelle." Kuchar wurde 1968 nach dem Einmarsch von seiner Gemeinschaft nach Wien versetzt. Von der österreichischen Botschaft erhielt er zunächst für ein Jahr die Aufenthaltsgenehmigung. Nach diesem Jahr suchte er um politisches Asyl an. Seit 1977 ist er österreichischer Staatsbürger. 1981 war Kuchar noch dreimal in der CSSR. Sein Vater ist 1985 gestorben. Beim Begräbnis in Schimitz (nordöstlich von Brünn) waren zwei Mitglieder des Geheimdienstes zugegen, die nur darauf achteten, ob jemand ein Kreuzzeichen machte, was strafbar gewesen wäre.

Brieflich stand Kuchar in der Zeit mit Dr. Radovan Perka in Kontakt, der in der Abteilung für kirchliche Angelegenheiten im Innenministerium arbeitete. Perka hatte Mut zum Schreiben. Eines seiner Kinder war bei der Polizei, Perka hatte alle seine Kinder geheim taufen lassen. Perka hat Kuchar 1981 von einer bevorstehenden Beobachtung durch den StB in Kenntnis gesetzt: „Als Du aus Wien weggefahren bist, haben wir schon das Aviso zum 16er Schatten bekommen.“ Das hieß, daß in einem Rad rund um die Uhr 16 Beamte zur ständigen Beobachtung der entsprechenden Person eingesetzt waren. „Was für ein Aufwand!“, sagt Kuchar, der damals die Beamten in Sackgassen gelockt und so enttarnt hat. Man habe ihn in dieser Zeit auch zur Mitarbeit beim Geheimdienst zwingen wollen. Bei manchen Priestern oder Bischöfen, die man erpreßbar machte – beispielsweise beim Königgrätzer Bischof Moritz Picha (gestorben 1956), den man im Rausch fotografierte und dann erpreßte – ist das auch gelungen.

Kuchar berichtet von einem gewissen Bodolinsky, einem slowakischen Priester, der in Brünn eine Untergrundgemeinde geleitet und sich auch um geistliche Berufe und den Ordensnachwuchs gekümmert habe. Bodolinsky war mit einer Gruppe bei den Petrinern, hat sich dann aber wieder von ihnen getrennt. Ursprünglich plante Bodolinsky, die Eucharistiner im Untergrund auszubreiten.

Auch in Wien blieb Kuchar vor unliebsamen Besuchern aus der CSSR nicht verschont. Regelmäßig kamen irgendwelche Leute aus seiner Heimat, die sich auf gemeinsame Bekannte beriefen und ihn auszuhorchen versuchten. Meistens seien dies Laien gewesen.

Die Schatten der Vergangenheit

Fast zwei Jahre nach der sanften Revolution in der CSFR steckt das Laienapostolat noch in den Kinderschuhen. Die gegenwärtig mittlere Generation ist auf andere als apostolische Weise in der Kirche aktiv: Hauptsächlich engagiert sie sich bei Kirchenrenovierungen. „Die machen alles freiwillig“, betont Kuchar. „Wo sie aktiv zupacken können, da sind sie dabei.“ Es gibt in der Tschechoslowakei zwar kirchliche Erneuerungsgruppen wie Fokolare oder Charismatiker, auch die Legio Mariae ist verbreitet, das ganze müsse aber erst fest verankert, in die Praxis umgesetzt werden.

Die neuen Bischöfe der CSFR – so Kuchar – werden vom Klerus grundsätzlich akzeptiert. Es gebe allerdings eine unterschiedliche Vorgangsweise der Bischöfe gegenüber den ehemaligen „Pacem in terris“-Leuten. Man habe den Mitgliedern dieser vom kommunistischen Regime geförderten Organisation die Möglichkeit zur Wiedergutmachung gegeben. Allerdings hat man sie von den bisherigen, sogenannten besseren Posten versetzt. Kirchenstrafen für die „Pacem in terris"-Mitglieder habe es jedoch keine gegeben. Manche Bischöfe verhielten sich zu den seinerzeitigen „Pacem in terris"-Anhängern toleranter, manche strenger, sagt Kuchar.

Größtenteils seien jedoch die „Pacem in terris"-Vertreter bis heute uneinsichtig. „Sie meinen sogar, daß man ihnen Unrecht tut." Sie sind zwar nicht mehr organisiert und kommen auch zu den Priesterkonferenzen, bilden aber doch eine eigenständige Gruppe im Presbyterium.

Nach der gewaltlosen Revolution in der Tschechoslowakei hat man vielfach eine Durchleuchtung der Aktivitäten der Priestervereinigung „Pacem in terris" gefordert. Sie ist zwar bereits aufgelöst worden, die Schäden, die durch diese vom Regime geförderte und kontrollierte Organisation der Kirche entstanden sind, werden noch lange nicht behoben sein. Nach dem Kirchenrecht und nach einem eigenen vatikanischen Erlaß war Priestern zwar die Mitgliedschaft in dieser Vereinigung verboten; aber das kommunistische Regime sorgte immer dafür, daß kirchliche Schlüsselpositionen in der Tschechoslowakei von „Pacem in terris"-Leuten besetzt wurden. Praktisch haben sich diese Priester in den Dienst einer gegen die Kirche gerichteten Politik gestellt. Heute wirft man den Mitgliedern vor, daß sie sehr wohl hätten erkennen müssen, um welche Ziele es in dieser Organisation gegangen sei. Natürlich hat es viele Mitglieder gegeben, die deswegen „Pacem in terris" beigetreten sind, um ungestört kirchlich arbeiten zu können und um die staatliche Berufserlaubnis nicht zu verlieren.

Bezüglich der Errichtung von Pfarrgemeinderäten gibt es in der heutigen CSFR viel Mißtrauen gegenüber den Laien, die sich erst langsam einarbeiten müssen. Die Pfarrer – größtenteils konservativ geprägt – haben Angst vor Menschen, die viel reden, aber nichts tun. Aktivere Laien würden – so Kuchar – sehr benötigt, weil sie in der gegenwärtigen Situation eine große Hilfe sein könnten. „Der Klerus wird die Laien bald heranziehen müssen, mit Rückwirkungen auf die Kirche: Die Laien müssen die Priester herausfordern und erziehen. Dies besonders, wenn es sich um die ‚alten' Priester handelt, die nur die erlaubten Serviceleistungen der Kirche leisten, jedoch keine ‚Fischfänge' machen, wie sie es aus kommunistischen Zeiten gewohnt waren."

Kuchar kommt auf jene Zeit zu sprechen, da man „Angst vor Bischofsernennungen" seitens des Vatikans hatte, die unter Mitwirkung des Staates zustandegekommen wären. Man hatte Angst vor der Nachsicht des Vatikans gegenüber den Kommunisten, daß Bischöfe ernannt werden, die mit dem Staat kooperieren. „Das wäre eine menschliche Ohrfeige für uns gewesen. Nichtbesetzte Bistümer in der CSSR waren ein Signal für die Welt, daß hier nichts in Ordnung ist. Wenn ein Bischof nicht die Freiheit hatte, seine Diözese zu leiten, dann brauchten wir ihn nicht, da hätte ein Weihbischof für die ganze Republik genügt." So argumentieren auch ehemalige ungarische kirchliche Basis- und Untergrundgruppen – allen voran der Piaristenpater György Bulányi: Er meint, daß die Kirche in Zeiten der Verfolgung ganz gut auch ohne Bischöfe auskommen könne; besser jedenfalls ohne Bischöfe als mit solchen, die der seinerzeitige ungarische kommunistische Staat mit dem Vatikan ausgehandelt habe.

Ab 1948 war jeder Pfarrer „ein Papst"

Die Schleuse für die geheimen Priesterweihen in der CSSR öffnete 1948 ein Schreiben, das der damalige Päpstliche Vertreter in Prag Verolino im Auftrag des Vatikans in der Tschechoslowakei hinterlassen hatte. Es sollte erst nach seiner überstürzten Abreise geöffnet werden. Dieses Schreiben enthielt die sogenannten „facultates specialissimae". Bei diesen Fakultäten handelt es sich per definitionem um geistliche Vollmachten eines höheren kirchlichen Oberen an einen niederen zur Vornahme hoheitlicher Akte, die ihrer Natur nach oder infolge von Reservation dem höheren Oberen zustehen. Die für die Untergrundkirche geltenden Fakultäten mußten auf Latein auswendig gelernt und an Vertrauensleute im Untergrund weitergegeben werden. Kuchar zitiert aus dem Gedächtnis:

• Der Vatikan delegiert alle Vollmachten, die sonst nur dem Heiligen Stuhl zukommen, an die Diözesanbischöfe.

• Wenn die legitime kirchliche Obrigkeit nicht mehr angerufen werden kann, dann haben die Pfarrer jene Vollmachten, die sonst nur den Ordinarien zukommen.

Damit war jeder Pfarrer sein eigener Bischof, ja sein eigener Papst. Vorbehalte betrafen nur die Änderungen von Diözesangrenzen, Bischofsweihen ohne Mandat, Absetzung und Ernennung von Bischöfen.

Was bedeuten diese „facultates" für die Davidek-Weihen? Wie sind diese zustandegekommen? Leo Kuchar weiß um folgende Entwicklung: Das heutige Oberhaupt einer von Davidek gegründeten Untergrundkirche, der schon erwähnte Bischof Jan Blaha (dessen Schwägerin, Alena Blahova, mit Leo Kuchar verwandt ist – ihr Sohn ist Jesuit und ihr Bruder ein Geheimbischof, der verheiratet in der Schweiz lebt und von seinem Amt nichts mehr wissen will) reiste während des Prager Frühlings nach Italien, um ein Mandat für Bischofsweihen zu bekommen. Er wurde jedoch nicht zu Papst Paul VI. vorgelassen und konnte auch nichts Schriftliches später vorweisen. Sein Mandat erhielt Jan Blaha, der jetzt als Pharmazeut in Brünn/Bohunice arbeitet (nach Kuchar ist er psychisch schwer belastet), auf andere Weise. Der italienische stigmatisierte Pater Pio habe die Weiheerlaubnis „im Traum" empfangen. Dieses „Mandat" – so Kuchar – habe Blaha für sich und Davidek in Anspruch genommen und den Jesuitengeheimbischof Peter Dubovsky um die Bischofsweihe für ihn selbst und für Davidek gebeten. Dubovsky habe aber Davidek mißtraut und nur Blaha (in Augsburg unter den Fittichen von Bischof Stimpfle) geweiht und es diesem dann anheimgestellt, ob er Davidek weihen wollte – was Blaha dann auch getan hat. Die Bischofsweihen, ist Kuchar überzeugt, sind daher alle gültig. Ob erlaubt, ist eine andere Frage.

Der vorhin genannte Bruder Alena Blahovas war ein besonderer Vertrauter Felix Davideks. Sein Name ist Jan Jiri Pojar. Dieser hat laut Kuchar ausgesagt, daß viele die Bischofsweihe von Davidek gewissermaßen „unter Zwang" empfangen hätten. Man sei Davidek „hörig" gewesen. Jedenfalls hat Pojar bestätigt, daß Davidek in der Nacht des Einmarsches der Warschauer Pakt-Truppen in die CSSR, 20./21.August 1968, viele Geheimpriester zu Bischöfen geweiht habe, was somit die Aussage Bischof Kratkys bestätigt. „Bischof" Pojar, der heute von seiner Bischofsweihe nichts mehr wissen will, war bei allen Gesprächen dabei, die Dubovsky mit Davidek geführt hat.

Unmittelbar nach der sanften Revolution ist Jan Blaha nach Rom gereist, um die Anerkennung für die Untergrundpriester und -bischöfe seiner Gruppe durchzusetzen. Obwohl Blaha zur Klärung dieser Fälle am meisten hätte beitragen können, ist er im Vatikan zuerst nicht empfangen worden. Kuchar berichtet, daß man seitens der Glaubenskongregation bei Davideks Weihen eine Art Jahresgrenze zu ziehen gedenke oder bereits gezogen habe, ab der die Davidek-Weihen – wegen geistiger Umnachtung des Spenders – nicht mehr als gültig anerkannt werden sollen. Diese Information stammt von einem Mitarbeiter von Radio Vatikan, dem Jesuiten Kolacek, der ebenfalls von Davidek geheim geweiht worden war. Davidek soll kein spezielles Mandat seitens des Vatikans zu Bischofsweihen besessen haben. Der Geheimbischof selbst hatte alle „seine Priester und Bischöfe" unter Eid zum Schweigen verpflichtet. Um heute als Priester anerkannt zu werden, müssen Zeugen gefunden werden, die bestätigen, daß der Betreffende geheim Theologie studiert hat, und erklären, von wem er geweiht worden ist. Kuchar selbst konnte dies bei Vladimir Vitek, dem Spiritual am Brünner „kleinen Seminar", bestätigen. Wie bereits erwähnt hat der Generalobere der Petriner, P. Svobodnik, im Geheimen für Kuchars Freunde, darunter Vitek, Bibelkunde und Philosophie gelehrt.

Was künftig mit den geheim geweihten verheirateten Priestern geschehen soll, das muß nach Kuchars Worten „in der Tschechoslowakei entschieden“ und dürfe nicht dem Papst allein überlassen werden. Eines hält Kuchar in Bezug auf den Charakter Davideks jedoch fest: Mit dem Geheimdienst hatte er nichts zu tun. Da sei er immer konsequent und mutig gewesen.

Mit Davidek im Gefängnis

Der Pfarrer von Telnice, südlich von Brünn, Ludvik Gazda, kennt Felix Davidek seit dem Studium in den vierziger Jahren. Er war mit dem seinerzeitigen Untergrundbischof auch im Gefängnis. Jahrelang mußte sich Gazda mit einem Kaplan namens Jozef Vitek herumschlagen, der Konfident des CSSR-Geheimdienstes, Mitarbeiter des StB gewesen war. Dieser Vitek, der nichts mit dem Geheimpriester Vladimir Vitek zu tun hat, hat sich nach Aussage Gazdas heute jedoch geändert.

Gazda ist als Südmährer sehr der Tradition der heiligen Cyrill und Method verbunden. Seine Mutter fuhr regelmäßig mit ihm auf Wallfahrt nach Velehrad. Gazda besuchte dort auch das Gymnasium der Jesuiten, das später Öffentlichkeitsrecht erhielt. Dieses Jesuitengymnasium hatte einen außerordentlich guten Ruf gegenüber anderen Gymnasien der Gegend. Gazda maturierte 1940, 1945 wurde er zum Priester geweiht. Er studierte im Brünner Priesterseminar, Bischof war damals Josef Kupka (1926-41, von 1941 bis 1946 war die Diözese Brünn – der Nazis wegen – unbesetzt). Wegen der deutschen Besatzung wollte der Heilige Stuhl die Diözese nach dem Tod Kupkas nicht nachbesetzen. Im zweiten Seminarsjahr mußte Gazda die Auflösung der Hochschule und des Seminars durch die Nazis erleben. Er kam dann zum sogenannten „Totaleinsatz“ nach Österreich, nach St.Marein/Kapfenberg in der Steiermark, wo sich noch vier weitere Theologen aus Brünn befanden (zum Beispiel ein weiterer Jahrgangskollege Davideks, Antonin Lanik).

Mit Davidek kam Gazda bereits im 1. Jahrgang zusammen. Davidek hatte in Brünn maturiert. Im Seminar sind sie nebeneinander gesessen, beim Totaleinsatz in der Steiermark war Davidek allerdings nicht dabei. Gazda selbst ist später von diesem Arbeitseinsatz abgehauen.

Gazda beschreibt Davidek als sehr fromm. „Er war kein normaler, aber ein sehr guter Mann.“ Für Davidek habe die cyrillo-methodische Tradition eine unendlich wichtige Rolle gespielt, dafür sei er begeistert gewesen. „Allerdings war er ein Exzentriker von Anfang an. Er studierte auch nach der allgemeinen Bettruhe im Seminar bis weit über Mitternacht hinaus. Unser Regens, der spätere Brünner Oberhirte Karel Skoupy, hat das immer bemängelt. Davidek studierte damals schon zusätzlich Aramäisch.“ Zu dieser Zeit betätigte sich Davidek bereits schriftstellerisch und als Lyriker.

Karel Skoupy habe immer wieder ihn, Gazda, befragt, was denn mit Davidek los sei: „Er macht soviele andere Sachen“, äußerte sich der Regens besorgt über den tatendurstigen Theologen. Gazda habe geantwortet, daß Davidek sehr fromm und sehr gut sei. „Und er hat ja wirklich viel für die Kirche getan. Er engagierte sich für die Studenten und Hochschüler und hat etliche kirchliche Berufe gewonnen. Auch als Priester hat er in diesem Sinne gewirkt.“

Nach der kommunistischen Machtergreifung 1948 hat er Studenten über die Grenze nach Österreich geführt – und darunter befand sich auch die Tochter eines kommunistischen Bonzen – weswegen die ganze Sache vereitelt, Davidek angezeigt und verhaftet worden sei. Für Gazda ist klar, daß sich auch Kommunisten „im Bannkreis Davideks“ befanden.

Als Gazda von der Steiermark wegging, gab er den Nazis gegenüber den Tod seines Vaters als Grund an. Er müsse die Landwirtschaft übernehmen und könne seine Mutter nicht alleinlassen. Zurückgekehrt, hat sich Gazda sofort wieder im Priesterseminar angemeldet und seine Studien im 3. Jahrgang fortgesetzt. Davidek sei damals nicht mehr im Seminar gewesen. Wo er sich befand, weiß Gazda nicht. Er selbst hat die Priesterweihe am 5. Juli 1945 (dem Cyrill und Method-Tag) vom Olmützer Weihbischof Zela empfangen, weil Brünn damals keinen eigenen Bischof hatte. Gazda wurde zuerst als Pfarrer in Jemnice im böhmisch-mährischen Höhenzug eingesetzt, dann kam er ins Grenzgebiet in der Nähe von Znaim (Karoloupy), wo er 1948 verhaftet wurde.

Die sogenannte Affäre Babice, die von den Kommunisten inszeniert wurde, um mißliebige Leute wahllos verhaften zu können, war das Umfeld für die Verhaftung Gazdas. Zwei Kommunistenführer waren von Kommunisten ermordet worden, um Gegner diskreditieren zu können. Im Bezirk Znaim wurden daraufhin zwölf von 16 Priestern verhaftet. Ludvik Gazda wurde im Juni 1951 nach Jihlava (Iglau) ins Gefängnis gebracht. Nach seiner Schilderung muß die Untersuchungshaft furchtbar gewesen sein. Psychisch und physisch gefoltert sollte er zu jenen Aussagen gezwungen werden, die den Kommunisten ins Konzept paßten. Man hat ihm beispielsweise einen Strick um den Hals gelegt und gedroht, ihn „wie eine Sau zu hängen“, sollte er nicht die vorgelegten Dokumente unterschreiben. Mehrmals wurde er auch vor ein Hinrichtungskommando mit Maschinenpistolen gestellt: Falls er nicht „bekenne“, werde man „ein Sieb aus ihm machen“. Die Untersuchungsrichter mußten aber einsehen, daß man mit ihm nicht weiterkam. Gazda sagte seinen Wächtern, daß man bei ihm nur mit einem guten Wort vorankomme. Er war mit einem Beamten des Landwirtschaftsministeriums, einem gewissen Dr. Kleinberger, inhaftiert, den er, Gazda, zum Glauben bringen wollte. Doch Kleinberger konnte anfangs nicht glauben, daß

Gazda ein Priester ist. Er hat Gazda für einen Konfidenten gehalten. Dr. Kleinberger hat dann später Gazda vor Aussagen unter Drogeneinwirkung gewarnt. Er, Kleinberger, sei so unter Drogeneinwirkung gestanden, daß er zugegeben hätte, Maria Theresia vergewaltigt zu haben.

Gazda war beschuldigt worden, einem Mann namens Zvonar zuerst versteckt, dann illegal zur Flucht verholfen zu haben. Das ganze habe sich aber in der Nachbarpfarre Gazdas zugetragen. Man habe diesen Zvonar gezwungen zuzugeben, daß ihm Gazda geholfen habe. Zvonar stritt jedoch im entscheidenden Verhör alles ab und entlastete somit Gazda. Wegen der Aussagen Zvonars hat es dann keine Gerichtsverhandlung gegen Gazda gegeben.

Zum Fallstrick wurde ihm aber eine Bemerkung im Religionsunterricht über eine Verfilmung des Buches „Dunkelheit" von Jirasek. Der von den Kommunisten gemachte Film habe eine antikirchliche und antiklerikale Tendenz gehabt, die der Roman in dieser Form nicht intendierte. Seine Schüler – so Gazda – haben ihn gefragt, ob er den Film gesehen habe und was er dazu sage, daß man hier Priester lächerlich mache. Gazda meinte: „Na, ihr wißt doch, was ein Roman ist." Nicht mehr. Das brachte ihn neuerlich ins Gefängnis und vor Gericht. Gazda wurde verurteilt, die Autorität eines staatlichen Films untergraben zu haben.

Mehrmals hatte zuvor der StB versucht, ihn zur Mitarbeit zu gewinnen – unter Anbietung von 8.000 Kronen Monatsgehalt, was damals ein „horrender Betrag" gewesen sei. Er habe sich jedoch auf seine „Angst" berufen, dadurch „kapitalisiert" zu werden. Vierzehn Tage später sei er verhaftet worden.

Formell durfte man damals nur drei Monate in Untersuchungshaft gehalten werden, Gazda verbrachte aber sechs Monate in Untersuchungshaft. Gequält hat man ihn durch Nahrungsentzug. Elf Tage bekam er nichts zu essen. Man drohte ihm auch Prügel an, er wies darauf hin, daß er dann vor Gericht überhaupt nichts sagen werde. Am Jahrestag der großen Februarrevolution, am 25. Februar, sollte dann in einer Gerichtsverhandlung in zwei Stunden alles vorbei sein – glaubte man. Dr. Kleinberger hatte ihn noch davor gewarnt, daß man ihn unmittelbar vor der Gerichtsverhandlung in Isolationshaft stecken und ihm Psychopharmaka in die Getränke mischen werde. Er habe jedoch so getan, als ob er den Kaffee zu sich nehme, habe ihn aber dann auf der Toilette ausgespuckt, deswegen sei er bei der Gerichtsverhandlung „voll da" gewesen. Der Prozeß habe dann ab acht Uhr fast volle vier Stunden gedauert. Der Film sei zur Sprache gekommen, Gazda betonte, daß man wohl Jirasek verurteilen müßte, der sein Buch im Untertitel einen „historischen Roman" genannt habe; nichts anderes habe er den Kindern gesagt. Auf Antrag des Staatsanwalts hat

Gazda dann zweieinhalb Jahre Gefängnis und fünf Jahre Verlust der Bürgerrechte aufgebrummt bekommen. Das bedeutete konkret, daß er während dieser Zeit auch sein Priesteramt nicht ausüben durfte.

Nachdem 1953 Stalin und Gottwald, der tschechoslowakische kommunistische Staatspräsident, gestorben waren, kam es zu einer Amnestie: Gazda kam frei, insgesamt hatte er eineinhalb Jahre abgesessen. Allerdings blieb der Verlust der Ehre aufrecht: niemand wollte Gazda einstellen, ohne Geld stand er von einem Tag auf den anderen auf der Straße.

Nach seiner Verurteilung kam Gazda zunächst ins Gefängnis nach Jung-Bunzlau, später nach Mirov (nördlich von Olmütz). Auf die Gefängniswärter habe er immer einen ruhigen Eindruck gemacht, weshalb man ihn sogar darauf angesprochen habe. Gazda habe geantwortet: „Ich bin hier zufriedener als ihr." Was diese bestätigt hätten.

Später wurden alle verhafteten und verurteilten Priester in Mirov konzentriert. Niemand habe von der Kirche, vom Kapitelvikar oder anderen Leuten der Hierarchie Hilfe bekommen oder zu erwarten gehabt. Auch Bischof Vrána von Olmütz hat sich später in den sechziger Jahren um niemanden gekümmert.

In Mirov ist es sehr kalt gewesen, erinnert sich Gazda. Zwei Stunden mußten sie nach der Ankunft in der Kälte stehen. Nach ein paar Tagen ist Gazda dann in der Zelle mit Felix Davidek zusammengekommen. Auch im Gefängnis habe sich Davidek „sehr intelligent" verhalten und viele Maßnahmen der Gefängnisverwaltung unterlaufen. Ständig habe Davidek seine Zellengenossen – auch Priester – gewechselt, weil er mit anderen Leuten sprechen wollte; das sei ihm immer gewährt worden. Von den Aufsehern habe er auch Meßwein geliefert bekommen. Davideks Motto in der Gefängniszeit sei gewesen: „Wenn sich ein Aufseher uns gegenüber gut benimmt, werden wir ihm auch entgegenkommen, sonst werden wir ihm seinen Dienst schwer machen." Wenn man Davidek auf die Schliche gekommen war, sei er immer in Isolationshaft gesteckt worden (in die sogenannte Korrektion). Das habe seiner angegriffenen Gesundheit sehr geschadet. Davidek ist es auch gelungen, Brot für die anderen aufzutreiben und es zu verteilen. Durch seine Geschicklichkeit und Schlauheit ist ihm vieles gelungen.

Der von Weihbischof Zela 1945 zum Priester geweihte Davidek hatte auch einen aus Brotkrumen verfertigten Rosenkranz, den er trotz mehrmaliger Filzungen durch Frechheit – er streckte die Hände hoch, in denen er den Rosenkranz versteckt hielt – retten konnte. Gazda meint, daß manche Gefängniswärter Respekt, sogar Angst vor Davidek gehabt hätten.

Davideks Mutter, die bis in die sechziger Jahre lebte, habe Hostien in Mehlspeisen verpackt ins Gefängnis geschmuggelt. Davidek, der zweimal im Jahr von seiner Mutter besucht wurde, versuchte mehrmals zu fliehen und hatte deswegen auch ein besonders schlimmes Regime zu erdulden.

„In extremis omnia sunt licita“ war Wahlspruch Davideks. Deswegen habe er auch Frauen und verheiratete Männer geweiht. Gazda glaubt, daß Bischof Davidek seine Sekretärin Ludmila Javorova zur Priesterin geweiht hat.

Bei Davidek im Wald

In den achtziger Jahren machte der Jurist Dr. Miroslav Richter aus Zatzany südlich von Brünn Bekanntschaft mit Bischof Davidek. Richter leitete einen streng religiös ausgerichteten Kirchenchor, die Cherubiner, und gründete im Untergrund ein kirchliches Säkularinstitut (offenbar im wesentlichen identisch mit den Mitgliedern des Chores). Richters Deckname im Untergrund war Kliment Rajhradsky (nach dem südlich von Brünn gelegenen Benediktinerkloster Rajhrad und nach jenem Papst Klemens, dessen Reliquien die Slawenapostel Cyrill und Method im 9. Jahrhundert nach Rom überführten). Später bediente er sich des Namens Gorazd; Gorazd war Schüler der Slawenapostel und wirkte in Bulgarien.

Die Wahl des Namens war ein Programm. In den sechziger Jahren hat Richters Institut in der Umgebung Brünns geheim gearbeitet. Richter suchte eine geistliche Führung. Alle Priester, die er darauf ansprach, hatten Angst, diese zu übernehmen. „Kein Wunder, alles wurde genau beobachtet. Der Geheimdienst hatte seine Leute überall sitzen“, erzählt Richter. Als er später, schon nach seiner Bekanntschaft mit Felix Davidek dessen Bücher aus einer Ortschaft in den böhmisch-mährischen Bergen (Horny Stepanov) nach Brünn transportierte, sei er wegen eines angeblichen Defektes an seinem Auto von der Polizei angehalten worden. Man habe ihn angebrüllt, was er sich denn erlaube, mit nur einem Scheinwerfer des Nachts zu fahren. In den Pausen während der Brüllerei habe ihm der Polizist jedoch zugeflüstert: „Passen Sie auf, Sie werden verfolgt.“ Der Polizist habe ihn noch vor einer Person aus seinem Dorf Zatzany gewarnt, der in einer Lederjacke herumgehe und auch die Kirche besuche. Richter hat dann herausgefunden, wer dieser Geheimdienstler war: Ein scheinbar frommer Kirchgeher aus seiner Ortschaft, den der StB nach einem vertuschten Verkehrsunfall für seine Dienste erpresserisch gewonnen hatte. Der Jurist berichtet von diesem Erlebnis, um zu demonstrieren, wie gefährlich seinerzeit die Arbeit im kirchlichen und auch politischen Untergrund war. Richter war in dieser Zeit besonders gut mit dem derzeitigen slowakischen Parlamentspräsidenten Frantisek Miklosko und dem slowakischen Premierminister Jan Carnogursky bekannt, die sich ebenfalls als katholische Aktivisten im Untergrund betätigten.

Davidek – erzählt Richter – war nach seiner Priesterweihe Kaplan in Horny Stepanov, dort hatte er alle seine Bücher, eine große Bibliothek. Jahrelang fand er Zuflucht bei der Familie Prikril – bis in die 80er Jahre hinein. Bei dieser Familie konnte er sich auch verstecken. Besonders gute Kontakte hatte Davidek zur Tochter des Hauses, Vlasta Prikrilova, verheiratete Cesna; sie lebt heute in Brünn.

In den Jahren 1982 bis 1984 gab es in Radio Free Europe eine Kampagne gegen Felix Davidek. „Das waren alles lancierte Informationen", sagt Richter. Von allen Seiten her habe man sich auf Davidek eingeschossen. Man versuchte, über den Westsender Davidek zu diskriminieren: kirchlicherseits, staatlicherseits, bei den Behörden und auch politisch. Die Tendenz ging dahin, den unangenehmen Davidek vom Klerus zu isolieren. Bei Dekanatskonferenzen der damaligen Zeit sei immer wieder vor Davidek gewarnt worden. Nur ganz wenige Leute haben in dieser schwierigen Situation noch zu ihm gehalten.

Richter schildert Davidek als großen Verehrer der Muttergottes sowie Cyrill und Methods. Deshalb habe er schließlich um geistliche Führung bei ihm angesucht und auch eine offene Tür gefunden, zumal die geistige Ausrichtung des Säkularinstituts auf Cyrill und Method mit Davideks Intentionen übereinstimmte. Davidek sei furchtlos gewesen, bestätigt Richter, der heute in der Mährischen Gesellschaft, die sich um eine größere Autonomie Mährens im tschechoslowakischen Staatsverband bemüht, führend tätig ist. Zunächst hat Richter nicht gewußt, welche Tätigkeit Davidek ausübt. Er hat über Mittelsmänner nur erfahren, daß Davidek ein begabter Priester sei. Schließlich habe ihn Pfarrer Gazda an den Geheimbischof weitervermittelt.

Die erste Begegnung sollte im Wald in den böhmisch-mährischen Bergen stattfinden. Richter hat damals mit seiner Gruppe in Eigeninitiative eine Kirche in Böhmen renoviert, sich dann aber – wegen des StB – nach Mähren zurückgezogen. Richters Frau stammt aus jener Gegend und die Leute wußten, wo man Davidek treffen konnte. Man hat ihn darauf aufmerksam gemacht, daß Davidek bei der Familie Prikril wohnt, und daß Davidek als Arzt ein Familienmitglied behandelte. Die Zusammenkunft mit Davidek wurde zwei Jahre lang vorbereitet. Richter hatte allerdings wegen der Radiokampagne Bedenken, sich mit Davidek zu treffen und ist zum vereinbarten Termin nicht erschienen. In der Zwischenzeit hatte der verunsicherte Rechtsanwalt auch erfahren, daß der Wald, in dem er sich mit Davidek treffen sollte, zwei Tage vor dem Termin von Geheimpolizisten schon zerniert war. Nach einigen Monaten versuchte Richter wieder, über die Familie Prikril Kontakt mit Davidek aufzunehmen, und zwar dort, wo der Geheimbischof Unterschlupf gefunden hatte. Ein Sohn der Familie Prikril nahm Opiate, weil er sehr krank war – das störte Richter, weil er in ihm einen labilen Menschen sah. Der junge Prikril war drogenabhängig. In dieser Zeit nahm Richter auch seinen neuen Untergrundnamen Gorazd an, weil er unter seinem alten Decknamen Kliment bereits bekannt war.

Richter lernte auch den von Davidek geheim geweihten Bischof Stanislav Kratky kennen. Und Kratky – der über Richters Tätigkeit schon Bescheid wußte – war es, der ihm riet, alles über das Säkularinstitut niederzuschreiben. Richter hatte aber auch zu Kratky kein 100prozentiges Vertrauen. Er selbst hatte nämlich nie Aufzeichnungen über seine Tätigkeit im Untergrund gemacht. „Alles war im Kopf." Kratky konnte ihn aber dann doch bewegen, die Lebensregeln des „Laienordens" schriftlich zu fixieren, damit man sie Kardinal Frantisek Tomasek in Prag zur Übermittlung nach Rom auf geheimen Wegen übergeben konnte. Tomasek war zu der Zeit der einzige offizielle Bischof, über den so etwas laufen konnte. Dies geschah im September 1984.

Weil Tomasek damals schon sehr alt war (1991 war er bereits 92), machte Kratky Dampf dahinter, weil man Angst vor einem möglichen Tod des Prager Erzbischofs und damit vor der völligen Isolation hatte. Gemeinsam mit dem Dominikanerpater Albert Benesch, einem Moraltheologen, und Kratky hat Richter dann das Statut ausgearbeitet. In Hradek wurden die Regeln auf ein Tonband gesprochen. Richter hat dann Kratky gefragt, wieweit Davidek fähig wäre, die geistliche Leitung zu übernehmen. Da habe sich Kratky selbst dafür angeboten und sich über den damals schon in Chrlice lebenden Davidek vorsichtig bis ablehnend geäußert. Dies offenbar deswegen, weil die Kommunisten behaupteten, Davidek sei ihr Spitzel, um ihn in kirchlichen Kreisen unmöglich zu machen. Richter bringt eine weitere Nuance in der Beurteilung Davideks und seines Verhältnisses zu den vom Geheimbischof ins Leben gerufenen und dann – wie vorgesehen – immer selbständiger agierenden Untergrundkirchen ein. Auch im Untergrund gab es Auseinandersetzungen, zeitweilige Distanzierungen – und selbstverständlich Mißtrauen; in der politischen Situation der damaligen Zeit konnte das gar nicht anders sein.

Tomasek erbittet Davideks Segen

Bischof Kratky hat Richter dann zu Kardinal Tomasek nach Prag geschickt. Richter suchte eine gründliche Aussprache mit Tomasek unter vier Augen, was ihm auch gelang. Tomasek ließ bei den Unterredungen im Erzbischöflichen Palais am Hradschin immer das Radio laufen. Richter eröffnete das Gespräch mit dem Hinweis, daß er von Kratky geschickt worden sei und war sehr erstaunt, daß Tomasek darauf überhaupt nicht reagierte. „Wer ist Kratky?“ fragte der Kardinal bloß. Das sei für ihn ein Schock gewesen, berichtet der Anwalt. Für ihn war das der Beweis, wie desorientiert damals alle waren. Keiner konnte dem anderen mehr glauben und vertrauen. „Man konnte einfach nicht mehr unterscheiden, ob ihm der Name wirklich nichts sagte, oder ob das bloß eine Vorsichtsmaßnahme war.“ Im weiteren Verlauf des Gesprächs ist Richter nicht mehr auf den Namen des Untergrundbischofs zurückgekommen.

Der junge Anwalt erzählte dann dem greisen Kardinal von seinem Institut und war erfreut, daß Tomasek die Idee sehr begeistert aufnahm. Im Herbst 1985 ist es dann gelungen, die Statuten ins Ausland zu schaffen. Kardinal Tomasek mußte zur Bischofssynode nach Rom und hat sie bei dieser Gelegenheit mitgenommen.

Ein Anliegen für Richter war es auch, das „Problem Davidek“ mit Tomasek zu besprechen. „Was, Sie kennen Davidek?“, fragte der alte Erzbischof sehr heftig. Daraufhin wagte Richter nicht, einzugestehen, daß er die Begegnung mit Davidek im Wald nicht eingehalten hatte. Tomasek machte den Eindruck, als ob er positiv auf den Namen Davidek reagierte. Der Kardinal fragte dann Richter, ob er Gelegenheit habe, mit Davidek zusammenzukommen. Dieser antwortete, daß das kein Problem sein dürfte. Darauf sagte Tomasek wörtlich: „Bitte suchen Sie ihn auf und grüßen Sie ihn von mir. Und richten Sie ihm aus, daß ich ihn um seinen Segen bitte.“ Das war eine Aufgabe, die Richter gerne erfüllen wollte.

Um Mitternacht traf Richter in Chrlice ein und läutete an der Türe des Hauses, in dem Davidek wohnte. Eine ältere Frau, offenbar Davideks Schwester, öffnete, ließ ihn aber nicht in die Wohnung. Er sei „zum Herrn Professor“ geschickt, drängte Richter. Doch Davideks Schwester war sehr mißtrauisch und fragte, wer ihn denn gesendet habe. Daraufhin antwortete Richter, daß er von Kardinal Tomasek komme. „Ich weiß nicht, ob ich Sie hineinlassen darf“, sagte die Schwester Davideks. Doch Richter gab nicht nach. Schließlich war sie doch bereit, den Bruder zu fragen. Der ließ Richter sagen, daß er ihn nicht zu empfangen wünsche; er solle zu einem anderen Zeitpunkt kommen. Da gab er Davideks Schwester seinen Decknamen „Gorazd“ bekannt, woraufhin Davidek ihn in 14 Tagen zu sich bestellte. Nach langem Hin und Her ließ er ihn dann doch gleich ins Haus.

Diese erste Begegnung mit dem Geheimbischof gestaltete sich für Richter sehr eigenartig: Davideks Zimmer war voll von Büchern, am Boden, am Klavier, im Bett – stapelweise Bücher, Unordnung wie bei einem

Wissenschaftler, dachte Richter. Damals litt Davidek sehr unter der Isolation, weil sich auch seine Freunde von ihm abgewendet hatten. Davidek fragte: „Was willst Du?“ „Mich schickt der Herr Kardinal.“ Davidek: „Was will er?“ „Er bittet um Ihren Segen.“ Da regte sich Davidek enorm auf. Und zwar nicht positiv, sondern negativ. Ihn hat das Ersuchen des Kardinals offenbar sehr geärgert. „Dann kam ein Redeschwall von Davidek“, erzählt Richter. „Woher kennst Du den Kardinal? Was versprichst Du Dir davon?“ Davidek war offenbar nicht gut auf den Prager Erzbischof zu sprechen. Richter konnte den Redeschwall nicht stoppen, entschuldigte sich stammelnd, daß er seinerzeit mißtrauisch und nicht zur ersten vereinbarten Begegnung gekommen war. Davidek wollte nämlich genau wissen, warum Richter damals nicht erschienen ist. Danach schimpfte er über den „Kommunisten Casaroli“. Die Ostpolitik des Vatikans, die Doppelgleisigkeit, die Kompromiß- und Verhandlungsbereitschaft Roms mit den Kommunisten war für den radikalen Anti-Kommunisten Davidek ein rotes Tuch.

Später unterzog Davidek Richter einem Verhör, in dem er betonte, daß er ihn beobachten habe lassen, mit Richters Säkularinstitut aber sehr einverstanden sei. Dann fiel der Name Kratky. Da hat sich Davidek wieder entsetzlich aufgeregt, war aber schon etwas gemäßigter. Davidek beschuldigte Kratky, daß dieser lieber Kanonikus in Brünn als ein ordentlicher Seelsorger auf dem Land sein wolle. Das habe Davidek von Kratky nicht erwartet. Offenbar gab es schon zu dieser Zeit gewisse Spaltungen innerhalb des Davidek-Gebäudes.

Das Gespräch dauerte die ganze Nacht, erst in der Früh beruhigte sich Davidek einigermaßen. Er hat dann auch Kardinal Tomasek über Gorazd den Segen übermitteln lassen.

Ein anderer Gegner Davideks entstammt auch dessen früherem Freundeskreis: Der Bruder des von Davidek geheim zum Bischof geweihten, mittlerweile schon verstorbenen Václav Razik, Mecislav, hatte sich aufgrund der Radiosendungen in Westeuropa gegen Davidek gewandt – niemand konnte ihn mehr von Davideks Integrität überzeugen, auch Richter nicht. Mecislav Razik bezichtigte Davidek der Zusammenarbeit mit den Behörden.

Ab diesem Zeitpunkt trafen sich Davidek und Richter dann öfter. Der Geheimbischof kontrollierte immer, mit welchen Leuten Richter Umgang hatte und verbot ihm den Kontakt zu Mecislav Razik. „Wenn Du ihn aber triffst, darfst Du auf keinen Fall mit ihm über mich reden.“ Richter hatte immer den besten Eindruck von Mecislav Razik. Davidek, der Mecislav Razik aus seiner Gefängniszeit kannte, erzählte jedoch, daß er den Eindruck gewonnen habe, daß Mecislaw unzuverlässig sei.

Felix Davidek

„Gorazd“ Richter spielte dann den Kurier zwischen Tomasek und Davidek. Als er das seinem Beichtvater erzählte, wollte es dieser nicht glauben und verweigerte ihm fast die Lossprechung. Sogar Richters Mutter, eine einfache, religiöse Frau, habe Radio Free Europe geglaubt und sich gegen Davidek ausgesprochen. „Das ist der Beweis, wie man einfache Leute mit Desinformation irritieren und verunsichern kann.“ Heute jedoch haben seine Eltern Richter aufgefordert, einen Prozeß zur Rehabilitierung Davideks anzustrengen.

Kompromißlose Hirten

Davidek hatte – wie wir gesehen haben – von Kardinal Tomasek keine sehr gute Meinung. Er sagte immer, Tomasek habe das Niveau eines „Mittelschulprofessors“ nie überschritten. Er legte dem tschechischen Primas zur Last, an den negativen Entwicklungen in der Kirche der CSSR mitschuldig zu sein. Dies obwohl Tomasek für viele ein Symbol war und noch immer ist. Als Richter Davidek erzählte, daß man die Statuten für das Säkularinstitut bereits Kardinal Tomasek übergeben habe, fragte dieser, wo Tomasek denn das Statut hingegeben habe. Auf die Antwort „In die Lade“ hin, meinte Davidek: „Na, dann kannst Du morgen schon mit Deiner Verhaftung rechnen.“ Davidek, der auch von Technik einiges verstand, meinte nämlich, daß das aufgedrehte Radio nichts nütze, daß man nur in der Kapelle oder im Garten mit Tomasek sprechen sollte, weil sich dort keine Wanzen befänden. „Der Kardinal ist dumm, wie eh und je“, habe Davidek bemerkt. Richter hat sich diesen Rat aber sehr zu Herzen genommen und später mit Tomasek nur mehr in der Kapelle konferiert, was der Kardinal akzeptiert habe.

Tomasek sei immer unter dem Einfluß verschiedener Strömungen gestanden, interpretiert Richter heute das Verhalten des alten Kardinals. Er sei auch von „Pacem in terris“ gekommen, habe sich dann aber auf seine eigenen Beine gestellt. Diesbezüglich hat sich Davideks Meinung gegenüber dem tschechischen Primas langsam geändert.

Der Prager Erzbischof habe zu allen Gruppen in der Kirche – auch zu „Pacem in terris“ – rein diplomatisch Kontakt halten müssen, betont Richter. Davidek hingegen vertrat die Ansicht, die Kirche brauche kompromißlose Hirten. Richter hat diese Kritik und diese Vorbehalte dem Kardinal „in entsprechender Form“ übermittelt.

Anläßlich der Cyrill und Method-Feiern im Jahre 1985 (am 6. April 885 war Methodios in Stare Mesto gestorben) meinte Bischof Davidek, daß man etwas unternehmen müsse, um das Land geistig aufwachen zu lassen. Das

Säkularinstitut Richters hat daraufhin eine Informationskampagne über Cyrill und Method sowie Gebetsveranstaltungen gestartet. Dabei wurden jene Passagen aus dem Leben der Heiligen ausgesucht und im Samisdat veröffentlicht, die Appelle zum christlichen Leben, zur Errichtung eines Walls gegen das Böse – das konnte nur anti-kommunistisch verstanden werden – enthielten. Daraufhin wollte man die Gruppe auf dem Weg zur großen Feier nach Velehrad verhaften. Die Feiern in Velehrad wurden von Davidek und der Gruppe der Cherubiner intensiv vorbereitet. Man wollte auf den Spuren der heiligen Cyrill und Method wandern und alle jene Orte besuchen, die auch die Slawenapostel aufgesucht hatten. 1986 gelangte man nach Ungarn – nach Pannonhalma und Veszprem. 1988 war Richter mit seinen Leuten mit einem Bibeltransport in der Sowjetunion unterwegs. Das alles hatte von den Feiern in Velehrad, wo auch ausländische Bischöfe zugegen waren, seinen Ausgang genommen. Davidek gab Anhaltspunkte für die Orte, die sie besuchen sollten. Immer deutlicher wurden auch Proteste gegen die Besetzung von Bischofsstühlen mit Kollaboranten. 1987/88 wurde in der CSSR der russische Film „Die Buße" über die Sünden des Kommunismus gezeigt. Das war die Zeit, da die Gorbatschow-Perestrojka in der Sowjetunion schon voll eingesetzt hatte. In diesem Film gab es auch christliche Elemente, die – so Richter – die Leute sehr in Erregung brachten. „Wie könnt ihr Christen noch immer schweigen", hat in der Untergrundgruppe ein junger Mann gesagt. Das sei eine Initialzündung für die weitere Entwicklung in der CSSR gewesen.

Richter besprach mit Davidek, was man zur Erneuerung der Gesellschaft der CSSR beitragen könne: Das wichtigste schien ihnen eine Analyse der Situation der Kirche im Lande zu sein. Als zweiten Schritt strebte man eine Zusammenarbeit mit der Charta 77 an.

Schrittweise vorgehen, lautete das Motto. Doch an wen sollte man sich wenden? Man kam schließlich auf Kardinal Tomasek, der für viele Menschen und Christen im Lande schon zu einem Symbol geworden war. Davidek äußerte sich zunächst noch skeptisch, ob der Kardinal das Anliegen überhaupt verstehen würde. Es nahte das Frühjahr 1988, man wollte die von Davidek angefertigte, noch nicht vollständige Analyse veröffentlichen, sie vorher von 30 bis 40 jungen Leuten unterschreiben lassen. Etwa gleichzeitig startete der Brünner katholische Aktivist Augustin Navratil, der sich seit 1978 im Untergrund betätigte, eine Unterschriftenaktion, mit der eine 31-Punkte-Petition an den Staat für Religionsfreiheit unterstützt werden sollte. In der Slowakei organisierten Frantisek Miklosko und Jan Carnogursky das Sammeln von Unterschriften. Bis Ende Mai 1988 waren bereits 600.000 Unterschriften beisammen. Die Aktion wurde von Kardinal Tomasek unterstützt und geschützt. In Mähren erschien Davideks Dokument über die Situation der tschechoslowakischen Kirche und Gesellschaft, die sogenannte „Märzanalyse“ im Untergrund. Der Geheimbischof war damit einverstanden, daß man sie Kardinal Tomasek übermitteln sollte. Davidek hatte die Situation der einfachen Gläubigen analysiert, die nach einer Reform forderten, desgleichen die negative Situation der Priester in „Pacem in terris“. Davidek forderte Tomasek sehr eindeutig auf, es sei ein Gebot der Stunde, sich hinzustellen und die ganze Wahrheit zu sagen. Und das hat Tomasek am 28. April 1988 auch getan: In seinem Dokument an die Regierung und an das gläubige Volk hat Tomasek wörtlich aus Davideks „Märzanalyse“ zitiert.

„Dann hat alles zu rollen begonnen“, sagt Richter. Man habe Tomasek auch gefragt, wieso er auf einmal so entschieden aufgetreten sei. Der Kardinal habe geantwortet, daß ihn nicht die große Unterschriftenaktion, sondern dieses Dokument besonders beeindruckt habe. „Ich wurde innerlich gezwungen und habe mich verpflichtet gefühlt, es zu tun.“ Manche sagten auch, Tomasek habe etwas gutzumachen gehabt, weil er schließlich seinerzeit doch bei „Pacem in terris“ gearbeitet habe.

Die Folgen waren für Tomasek persönlich verheerend: Er mußte täglich für zwei bis drei Stunden zum Staatssekretär für religiöse Angelegenheiten, Ing. Vladimir Janku, zum Verhör. Er wurde bestürmt, bekanntzugeben, wer das Dokument verfaßt habe. Tomasek hat aber geschwiegen. Janku hat Ende Mai 1988 noch mit einer großangelegten Desinformationskampagne versucht, die Kirche zu spalten, indem er verbreiten ließ, der Vatikan distanziere sich von den „vom Ausland her gesteuerten Initiativen der Gläubigen der CSSR“. Doch der Stein war ins Rollen gekommen, die Tage der Kommunisten waren gezählt; niemand wagte es noch zu hoffen, aber der Anfang war gemacht.

Die Märzanalyse wurde auch ins westliche und östliche Ausland geschickt. Man erbat Stellungnahmen von Kardinal Hans Hermann Groer aus Wien, von Kardinal Kuharic aus Zagreb, von Kardinal Gulbinowicz aus Breslau, von Kardinal Willebrands, von Kardinal Meisner aus Berlin, von Kardinal Lubachivsky aus Rom, vom Sekretär der Bischofssynode und auch vom Papst. Von niemandem kam eine Antwort. Die kirchliche Solidarität lag schwer darnieder. Auch der Erzabtei Pannonhalma, wo sich die Cherubiner im Jahre 1987 aufgehalten und dort den jetzigen Erzabt, Bischof Asztrik Várszegi, kennengelernt hatten, schickte man ein Exemplar. Asztrik hatte übrigens die Brünner damals sehr wohlwollend empfangen: „Heute hat Abraham seine drei Boten vom Himmel gesandt“, während andere Pannonhalmer den Mährern Vorhaltungen machten, sie wollten jetzt den Panslawismus auch in Pannonhalma verbreiten.

Mit der „Märzanalyse“ begann auch ein Fasten der Davidek-Leute, das solange andauern sollte, bis das Regime fiel. Die Gruppe der Cherubiner hatte den Eindruck, daß die Zeit für Davidek erfüllt war, er sein Lebenswerk abgeschlossen hatte.

Davidek starb an den Folgen eines schon länger zurückliegenden Sturzes von einer Treppe. Den Bluterguß im Kopf ließ er von befreundeten Ärzten bei sich zu Hause operativ behandeln, wobei er selbst – unter Lokalanästhesie – die Anweisungen zu dem Eingriff gab. Die Operation sei zwar gelungen, Davidek habe sich aber nie ganz von den Folgen erholt. Sein Gesundheitszustand wurde immer instabiler, schließlich konnte er nicht einmal mehr den Meßkelch während der Eucharistie in seinen Händen halten. Deswegen hat er die Eucharistiefeier immer abgekürzt. Über seinen Tod – so Richter – kann Ludmila Javorova, seine persönliche Sekretärin, die in Brünn lebt, mehr sagen. Sie – jetzt um die 60 – war Davideks Generalvikarin und wurde von Davidek auch zum Priester geweiht, behauptet Richter.

Die Menschen in Chrlice, Turany, Telnice und Umgebung haben Davidek geliebt. Ihnen ist er in allen Schwierigkeiten beigestanden. Begraben wurde Davidek vom Brünner Kapitelvikar Ludvik Horky. Nachdem sich die Geistlichen vom offenen Grab in Turany entfernt hatten, strömten die Gläubigen herbei, eine Kapelle spielte auf, ununterbrochen wurde gebetet, Maria wurde angefleht, alle weinten und sangen das „Te Deum". „Der Kapitelvikar hat nichts gesagt. Um Horky herum war alles so kalt, wie die Schnauze von einem Hund", sagt eine Augenzeugin.

Ein Bischof mit drei Kindern und acht Enkelkindern

In Rychnov (Reichenau) im Adlergebirge, unweit der polnischen Grenze, ehemals sudentendeutsches Gebiet, lebt der Dachdeckermeister Fridolin Zahradnik, der in den letzten zwei Dekaden eine Baufirma geleitet hat. Als Chef dieser Firma ist er in der gesamten Tschechoslowakei herumgekommen. Überall gab es verfallene und verfallende kirchliche Objekte, die restauriert werden sollten. Auch heute noch kümmert er sich um Baujuwele, für deren Renovierung der Staat kein Geld übrig hat. Das Barockjuwel Homol beispielsweise mit seinen 153 Stufen, die zu einem Marienheiligtum hinaufführen, ist Zahradnik ein besonderes Anliegen. Die Kommunisten wollten einen Wald vor dem Wallfahrtshügel aussetzen, damit dieses Zeichen der Religiosität aus dem Bewußtsein der dort lebenden Menschen verschwindet. Das ist nicht gelungen. Gelungen ist aber der Verfall dieses in Mitteleuropa einzigartigen Sakralbaus. Mit Zigeunern der Umgebung hat Zahradnik erste Restaurierungsarbeiten an den Plastiken, die das Treppengeländer verschönern, begonnen. Wenn der Westen nicht hilft, ein aussichtsloses Unterfangen. Zahradnik ist verheiratet, hat eine Tochter und zwei Söhne. Der ältere ist im Frühjahr 1991 bei einem Autounfall ums Leben gekommen. Acht Enkelkinder beleben bereits das Haus von „Opa Frida“. Das besondere an diesem Mann: Er ist Bischof. 1969 wurde er – nachdem er einen Ritenwechsel vollzogen hatte – zum griechisch-katholischen Priester, im Jahr darauf zum griechisch-katholischen Bischof geweiht. Er steht heute einer Untergrundkirche vor, die wohl kaum Chancen auf Anerkennung hat. Am „Fall Fridolin Zahradnik“ und seinen Freunden – die meisten, aber nicht alle, von ihm geweihte verheiratete Geheimpriester – läßt sich am besten dokumentieren, was der eigentliche Grund für die Unwilligkeit Roms ist, diese aktive Kirche und ihre Priester in den offiziellen Dienst zu übernehmen: das Zölibatsgesetz.

Wie sieht sich der seit Jahrhunderten erste verheiratete Bischof einer mit Rom unierten Kirche, der für den griechisch-katholischen Ritus geweiht wurde, jedoch für die lateinische – sprich römisch-katholische – Kirche im Untergrund gewirkt hat und jetzt – halboffiziell, geduldet, als Priester noch immer wirkt, der zudem eine rege sozial-karitative Tätigkeit für die Entrechteten und Ungeliebten in der Tschechoslowakei, für die Zigeuner, die Flüchtlinge innerhalb Osteuropas und böhmische Rücksiedler aus der Sowjetunion entwickelt hat? Es ist für Zahradnik nicht leicht, darüber zu sprechen, weil das Kollegium der Bischöfe der Untergrundkirche beschlossen hat, bestimmte, die Geheimkirche betreffende Angelegenheiten nicht zu veröffentlichen. Dazu haben sich alle verpflichtet und wollen auch Wort halten.

Das Kollegium der Bischöfe der ehemaligen Untergrundkirche, die in ihrer personalen Zusammensetzung noch existiert, trifft sich regelmäßig und berät die Situation und den praktischen Dienst. Zahradnik spart also gewisse Dinge aus, von denen er selbst sagt, daß sie für das Verständnis der Handlungsweise im Untergrund nicht nur interessant, sondern offenbar auch wesentlich sind.

Zahradnik stammt aus Chrudim, wo er in der Kirche des hl. Salvator getauft wurde. Der Untergrundbischof ist in einer christlichen Familie aufgewachsen und wurde von seinen Eltern religiös erzogen. Mit fünf Jahren war er bereits Ministrant. Dieser Ministrantendienst hatte großen Einfluß auf seine weitere Orientierung. Ursprünglich wollte Fridolin Zahradnik in die Mission gehen, typisch für den Idealismus junger Leute aus katholischem Milieu. Mit zwölf Jahren kam er als Zögling zu den Salesianern nach Prag. Dort war der selbst dem Salesianerorden angehörende Bischof von Leitmeritz, Kardinal Stefan Trochta, hauptverantwortlich. Zahradnik hatte fast ununterbrochen Kontakt mit Trochta bis zu dessen Tod im Jahre 1974, außer der Zeit von Trochtas Inhaftierung von 1954 bis 1960.

Während der Gymnasialzeit arbeitete Zahradnik als Werkstudent. Das Weiterstudieren wurde ihm von den Kommunisten unmöglich gemacht, nach einiger Zeit wurde er – trotz verschiedener Überprüfungen, wie das bei religiös gesinnten Maturanten üblich war, zum Medizinstudium zugelassen; versehentlich, wie Zahradnik heute sagt. Später ist er jedoch wegen seiner religiösen Gesinnung von der Universität relegiert worden. Als hinausgeworfener Student mit einigen medizinischen Kenntnissen hat er in der Folge eine Zeitlang in ostböhmischen Krankenhäusern gearbeitet, wurde aber immer wieder versetzt. Trotz Ärztemangels wurden einige seiner Kollegen, die aus ihrer weltanschaulichen Einstellung kein Hehl machten, vom Studium ausgeschlossen, später aber in Spitälern angestellt, wo sie als Art „Hilfsärzte“ alles machen mußten, was notwendig war.

Im Untergrund hat diese Studentengruppe um Zahradnik zu Beginn der sechziger Jahre die Enzyklika „Mater et magistra“ Papst Johannes XXIII. vervielfältigt und verbreitet. Das war eine illegale Tätigkeit. Die Gruppe wurde von einem Priester der regimetreuen „Pacem in terris“-Vereinigung angezeigt. Zahradnik wurde aus dem Gesundheitsdienst entlassen und begann eine manuelle Arbeit zu suchen. Nach langem Suchen landete er bei einem Dachdecker. Bis vor kurzem hat er – außer der Zeit seiner Inhaftierung – in diesem Metier gearbeitet. Besonders spezialisiert hat sich der Geheimbischof auf die Restaurierung von Kirchentürmen. Nach 1968 wurde er Leiter eines Bauzentrums, bei dem 80 Angestellte verschiedener Arbeitszweige unter ihm arbeiteten. Wie heute noch war die Renovierung der von den Kommunisten aufgelösten und devastierten Kirchen sein wichtigstes Anliegen. Diese Arbeit – sagt er – sei damals nicht sehr populär gewesen. Aus beruflichen Gründen, aus Gründen der Karrieresicherung habe sich im Baugewerbe niemand gerne mit Kirchenbauten befaßt. Das von Zahradnik geführte Bauzentrum hat Aufträge in der gesamten Tschechoslowakei angenommen, was ihn in Städte und Dörfer des gesamten Landes geführt habe. So konnte er auch mit den überall bestehenden Untergrundkirchen Kontakt aufnehmen. Er wurde zum Vermittler der Geheimkirchen untereinander, zum bestinformierten Mann über Fälle der Kirchenverfolgung und der Inhaftierung von besonders eifrigen Priestern.

Das Interesse an Theologie hat Zahradnik in dieser Zeit nie verloren, in den Jahren 1950 bis 1968 bestand aber kaum eine Möglichkeit, Theologie zu studieren. Jeder, der an eines der beiden von den Kommunisten eingerichteten Zentralseminare in Litomerice (Leitmeritz) oder Bratislava (Preßburg) eintreten wollte, wurde von den Behörden überprüft. Eine Kommission entschied dann auf Grundlage verschiedener Kriterien – an vorderster Stelle Regimeergebenheit – ob der Antragsteller in ein Priesterseminar eintreten durfte oder nicht. „Fanatische Religiosität“ – dazu genügte nicht selten schon ein offenes praktisches religiöses Leben – war ein Ausschließungsgrund; die Kommunisten betrieben damit also eine Negativauslese zur Aushöhlung des kirchlichen Klerus und versuchten so gleichzeitig das Gesicht zu wahren, wenn es um die Frage der verfassungsmäßig garantierten freien Religionsausübung ging. Kommunistische Ideologen entschieden also in einer Art Gewissensprüfungskommission über die Zukunft von Priesteramtskandidaten – und damit auch über die Zukunft der Kirche. Viele der abgewiesenen Interessenten ließen sich jedoch nicht entmutigen. Sie begannen, bei Theologieprofessoren, denen vom Staat die Lehrerlaubnis entzogen worden war, privat Theologie zu studieren. Erst nach 1968, nachdem der Brünner Priester Felix Davidek die Sendung für die Untergrundkirche bekommen hatte, konnte Fridolin Zahradnik die Priesterweihe empfangen. Dies mußte – da Zahradnik ja verheiratet war – mittels einer Ritusänderung geschehen; Zahradnik wurde im griechisch-katholischen Ritus zum Priester sowohl für den Ost- als auch den Westritus geweiht. Sein Studium, sagt er heute, hat nicht fünf, sondern 20 Jahre gedauert. Es sei eine permanente Angelegenheit gewesen. 1968, als sich die Untergrundkirche zu entfalten begann, hat Zahradnik mit Davidek zusammengearbeitet. Er ist mit ihm in der gesamten Tschechoslowakei herumgereist und übte die Funktion eines Generalvikars für die gesamte Tschechoslowakei aus. Wie alles genau gelaufen sei, wie er schließlich in den Kreis Davideks gekommen sei, das bezeichnet Bischof Zahradnik heute als eine Fügung des Hl.Geistes.

Nach dem Überfall der Warschauer Pakt-Truppen auf die CSSR hat sich das Untergrundkollegium der Bischöfe entschlossen, daß jemand die Bischofsweihe empfangen soll, bei dem dies die Behörden am wenigsten vermuteten. Man hat sich für Zahradnik entschieden, weil er verheiratet war. Diese Aussage Zahradniks bestätigt auch jene von Davideks Chauffeur Vitek, der das ganze Unternehmen als Austricksen der Staatspolizei beschreibt. Über die kirchenrechtliche Einordnung dieser Untergrundaktion hat man sich erst später Gedanken gemacht. Zahradnik erzählt, daß Davidek die politische Situation nach dem 20. August 1968 als ausweglos für die Kirche eingeschätzt habe. Aufgrund der früheren Erfahrungen glaubte man nun, daß Kleriker wieder nach Sibirien verbannt würden. Daher sei es notwendig gewesen – so Zahradnik – die Apostolische Sukzession im Untergrund zu sichern.

Es war also situationsbedingt, daß nach vielen Jahrhunderten in der katholischen Kirche – wenngleich nach orientalischem Ritus – der erste verheiratete Bischof geweiht wurde. Die Weihe nahm der bereits verstorbene griechisch-unierte Untergrundbischof Krett vor, der aus der griechisch-unierten Diözese Presov in der Ostslowakei stammte. Zahradnik mußte dazu die gesamte Ost-Liturgie beherrschen. Heute zelebriert er jedoch nach lateinischem Ritus. Die Arbeit in der Untergrundkirche war als Sozietät organisiert. Für die Untergrundkirche benützte man die Bezeichnung „Werk der Berufung der totgeschwiegenen Kirchen in der Tschechoslowakei“.

Der eigentliche Hauptvorwurf an die seinerzeitige Geheimkirche seitens der offiziellen Kirche betrifft die Durchlöcherung des Zölibats, eines Grundpfeilers katholisch-priesterlicher Existenz. In dieser Angelegenheit hat Bischof Zahradnik mit dem Prager Weihbischof Antonin Liska gesprochen. Dabei wurde übereinstimmend festgestellt, daß zwischen der Untergrundkirche und der offiziellen Kirche eine Kluft besteht. Für Zahradnik liegt der wesentliche Unterschied zwischen Geheimkirche und offizieller Kirche in der Tschechoslowakei nicht im Zölibat, sondern besteht darin, daß die Kirche des Schweigens dem Staat gegenüber, der die Kirche zu liquidieren suchte, nie ein Treueversprechen abgegeben hat, was hingegen die offiziellen Bischöfe tun mußten. Die Bischöfe im Untergrund – betont Zahradnik – sind allesamt für ihre Treue zu Kirche und Papst ins Gefängnis gewandert. Manche mußten sogar für diese Treue sterben, wie der in Preßburg als Ingenieur tätige Benediktinerabt im Untergrund, Przemysl Coufal, den Zahradnik unmittelbar vor dessen Verhaftung noch kontaktiert hatte. Coufal ist mit den Bischöfen des Davidek-Kreises in enger Verbindung gestanden.

In der Tatsache, daß auch Verheiratete zu Priestern geweiht wurden, kann der Bischof aus Rychnov keine Verletzung der Kirchendisziplin erblicken. Manche meinten, daß nur der Zölibat „eine Fahrkarte in den Himmel“ sei. „Wir vergessen dabei, daß er auch eine Fahrkarte in die Gegenrichtung sein kann. Es gibt momentan 105.000 Priester in der Weltkirche, die nach der Priesterweihe geheiratet haben, die deswegen, weil sie das machten, ihren priesterlichen Dienst nicht ausüben dürfen. Ich kenne viele Leute, und ich weiß, daß diese tiefgläubig sind, die als Verheiratete gerne in der Kirche dienen möchten. Leider werden ihre Forderungen und Bitten vom Vatikan nicht erhört.“

Zahradnik meint, daß die Bischofskonferenz Ausnahmen zulassen und damit den betroffenen Priestern helfen könnte. Die Bischöfe hätten jedoch Angst, dieses heiße Eisen anzugreifen. Und alle Briefe, die sie bekämen, wanderten in den Papierkorb. Offenbar ist der Versuch, die verheirateten „Bi-Ritualisten“ in den Osten der Slowakei abzuschieben, gescheitert. Der seit 1969 dort amtierende Ordinarius Jan Hirka, der erst 1989 zum Bischof geweiht wurde, hat es abgelehnt, diese Menge an Priestern für seine kleine Diözese zu übernehmen. Hirka steht außerdem in Streit mit jenen griechisch-katholischen Gläubigen und Priestern, die die Zulassung des

Geheimbischof Fridolin Zahradnik

Ukrainischen als Gottesdienstsprache fordern, weil sie der Ansicht sind, daß es sich bei den Unierten in der Ostslowakei um eine ukrainisch-katholische Gruppe handelt. Hirka ist der Vertreter des slowakischen Standpunktes: Für ihn sind die Griechisch-Katholischen der Ostslowakei selbstverständlich Slowaken.

Jedenfalls – zurück zu den Bi-Ritualisten der Geheimkirche – verstehen sich die Priester und der Bischof dieser Gruppe als legal verheiratete und als legal geweihte Männer – gemäß dem Kirchenrecht und entsprechend besonderen Vollmachten, die auf Hirka zurückgehen sollen. Auch Davidek soll seitens Roms für die Zeit der Verfolgung eine besondere Fakultät bekommen haben, die eine Ritenänderung für Untergrundpriester ermöglicht habe. Ján Hirka, dem diese Möglichkeit ebenfalls vom Vatikan gestattet worden sei, hat nach den Worten Zahradniks seiner Gruppe die Erlaubnis dafür weitergegeben. Hirka hat von Rom die Erlaubnis gehabt, römisch-katholische Kandidaten in den Ostritus zu übernehmen. Gewirkt haben die griechisch-katholischen Priester allerdings im lateinischen Bereich. Dadurch habe man wohl kaum Verwirrung in der Kirche gestiftet, wie man ihnen vorwerfe. Verwirrung haben eher einige Bischöfe und Priester geschaffen, die dem kommunistischen Staat treu ergeben und Konfidenten waren.

Zahradnik ist heute überzeugt, daß es besser gewesen ist, diese Weihen verheirateter Männer vorzunehmen, um die Kirche zu retten, als die Kirche jenen Priestern zu überlassen, die – wenn auch zölibatär – aber doch auf allen Ebenen der kirchlichen Hierarchie Konfidenten, also Mitarbeiter des Staatssicherheitsdienstes gewesen sind. Zur großen Flexibilität, die in der Geheimkirche geherrscht hat, merkt Zahradnik an, daß man wohl auch den armenischen Ritus bei Priesterweihen im Geheimen berücksichtigt hätte, wenn er in der Tschechoslowakei vorhanden gewesen wäre. „Wenn man in der Kirche nicht so großes Gewicht auf den Ritus legte, könnte man, davon bin ich überzeugt, für das Reich Gottes noch viel mehr leisten.“ Daß die Kirche, so es in ein bestimmtes Zeitkonzept paßte, vom gewachsenen Ritus und der historischen Tradition nicht immer so viel hält, wird sich in Rumänien zeigen, wo man allen Ernstes darauf hoffte, daß der Untergrundbischof und jetzige Kardinal Todea die Griechisch-Unierten in die lateinische Kirche überführen würde. Ob Todea – doch davon später – für diese Bereitwilligkeit mit dem Kardinalspurpur belohnt worden ist? Der Taktiker Todea hat aber auch schon zu anderen Drohmitteln gegriffen, wenn es um die Durchsetzung seiner Ideen ging: er hat Rom seinen Übertritt in die orthodoxe Kirche angekündigt, falls es nicht seinen Wünschen entspräche.

Die Davidek-Gruppe hat sich nie mit den Ansichten der Kirchenrechtler abfinden können. Daher hat sie versucht, die Schlaglöcher auf den offiziellen Straßen zum Himmelreich auszubessern – einem Spruch Davideks gemäß. So gut es ging hat man im Untergrund religiöse Gemeinschaften in Familien gegründet, es wurden illegale Ferienlager für Jugendliche veranstaltet, Treffen junger Eheleute organisiert und Einkehrtage zur religiösen Besinnung abgehalten. Wo es ging, hat man auch in Pfarren ausgeholfen, beim Beichtehören, in Krankenhäusern, bei der Betreuung alter und kranker Menschen. Gewehr bei Fuß – im übertragenen Sinn, versteht sich. Überall, wo Not am Mann war, standen die Untergrundpriester als „Asphalt für die Schlaglöcher" bereit. Damals wie heute sind viele bewußt oder einfach achtlos darüber gefahren.

Die offizielle Untergrundkirche hat im November 1989 zu bestehen aufgehört. Und bis jetzt ist es – außer im hierarchischen Bereich, seit dem Cyrill- und Method-Fest am 14. Februar 1990 sind alle 13 tschechoslowakischen Diözesen wieder mit einem Bischof besetzt – zu keiner besonderen Konsolidierung der katholischen Kirche gekommen. Deswegen verrichten die ehemaligen Angehörigen der Kirche des Schweigens, die jetzt zum Schweigen verpflichtet wurden, nun jene pastoralen Arbeiten, die in der offiziellen Kirche nicht populär sind. (Im Lande herrscht ein enormer Priestermangel, der Altersdurchschnitt der Kleriker ist sehr hoch.) Deswegen hat man sich der Zigeunerseelsorge angenommen und hilft dieser Volksgruppe auch sozial und humanitär. Man versucht, den Zigeunern Arbeit zu verschaffen, ihnen auch Rechtshilfe zu geben, damit sie von ihren Arbeitgebern nicht ausgebeutet werden können. Zum Zweck der besseren Organisation hat man in der Tschechoslowakei die Emmaus-Bewegung gegründet, die auch in westlichen Staaten existiert. Und damit ist es gelungen, viele Leute zur Mithilfe – finanziell, materiell und geistig – zu motivieren. Das ist in der neuen CSFR auch deshalb wichtig, weil das soziale Elend, die Pauperisation, zunimmt. Die Obdachlosigkeit ist ein bisher nicht gekanntes Problem. Die Gefängnisse sind überfüllt. Die Strafentlassenen finden kaum Arbeit. Die ehemalige Untergrundkirche sieht es als ihre ureigenste Herausforderung an, das Evangelium nicht von der Kanzel oder vom Ambo aus zu verkünden. Bischof Zahradnik betont wörtlich: „Als ich zum Dienst geweiht wurde, habe ich versprochen, das Evangelium in erster Linie durch Taten, nicht nur durch Worte zu verkündigen. Dasselbe habe ich auch von jenen Menschen verlangt, die ich geweiht habe. Wir ergänzen dadurch die Lücken in der offiziellen Seelsorge, und zwar dort, wohin die offiziellen Priester nicht gehen konnten, heute nicht gehen können oder wollen beziehungsweise noch nicht wollen." Zahradnik ist sehr vorsichtig in seinen Formulierungen, man merkt ihm an, daß er niemanden von der Amtskirche verletzen oder gar provozieren will. Die Untergrundkirche aus der Davidek-Linie erfüllt diesen Dienst jedenfalls schon seit mehr als 20 Jahren.

Zahradnik will jetzt in Rychnov eine eigene Zigeunerseelsorge entwikkeln. Ein erster Schritt in diese Richtung war ein von seiner Untergrundkirche im Sommer 1991 im Adlergebirge, in einem ehemaligen kommunistischen Feriengebiet veranstaltetes Lager für 46 Roma-Kinder. „Ich will ja nicht giftig sein, aber die offizielle Kirche hat uns außer ihrem Segen dafür nichts gegeben", klagt Zahradnik. Es ist eigentlich kein Klagen. Dieser Mann ist das Arbeiten in Grenzbereichen gewohnt. Er ist nur der Meinung, daß jetzt, da vieles leichter geworden ist, die Kirche die Erfahrungen aus der Kommunistenzeit auch nützen und ins kirchliche Leben einbringen sollte: Man darf nicht mehr an die vorkonziliare Kirche der vierziger Jahre mit ihren kategorialen kämpferischen Seelsorgeprogrammen anknüpfen. Die Zeit der Verfolgung hat der Kirche einen neuen Zugang zum Menschen ermöglicht, der auch in der Zeit der neuen Freiheit genutzt werden sollte.

Die aus der Slowakei von der früheren Regierung Meciar mit mehr oder weniger sanftem Zwang ausgesiedelten Zigeuner haben in Mähren und Böhmen eine neue Heimat gefunden, stehen aber mittellos da. Zahradnik hat mit einem alten, umgebauten Autobus begonnen, Kleider, Decken, Betten, Kücheneinrichtungen zu sammeln. Gleichzeitig nimmt sich seine Emmaus-Gemeinschaft der sogenannten Wolhynier an. Das sind Tschechen, die vor mehr als hundert Jahren von den Zaren in die Ukraine geholt wurden. Heute wollen die Nachfahren hauptsächlich aus gesundheitlichen Gründen wieder in die alte Heimat zurück. Denn sie lebten in der verseuchten Gegend von Tschernobyl. Die tschechische Regierung hat den Wolhyniern zwar Wohnungen – die der abgezogenen Sowjetsoldaten – zur Verfügung gestellt. Dann ist es mit der staatlichen Hilfe aber schon aus. Damit die Wolhynier nicht ganz in der Luft hängen, hat sich – mit staatlichem Auftrag – die Emmaus-Gemeinde Bischof Zahradniks dieser Randgruppe angenommen.

Josef Suchar, ein vom Untergrundbischof Kratky im Jahre 1985 geheim geweihter Priester, der als Pfarrer von Rokytnice im Adlergebirge elf Gemeinden betreut, betont, daß ihn niemand an der Arbeit hindere, aber er selbst initiativ werden müsse, wenn etwas mit den Wolhyniern weitergehen soll. Das ist die Situation der Untergrundkirche heute: Der Staat braucht sie, die offizielle Kirche segnet mehr oder weniger inoffiziell, hilft aber nirgends mit. Beispiel Josef Suchar: der 33jährige Priester lebt zölibatär, daher ist ihm die Anerkennung auch gelungen. Er will nichts Näheres darüber sagen, aber aus Andeutungen wird klar, daß er sich an Bischof Otcenasek von Königgrätz gewandt hat. Dieser dürfte ihm die Möglichkeit einer neuerlichen Weihe „sub conditione" eröffnet haben; erst danach wurde er in den Dienst der Diözese Königgrätz übernommen. Suchar stammt aus Brünn und hat dort seinerzeit bis zum 17. November 1989 mit Frantisek Frana, wir kennen diesen Untergrundpriester bereits aus dem Brünner Bischöflichen Gymnasium, zusammengearbeitet. Offiziell war Suchar in Brünn als Betriebselektriker tätig. Gegenwärtig beschäftigt ihn die Wiederherstellung der Wallfahrtskirche von Neratov, an der polnischen Grenze, die der „Muttergottes, Helferin der Christenheit“ geweiht ist. Die Kommunisten hatten diese Kirche im ehemals deutschsprachigen Gebiet verfallen lassen. In den fünfziger Jahren ist das Dach eingestürzt, der frühere Pfarrer wurde ständig an der Renovierung behindert. Mit Schülern und Studenten hat Suchar im Sommer 1991 begonnen, den Schutt aus der 1733 errichteten Kirche zu räumen. Die Wallfahrtskirche soll nicht wieder vollständig restauriert werden, Suchar plant, sie als Mahnmal für die schreckliche Zerstörungswut der Kommunisten auch gottesdienstlich – unter freiem Himmel, weil das Dach nicht wieder gedeckt werden soll – zu nützen.

Suchars Freund Milan Beran, ein von Zahradnik geweihter verheirateter Priester mit fünf Kindern, wird nicht anerkannt, obwohl er für die Kirche viel gelitten hat. Beran ist überall zugegen, wo Not am Mann ist, er packt zu und hilft beim Dachdecken einer Kirche genauso wie bei der Reparatur eines Autos der Emmaus-Gemeinschaft. Wie Zahradnik selbst hilft er manchmal auch in Pfarren im Adlergebirge pastoral aus, wenn der Pfarrer einmal auf Urlaub geht. Ähnlich verhält es sich mit Zahradniks rechter

Josef Suchar (li.), Milan Beran (re.)

Hand und Deutsch-Dolmetsch, dem verheirateten Priester Karel Prazak aus Mährisch-Ostrau. Prazak hat auch fünf Kinder, ein Sohn ist Zigeuner-Beauftragter des Bürgermeisters von Mährisch-Ostrau. Prazak hat im Pfarrer von Rychnov, dem Jesuiten Hans Rybar, einen guten Freund. Deshalb kann er im Sommer in der dortigen Stadtpfarrkirche den Seelsorger vertreten, predigen, die Beichte hören und alle anderen priesterlichen Aufgaben erfüllen. Prazak erzählt, daß er anfänglich, kurz nach der Revolution in der Tschechoslowakei von Erzbischof Vanák von Olmütz sehr wohlwollend empfangen worden sei, später aber von ihm nicht einmal mehr ignoriert wurde. Man höre ihm nicht einmal mehr zu, wenn er mit Problemen ins erzbischöfliche Ordinariat komme.

Zahradnik kennt seinen Ortsbischof, den ebenfalls geheim zum Bischof geweihten Königgrätzer Ordinarius Karel Otcenasek, seit der Zeit von Otcenaseks Entlassung aus dem Gefängnis. Seither steht er mit Otcenasek in freundschaftlicher Verbindung, „auch wenn Bischof Otcenasek nicht mit allem, was mich betrifft, einverstanden ist". Aber das beruht auf Gegenseitigkeit. Otcenasek hat Zahradnik versichert, daß er schon ungeduldig warte, bis Rom diese Frage endlich löst, denn er braucht viele Priester. Solange der Vatikan aber nicht entscheidet, solange könne er nichts machen. Seit Sommer 1991 weht jedoch ein kälterer Wind der Untergrundkirche Zahradniks entgegen. Im Juli wurde ein in der Krankenhausseelsorger tätiger Priester namens Pavel Hajek von Bischof Otcenasek vorgeladen. Der Ordinarius von Hradéc Kralové ließ Hajek wissen, daß er künftig keine Krankenseelsorge mehr betreiben dürfe. Der Hinweis, daß es in der Diözese Königgrätz zuwenig Priester für die Krankenpastoral gebe und viel Menschen daher ohne den für sie wichtigen kirchlichen Trost sterben müßten, ließ den Bischof offenbar unbeeindruckt. Der Untergrundpriester schied vom Bischof mit der Bemerkung, daß Otcenasek eigentlich gar nicht sein Ordinarius sei, daher auch keinerlei bischöfliche Rechtsbefugnisse über ihn habe und ihm deswegen auch nichts verbieten könne.

Besonders bedrückt hat Zahradnik eine im Jahr 1982 von den Kommunisten gegen ihn und Bischof Davidek entfesselte Desinformationskampagne. Verleumdung, das steht für ihn fest, waren jene kurzen Rundfunksendungen von Radio Free Europe, in denen seine und Davideks Sukzession bezweifelt wurde. In diesen Sendungen tauchte auch jene stereotype Formel von der Priesterweihe für Frauen durch die Gruppe Davidek auf. Mit nichts – so Zahradnik – habe man bis heute jedoch diesen schwerwiegenden Vorwurf belegen können. Zahradnik wurde in der zweiten Hälfte des Jahres 1983 verhaftet, mit ihm wanderten seine von ihm ordinierten Mitbrüder, der verheiratete Milan Beran und der zölibatäre Václav Netuka ins Gefängnis. Alle drei wurden ins Gefängnis nach Königgrätz überstellt, kamen in Untersuchungshaft. Beran und Netuka sollten die Welt für vier, Zahradnik für viereinhalb Jahre nur mehr vergittert sehen.

Die Verhöre durch die Staatspolizei dauerten fast ein Jahr lang, und während dieser Zeit hatte Zahradnik oft Gelegenheit, jene Radio Free Europe-Sendungen zu hören, aufgrund derer die Geheimpolizei auf ihn und seine Gruppe aufmerksam wurde. Die Staatspolizei hatte alles auf Kassetten mitgeschnitten. Die Verhöre fanden mit bekannter kommunistischer Härte statt, der Untersuchungsrichter wollte ein Geständnis über die Organisation seiner Untergrundkirche herausquetschen. Zahradnik sollte als „Agent des Vatikans" entlarvt werden. Zu jener Zeit war es aber nicht mehr so populär, jemanden wegen religiöser Betätigung anzuklagen; deswegen konstruierte man einen Diebstahl, dessen sich Zahradnik schuld gemacht haben soll. Bevor es zum Urteil im Strafprozeß kam, wurde der ganze Prozeß abgebrochen. Das Spiel wiederholte sich noch dreimal. Beim ersten Mal schlug der Staatsanwalt 15 Jahre schweren Kerker für Zahradnik vor. Nach dem letzten Prozeß, der wieder ohne Urteil endete, wurde der Geheimbischof in ein Arbeitsgefängnis überführt, in dem er fast ein Jahr verbrachte. Als man den Prozeß wieder aufnahm – das war noch während der kommunistischen Ära, in der Endzeit des CSSR-Kommunismus – wurde festgestellt, daß alles nur konstruiert worden sei und man Zahradnik daher freizulassen habe. Die Angelegenheit ist aber juridisch bis zum heutigen Tag nicht abgeschlossen. Denn noch immer sitzen jene Richter und Staatsanwälte in ihren Ämtern, die seinerzeit die Untersuchung gegen Zahradnik und seine Geheimkirche geführt hatten. Bis heute ist Zahradnik nicht rehabilitiert. Der Bischof durchwanderte während der viereinhalb Jahre seiner Inhaftierung Gefängnisse in Königgrätz, in Prag-Ruzyn und in Boriu-Pilsen. Damals haben auch Medien über diesen Fall berichtet, womit die Leser wußten, daß Beran ein verheirateter Priester und Zahradnik ein verheirateter Bischof ist. Die meisten Menschen aus der Umgebung Rychnov hat das aber nicht gestört.

Weil er verheiratet war und Familie hatte, hat sich Zahradnik im Gefängnis „irgendwie leichter" gefühlt. Mit diesem Bewußtsein hat er nach eigener Aussage die schwere Zeit viel besser überstanden, als wenn er zölibatär gelebt hätte. Zahradniks Frau wurde nach seiner Verhaftung sofort vom Dienstgeber entlassen. Später konnte die Lehrerin dann bei debilen Kindern arbeiten, was sonst niemand machen wollte. „Die konnte man religiös nicht mehr beeinflussen." Die gesamte Familie Zahradnik – der Bischof hat drei Kinder, zwei Söhne und eine Tochter, ein Sohn ist in diesem Frühjahr bei einem Autounfall ums Leben gekommen – wurde überwacht. Erst nach vier Jahren konnte er seine Familie wiedersehen. Durch sie hat er sich im Gefängnis getragen gefühlt.

Für Milan Beran, dem zweiten Verhafteten, war die Situation weit schwieriger. Er hatte zu jener Zeit drei kleine Kinder : drei Buben; seine Frau hat diese Zeit aber sehr mutig durchgestanden. Bei seiner Verhaftung hatte Beran gerade Adressen von Vertrauensleuten bei sich. Damit die Listen den Kommunisten nicht in die Hände fallen, hat er sie rasch geschluckt. Das wurde aber bemerkt. Beran wurde von den Geheimdienstleuten so verprügelt, daß er – heute lachen alle darüber -„einen viereckigen Kopf“ hatte. Später wurde er nackt ausgezogen und an den Genitalien gefoltert.

Der Grund der Verhaftung waren die Sendungen von Radio Free Europe. Die Behörden wollten die Untergrundkirche auflösen. Man hat sie ständig über das Funktionieren dieser Geheimkirche befragt, auch darüber, ob sie Frauen geweiht haben. Die Staatspolizei habe unterm Strich jedoch eigentlich nichts aus ihnen herausbekommen. Der Polizei wie auch dem heutigen Interviewer versicherte beziehungsweise versichert Zahradnik, daß er nie einer Frau begegnet sei, die sich als Priesterin ausgegeben hat. „Ich selbst habe keine Frau geweiht, und soviel ich weiß, hat sich Davidek mit der Frauenordination nur akademisch befaßt.“

Viele glauben heute, daß es Korec und sein Kreis im Untergrund in der Slowakei war, der jene Nachrichten über die mährische Untergrundkirche verfaßte und weitergab, die dann über Radio Free Europe gelaufen sind. Die Nachrichten aus der Slowakei sind – wie Parlamentspräsident Miklosko bestätigt – davon später – zu P. Anton Hlinka SDB, einem Mitarbeiter bei Radio Free Europe in München gegangen. Die Inhalte der RFE-Sendungen, die sich gegen die Davidek-Gruppe wandten, gehen also auf Informationen Pater Hlinkas zurück. Wie Bischof Zahradnik berichtet, hat ein von ihm geweihter, auch mit Hlinka befreundeter Priester diesen nach der Novemberrevolution gefragt, warum er seinerzeit die Informationen über die tschechoslowakische Geheimkirche in Radio Free Europe veröffentlicht und damit zur Verhaftung von Zahradnik und seinen Mitarbeitern beigetragen habe. Zahradnik ist überzeugt, daß diese Anfrage an Hlinka der Grund gewesen ist, weswegen sich Hlinka bei ihm gemeldet und ihn um Entschuldigung gebeten habe. Zahradnik hat Hlinka gesagt, daß er schon im Gefängnis gewesen sei und jetzt alles „beim lieben Gott“ liege.

In diesem Zusammenhang berichtet Zahradnik, daß die Geheimpolizei bei den Verhören gesagt habe, daß sie schon kein Interesse mehr an der Geheimkirche gehabt habe, aufgrund der Radio-Free-Europe-Sendungen jedoch in Aktion habe treten müssen – offenbar auf Anweisung des Innenministeriums. „Ohne diese Hlinka-Sendungen in RFE hätte es also kein Gefängnis für mich und meine Mitarbeiter gegeben“, betont Zahradnik.

Im übrigen seien ihm von den Geheimpolizisten Briefe vorgelegt worden, die der ins römische Exil gegangene slowakische Geheimbischof Paul Hnilica SJ an ihn, Zahradnik, gerichtet habe. Zahradnik war mit Hnilica bei seinem ersten, einzigen und letzten Westbesuch im Jahre 1980 im slowakischen Institut Pater Ciks in Wien zusammengetroffen. Bei dieser Begegnung – so Zahradnik – hat ihm Hnilica sein Brustkreuz umgehängt, das ihm später von der Geheimpolizei abgenommen wurde und bei der Korec-Gruppe in der Slowakei gelandet sei. Hnilica habe ihm, Zahradnik, über slowakische Kuriere der Korec-Gruppe jene Briefe geschrieben, die bei der Geheimpolizei gelandet, nie an ihn weitergereicht worden seien. Zahradnik hatte große Schwierigkeiten, den Untersuchungsrichtern klarzumachen, daß er Hnilica gar nicht kenne. Er redete sich mit der Vermutung heraus, daß die Briefe vom Geheimdienst StB selbst verfaßt worden seien, um ihn hereinzulegen.

Im Gefängnis fand Zahradnik trotz aller Behinderungen ein breites Feld für priesterliche Betätigung. Er hat einigemale getauft, sehr oft Beichte gehört und einige Mitgefangene – wie er sagt – „zur Kirche zurückgebracht". Zweimal in der Woche zelebrierte Zahradnik während der Nacht auf der Pritsche liegend die Messe, als Altar benützte er seine Brust, auf der der „Kelch" – eine leere Milchpackung – stand. Hin und wieder wurden ihm Weintrauben ins Gefängnis geschleust, gewöhnliches Brot war immer vorhanden – das genügte für die Eucharistie. Wenn jemand die Kommunion erbat, so hatte er sie stets zur Verfügung. Nach Zahradniks Verhaftung wurden die Bischöfe Tomasek und Otcenasek verhört. Man sagte ihnen, sie könnten ruhig offen über Zahradnik sprechen, sie bräuchten keine Angst zu haben, Zahradnik werde nicht mehr lebend aus dem Gefängnis kommen.

Zu den Äußerungen von Vatikansprecher Navarro-Valls, daß in der Tschechoslowakei zwei Frauen geweiht worden seien, meint Zahradnik: „Aber nicht von mir und nicht von Davidek." Der Bischof hat auch Ludmila Javorova, Davideks Generalvikarin, von der man dies vermutete, gefragt, ob sie geweiht worden sei, und sie hat mit Nein geantwortet. Der Geheimbischof hat im vergangenen Jahr die von den Ortsbischöfen angeforderten Namenslisten von Geheimpriestern und -bischöfen für die Behandlung der Fälle im Vatikan vorbereitet, er konnte auch in die Hinterlassenschaft Davideks Einblick nehmen. Ähnliche Namensverzeichnisse wurden auch von Geheimbischof Kratky angelegt. Mit Jan Blaha sind insgesamt drei Leute der Davidek-Gruppe mit dieser Arbeit beschäftigt gewesen. Sie haben ziemlich vollständige Namensverzeichnisse, bestätigt Zahradnik. Und wenn es Frauen als Priesterinnen gegeben hätte, hätte man sie entdeckt. Zahradnik selbst spricht sich nicht für eine Frauenordination aus, wohl könnte er sich mit dem Diakonat für Frauen anfreunden, weil es bereits in der Urkirche Diakonissinnen gegeben hat.

Die Berichte, daß man Klosterschwestern zu Priesterinnen für ihre Ordensgenossinnen in den Gefängnissen geweiht habe, weist Zahradnik zurück. „Da hätten wir sehr viele Frauen weihen müssen, um dieses Problem zu lösen. Es gab sechs große Gefängnisse in der Tschechoslowakei. Und jedes Gefängnis hatte viele Abteilungen, zwischen denen es keine Verbindungen untereinander gab. Das ganze wäre bei bestem Willen nicht effektiv gewesen."

Davidek hat sich jedenfalls damit beschäftigt, das wird von mehreren Seiten bestätigt. Im Koordinationszentrum der noch bestehenden Untergrundgemeinschaft haben sich die Bischöfe gegenseitig die Frage gestellt, wer von ihnen je eine Frau geweiht hat. Es ist aber nie etwas derartiges zum Vorschein gekommen. Für Zahradnik waren und sind das also Verleumdungen hauptsächlich von offizieller Seite her.

Mit Davidek ist Zahradnik über einen ehemaligen Lehrer namens Ignac Bilik zusammengekommen, der in den siebziger Jahren in seinem Bauzentrum gearbeitet hat. Dieser hatte guten Kontakt zu Davidek. Bilik war seinerzeit schon von den Nazis in Konzentrationslager gebracht worden, hatte diese überlebt und konnte nach Kriegsende in die Tschechoslowakei zurückkehren. Bilik war Ende der vierziger Jahre Mitarbeiter von Kaplan Davidek in Nordmähren und wurde mit diesem verhaftet und verschwand für zehn Jahre hinter Gittern. Bilik sprach mit Zahradnik über seine Erlebnisse mit Davidek im Gefängnis. Dabei erfuhr er von den verschiedenen Begabungen des Mannes aus Chrlice, auch über Davideks dichterische Ader. Von Bilik erfuhr Zahradnik, daß Davidek im Gefängnis viele Priester moralisch unterstützt hat, damit diese die Haft überstehen konnten. Beim Federnschleißen, wo alle um einen Tisch herum sitzen mußten, organisierte Davidek wissenschaftliche und theologische Vorträge, obwohl dies verboten war. Mit den mitgefangenen Professoren verschiedenster Richtungen wurde eine Art kleine Akademie entwickelt. Wenn sie einmal nach Hause kommen sollten, habe Davidek immer gesagt, dann sollten sie die Zeit wenigstens gut ausgenützt und etwas gelernt haben. Später konnten dann die Teilnehmer an der Gefängnisakademie als Multiplikatoren für die anderen fungieren. Davidek taufte im Gefängnis, zelebrierte zweimal in der Woche, hat viele Leute zur Kirche zurückgebracht – wenn das bekannt geworden wäre, hätte er – obwohl er oft in Isolierhaft war – viele Jahre dazubekommen.

Die Sukzession der CSFR-Untergrundkirchen

Nach dem Fall des Kommunismus ab 17. November 1989 wurde die Sukzession Davideks bezweifelt und überhaupt seine Tätigkeit sehr scheel angesehen. „Wenn dieses Urteil über Davidek bestehen bliebe, würde man damit die ganze Arbeit der Untergrundkirche der Tschechoslowakei vom Tische fegen.“ Zahradnik weiß auch von jenen Aussagen, in denen Davidek als Paranoiker, als psychisch kranker Mensch bezeichnet wird. „Es gibt aber genug Ärzte und christliche Intellektuelle, die Bischof Davidek gekannt und bezeugt haben, daß bei Davidek keinerlei Anzeichen einer psychischen Verwirrung vorlagen.“

Mit dieser Beurteilung spielt man natürlich jenen kirchlichen Kräften in die Hände, die das Problem der Untergrundkirche mit ihren verheirateten Priestern und ihrem verheirateten Bischof, den Frauen, die eine besondere, für die offizielle Kirche unannehmbare, quasi-priesterliche Funktion ausübten, auf die kirchenrechtlich einfachste und glatteste Weise gelöst sehen wollen: Ein Verrückter kann weder gültig ordiniert werden noch kann er gültig ordinieren.

Zahradnik ist aber ein weiterer Zeuge für die Apostolische Sukzession der Davidek-Gemeinschaft: der Jesuit Peter Dubovsky, jetzt als Weihbischof von Banska Bystrica anerkannt, ist am 18. Mai 1961 von seinem Ordensbruder Dominik Kalata in Prag geheim zum Bischof geweiht worden. Kalata selbst hat seine Bischofsweihe am 9. September 1955 vom jetzigen Ordinarius von Nitra, Kardinal Jan Korec SJ, erhalten. Und Korec wurde am 24. August 1951 von Paul Hnilica in Bratislava zum Bischof konsekriert. Das heißt, die Apostolische Sukzession wurde über die Hnilica-Korec-Gruppe weitergegeben – und zwar schon auf der rechtlichen Grundlage der sogenannten „facultates specialissimae“, nicht auf direktem Weg über Anweisung von Rom.

Nur Kardinal Tomasek, Weihbischof Matousek von Prag, Stefan Barnas aus Zips, Ladislav Hlad aus Pilsen sowie Karel Otcenasek gehören zu jener Gruppe von Geheimbischöfen, deren Namen noch durch den Vatikan über geheime Wege im Jahr nach der kommunistischen Machtergreifung beziehungsweise zwei Jahre danach den nach der bischofslosen Nazi-Zeit zum Teil erst kurz amtierenden Bischöfen Matocha (Olmütz), Vojtassak (Zips), Trochta (Leitmeritz) und Picha (Königgrätz) als zu weihende Bischofskandidaten genannt wurden.

Die Hnilica-Gruppe mußte sich nach der Auflösung der Orden und der Einrichtung von zwei vom Regime strengstens kontrollierten Zentralseminaren in der Tschechoslowakei bereits auf die „facultates“ stützen.

Die dritte Gruppe – der Kreis um Davidek – empfing die Apostolische Sukzession – wie schon erwähnt – über Dubovsky und Jan Blaha und hatte das Überleben der Kirche zu gewährleisten, nachdem nach einem kurzen Hoffnungsschimmer mit dem Warschauer-Pakt-Überfall wieder Nacht über die Kirche in der damaligen CSSR hereingebrochen war.

Für Bischof Zahradnik steht es daher außer Streit, daß „wir aus derselben Quelle wie Korec die Konsekration empfangen haben". Vor dem November 1989 – berichtet Zahradnik – habe Kardinal Korec selber Probleme gehabt, seine Sukzession glaubhaft zu beweisen. Zu diesem Zweck wurde in der slowakischen Samisdatzeitschrift „Familiengemeinschaft" Nummer 4/April 1989 ROS 24 folgender Text veröffentlicht: „Im Staatssekretariat im Vatikan gibt es eine Aufzeichnung, daß zur Zeit Pius XII. die ausdrückliche Erlaubnis erteilt worden sei, daß in akuten Fällen, wenn die Verbindung der Ortskirche mit Rom abreißt, die Weihe eines Bischofs in Erwägung gezogen werden kann ohne ausdrückliche Zustimmung durch den Hl.Stuhl. Das wurde bis jetzt nicht widerrufen. Die nach dieser Bestimmung Konsekrierten sind in den Augen der Kirche nicht nur gültig geweihte Bischöfe, sondern auch legal geweihte, gleich ob sie für eine Diözese oder außerhalb einer Diözese geweiht worden sind, auch dann, wenn die kirchliche Behörde eine andere Meinung hat. Und diese Erlaubnis Pius XII. wurde bis heute nicht widerrufen." Zahradnik betont, daß diese Spezialerlaubnis Pius XII. auch in den „Acta Apostolicae Sedis" veröffentlicht worden sei. Niemand könne das anfechten, weil es offiziell ist und aus der Notwendigkeit der Situation heraus geboren wurde. Selbstverständlich müsse von diesem Text her auch die Davidek-Gruppe beleuchtet werden. Der jetzige Kardinal Korec hatte selbst lange um die kirchliche Anerkennung zu kämpfen; so einfach, wie dies heute manche darstellen und damit die Praxis der Herausbildung einer Untergrundkirche auseinanderdividieren wollen, war das in der Tat nicht. Korec berichtet in der in Koblenz erscheinenden Jesuitenzeitschrift für Osteuropa „pro fratribus" (Nummer 2/1991), daß er erst Jahre nach seiner Bischofsweihe 1951 von Rom die Bestätigung erhalten habe, daß er Bischof sei. Die kommunistischen Behörden hatten nach Verhaftungen von Korec' Ordensbrüdern im Sommer und Herbst 1954 schon früher davon Wind bekommen, daß er, da er im geheimen Priesterweihen gespendet habe, Bischof sein müsse. In den Wochen nach diesen Verhaftungen – schreibt Korec in „pro fratribus" – „konnte ich auch eine besondere Freude miterleben: Aus Rom kam eine Nachricht, auf die ich Jahre gewartet habe: die Bestätigung meiner Mission. Die Nachricht war umfangreich, aber für mich waren am bedeutendsten die folgenden Worte: Santa Sede sa, che è stato fatto... Der Heilige Stuhl weiß, was Du geworden bist. Die Weihe im Geheimen sah bei Korec nicht anders als bei allen übrigen Geheimbischöfen aus: es gab nichts Schriftliches, nur persönliche Zeugen. In einem Vortrag beim Internationalen Mitarbeiterkongreß von „Kirche in Not/Ostpriesterhilfe"in Schönstatt im März 1990 bestätigte Korec auch die vatikanische Praxis von jeweils zwei Bischöfen – einem bekannten (zur Ablenkung) und einem aktiven (im Untergrund).

Korec hat zunächst überhaupt keine Weihen gespendet, sein Konsekrator Hnilica hat sich überhaupt aus der für ihn gefährlich gewordenen Tschechoslowakei absentiert, desgleichen hat sich Dominik Kalata gen Westen abgesetzt. In Innsbruck soll er dann gegen den Willen beziehungsweise unter Umgehung des Ortsbischofs Rusch „mutig" Weihen vorgenommen haben. Korec lehnte es lange Zeit ab, im Untergrund Priester zu weihen. Vielleicht hat er sich – ähnlich wie Kajetan Matousek in Prag – nur dadurch der Verhaftung entzogen, daß er von dem den Kommunisten bekannt gewordenen bischöflichen Amt im Untergrund kaum Gebrauch machte. Diese Ängstlichkeit bei manchen Bischöfen ist ein Mitgrund für gegenseitige Aversionen der Gruppen der Geheimkirchen bis in die Gegenwart herein.

Korec hat erst während der vergangenen zwei/drei Jahre heimlich Priester geweiht, darunter den jetzigen Parlamentspräsidenten der Slowakei, Frantisek Miklosko, der – wie er mir gegenüber erkennen ließ – von dieser Weihe aber nichts wissen will. Korec hatte nach der Entlassung aus dem Gefängnis die Leitung der Untergrundkirche der Slowakei übernommen. Zahradnik hatte die Verantwortung über das gesamte Staatsgebiet. Für Korec war der verheiratete Bischof immer ein Dorn im Auge.

Heute „laisiert" Bischof Korec von Nitra verheiratete Priester, zölibatäre – so die Praxis – werden in den kirchlichen Dienst übernommen, wenn sie sich „sub conditione" noch einmal weihen lassen. So geschehen mit dem seinerzeitigen Geheimpriester Ivan Konecny, der von Zahradnik konsekriert worden war. Konecny, der sich mit einem zweiten Untergrundpriester eine Zeitlang im österreichischen Marienheiligtum Mariazell aufhielt, wurde in St. Pölten vom ungarischen Weihbischof und jetzigen Erzabt von Pannonhalma, Asztrik Várszegi, „sub conditione" noch einmal zum Priester geweiht. Der Metropolit von Trnava, Erzbischof Ján Sokol, hat diese Weihe verlangt, bevor er Konecny in den Dienst seiner Diözese übernahm. Konecny jedenfalls hat im vergangenen Jahr im Beisein seines Weihebischofs Zahradnik und der ganzen ehemaligen Untergrundgemeinde, aus der er stammt, seine öffentliche Primiz gefeiert.

Zahradnik bezeugt zusammenfassend, daß Frauen in seiner Gruppe nicht geweiht wurden. Die Konsekration und Ernennung der Bischöfe der Gruppe ist gültig – mit Rücksicht auf die Notwendigkeit der besonderen Situation. Die Weihe von verheirateten Männern zu Priestern geschah auf der Grundlage des östlichen Kirchenrechts, also nach Änderung des Ritus,

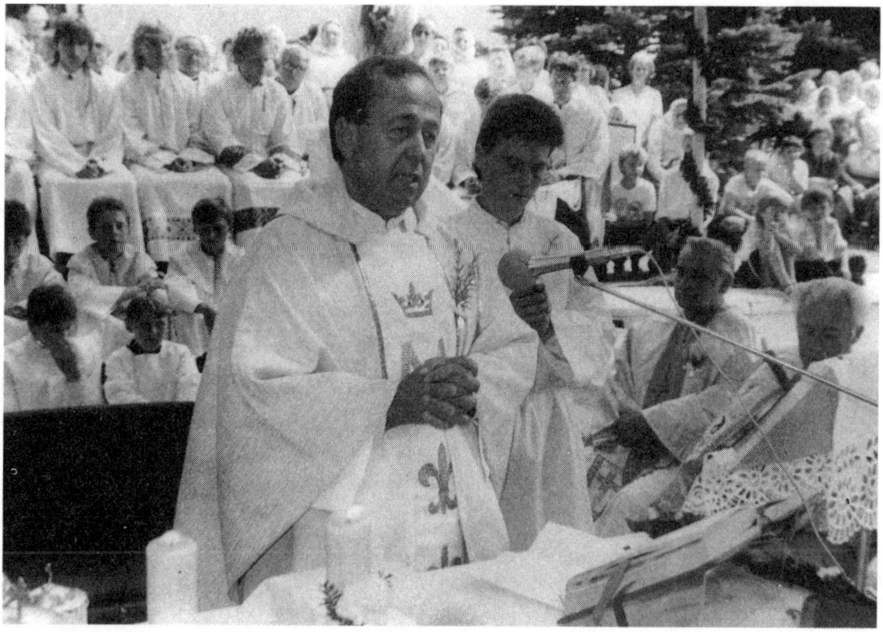

Bischof Zahradnik (sitzend, 2.von re.) bei der Primiz von Ivan Konecny

wofür – wieder mit Rücksicht auf die Notwendigkeit – die Erlaubnis bestanden habe. „Ich habe kein Gefühl der Schuld. Eher habe ich das Gefühl, daß wir noch mehr hätten tun sollen. Das Problem eines verheirateten Bischofs ist nur eine Angelegenheit der Gewohnheit in der Kirche – wie ich informiert wurde. Und meine Weihe wurde in einer Ausnahmesituation vorgenommen." Zahradnik reflektiert auf keine bischöfliche Funktionen. „Ich will überall dort helfen, wo es möglich ist und wo die Priester keinen Zutritt haben." Deswegen widmet er sich heute sozialhumanitären Aufgaben, beschäftigt sich mit Zigeunern, Obdachlosen und mit der Errichtung von Emmaushäusern. „Wieder widme ich mich – wie zur Zeit des Totalitarismus – mit anderen unserer Gruppe jenen Außenseitern, um die wir uns schon immer gekümmert haben."

Über die Größenordnung der Untergrundkirche sagt Zahradnik: Mit den schon Verstorbenen sei das grob die Hälfte der vom seinerzeit ins Exil gegangenen Geheimpriester Tomas Halik angegebenen Zahl von 600. Halik habe mit seiner Übertreibung der Untergrundkirche auch geschadet, weil man da sagen konnte, es seien Priester ohne Rücksicht auf Verluste geweiht worden. Zahradnik ist nicht befugt, über die Zahl der Geheimbischöfe zu sprechen. Aber es sollen nicht so viele sein, wie in den verschiedenen Publikationen vermutet – bis zu 50 wurden da angegeben. Zahradnik hat schon Enkelkinder, um die sich seine Frau sehr kümmert. Er wohnt in seinem Haus in Rychnov (Reichenau) in seiner Zelle, wie er sagt – de facto zölibatär, im Einverständnis mit seiner Frau. Die Enkelkinder, die es schon verstehen können, wissen, daß Großvater Bischof ist. Der älteren Enkelin erteilt er auch Religionsunterricht. Als Priester hilft er aus, wo Not am Mann ist. Er hat auch schon bei Begräbnissen mit anderen Priestern der Diözese Königgrätz konzelebriert. Ein ausdrückliches Verbot des Bischofs, die Messe zu lesen, hat er nicht.

Nach der Revolution hat Zahradnik selber im Polizeiapparat mitgearbeitet. Es hat keinerlei Versuche der alten Garde gegeben, ihn einzuschüchtern. Jetzt arbeitet er mit Leuten zusammen, die die Aufsicht über die Polizei haben, und so wollen sie den Polizeiapparat reinigen. Das versteht Zahradnik auch als Dienst an der Kirche. In den Akten hat er jetzt festgestellt, daß er bereits 1977 als Bischof enttarnt wurde. Mitbrüder im Priesteramt hätten das verraten.

Mißtrauen bei Altarsbrüdern

Laco Vendelin, am 31. Jänner 1932 in Nitransky Hradok geborener von Fridolin Zahradnik geheim geweihter verheirateter Priester sieht – ähnlich wie Provaznik – die Situation der seinerzeitigen echten Untergrundpriester in der Gegenwart als total verfahren an. Unter den „Altarsbrüdern“, wie er seine offiziell bestätigten Kollegen im Priesteramt nennt, besteht großes Mißtrauen den Geheimen gegenüber. Vendelin bezeichnet das als Anomalie, als eine weitere Anomalie nach jenen, mit denen er in den Jahren der Verfolgung konfrontiert war.

Der Geheimpriester stammt aus einer typisch katholischen Familie, selbstverständlich praktizierend, er und seine Schwestern wurden streng christlich erzogen. Die Zeit vor dem Zweiten Weltkrieg bescherte der Familie – der Vater war Arbeiter – nur Schwierigkeiten, so mußte er in ärmlichen Verhältnissen aufwachsen; trotzdem, die schwierige wirtschaftliche Lage und auch die Kriegsjahre „vertieften unser Vertrauen zu Gott“, wie er heute rückblickend betont.

Nach Kriegsende besuchte er als Alumne der Salesianer das Gymnasium in Trnava (Tyrnau) in der Slowakei. Dort kam mit der Machtübernahme der Kommunisten 1948 die Liquidierung der Orden, Auflösung der Ordenshäuser und die Enteignung der Klöster und kirchlichen Besitzungen über ihn. In einer Nacht und Nebel-Aktion wurden alle Ordensbrüder und -schwestern von den Kommunisten festgenommen und interniert.

Trotz ständiger Verhöre seitens der Geheimpolizei wegen religiöser Betätigung und „religiöser Propaganda unter Studenten“ konnte Vendelin sein Studium fortsetzen – in Nitra (Neutra), wo er auch maturierte. Dann war es mit diesem beruflichen Weg aber zu Ende. Ein Studium wurde ihm von den Behörden verweigert. Militärdienst war der nächste Schritt, Vendelin absolvierte diesen bei den sogenannten PTP-Truppen, den hilfstechnischen Bataillons, einem Dienst ohne Waffen. Für die PTP-Leute dauerte der Präsenzdienst allerdings 27 Monate. Während dieser Zeit mußte er an verschiedenen Plätzen arbeiten, in Bergwerken, im Steinbruch, als Holzschläger beispielsweise. „Diese Periode hat meinen Glauben nur vertieft“, erzählt er, deswegen war er auch bestrebt, nach seiner Entlassung vom Militärdienst in seiner Umgebung irgendwie religiös zu wirken. 1956 heiratete er, seine Ehe verlief harmonisch, blieb aber kinderlos. Wegen religiöser Betätigung wurde er im Jänner 1957 verhaftet und vom Kreisgericht in Nitra für sieben Monate Haft verurteilt. Während der Gefängniszeit wurde Vendelins Frau von ihrem Arbeitgeber entlassen, niemand anderer wollte ihr mehr Arbeit geben, weswegen es zu einer schweren wirtschaftlichen Situation für beide kam. Nach Verbüßen der Haftstrafe versuchte unser „Geheimpriester“ vergebens irgendwo eine Beschäftigung zu finden. Unter diesen schwierigen Umständen gelang es ihm schließlich am 2. Februar 1958 als Organist in der römisch-katholischen Kirche in Vrabloch eine Stelle zu bekommen.

Diese Tätigkeit war für Vendelin sehr segensreich, er war gleichzeitig Chef eines großen, 60 Mitglieder zählenden gemischten Chores. Natürlich wurde er von der Staatspolizei observiert, Hindernisse wurden ihm von den Behörden ständig in den Weg gelegt, Drohungen waren an der Tagesordnung – sowohl seitens der Geheimpolizei als auch des staatlichen Kirchensekretariats. Trotzdem fühlten er und seine Frau sich nicht unglücklich.

Den Prager Frühling 1968 erlebten beide wie eine Entspannung. Es ergab sich die Möglichkeit, an der juridischen Fakultät in Bratislava (Preßburg) einen Fernkurs zu belegen. Das Ganze war nur von kurzer Dauer, die militärische Okkupation der Tschechoslowakei durch die Warschauer Pakt-Truppen im August 1968 bereitete der Hoffnung auf ein besseres Leben ein brutales Ende. Das Studium beendete Vendelin trotzdem mit dem Doktorat. An der Hochschule in Bratislava war er bestrebt, eine religiöse Tätigkeit zu entwickeln. Er organisierte Glaubensseminare, lieferte Samisdatzeitschriften aus, publizierte selbst religiöse Literatur im Untergrund und kolportierte sie auch. Diese „Agitation“, wie das von den Behörden genannt wurde, gab ihm auch die Möglichkeit, sich theologisch zu bilden und – was er immer schon wollte – auf seine Priesterweihe im

Untergrund vorzubereiten. Er wurde von Fridolin Zahradnik geheim ordiniert und wirkte – gemäß den Intentionen der Untergrundkirche – als Priester dort, „wo es notwendig war". 1974 starb Vendelins Frau. Seit dieser Zeit lebt er zölibatär. Noch 1988 wurde er von der Staatspolizei zu einem Verhör vorgeladen.

Nach der „samtenen" Revolution vom November 1989 konnte er endlich seine geistliche Tätigkeit ohne Gefahr, verhaftet zu werden, fortsetzen. „Aber da enstand eine weitere Anomalie", berichtet Laco Vendelin, „ein Mißtrauen bei bestimmten Altarbrüdern. Und das fühle ich schmerzlicher als die kommunistische Verfolgung. Nicht nur ich selbst habe das zu ertragen, sondern auch andere Mitbrüder."

Keine mutwillige Aktion

Man wolle in der offiziellen Kirche einfach nicht begreifen, „daß unsere Ordination von einem Bischof mit Apostolischer Sukzession durchgeführt wurde und keine mutwillige Aktion war". Vendelin beruft sich in diesem Zusammenhang auf das Neue Testament: „Johannes aber hob an und sprach: Meister, wir sahen einen, der in deinem Namen Teufel austrieb, und wir wehrten es ihm, weil er nicht mit uns zieht. Und Jesus sprach zu ihm: Wehret es nicht, denn wer nicht wider euch ist, der ist für euch." (Lk 9,49-50; Mk 9,38-39). Vendelin wird hart: Die Verfolgung der Geheimkirche schreite heute fort, komme aber diesmal von einer anderen Seite, die auch totalitär agiere. Er tröstet sich mit der Bergpredigt: „Selig seid ihr, wenn euch die Menschen schmähen und verfolgen und alles Böse mit Unwahrheit wider euch reden um meinetwillen. Freuet euch und frohlocket, denn euer Lohn ist groß im Himmel. Denn ebenso haben sie die Propheten verfolgt, die vor euch gewesen sind."

Vendelins Resümee klingt etwas resignierend, ist aber trotzdem mit einem Hoffnungsschimmer versehen: „Bitte verzeihen Sie diese meine Reminiszenzen an Begebenheiten der Vergangenheit und der Gegenwart. Ich habe Ihnen nur Ausschnitte, kurzgefaßte Beschreibungen unserer Handlungsweisen gegeben. Es gibt noch andere Dinge, von denen wir sprechen könnten. Ich danke für Ihr Verständnis und bitte um Gebete wegen des Unrechts unterschiedlicher Art, das ich zu erleiden hatte und habe, damit ich nicht der Verzweiflung und Hoffnungslosigkeit unterliege und – obwohl ich schwach und müde bin – mit anderen zu Christus gehe."

Diesem Bericht ist eigentlich nichts hinzuzufügen. Die Anklage gegen eine erstarrte offizielle Kirche, die das Kirchenrecht über das konkrete menschliche Schicksal stellt – „Recht muß doch Recht bleiben" – die damit ihrem Sendungsauftrag, für Menschen da zu sein, entgegenhandelt, spricht für sich selbst. Laco Vendelin wohnt heute in Surany.

Frau Generalvikarin zog die Fäden

Wir dringen in den innersten Kern der Davidek„familie“ vor; zu einer geheimnisvollen Frau, von der ehemalige Mitarbeiter des Brünner Geheimbischofs sagen, sie sei Priesterin: Ludmila „Lida“ Javorova. Als 1977 der jetzige Bukarester Nuntius John Bukovsky im Auftrag Papst Pauls VI. in Chrlice an die Tür des Hauses Davideks klopfte, wurde er von einer Dame in Schwarz mit Brustkreuz empfangen. Ludmila Javorova amtierte in priesterlicher „Uniform“. Bei ihr liefen die Fäden der Davidek-Geheimkirche zusammen. Sie zog auch die Fäden. Den Intentionen Davideks entsprechend hatten sich bis zu Beginn der achtziger Jahre bereits mehrere Untergrundkirchen in Böhmen und Mähren entwickelt. Ein Ableger der Davidek-Gemeinschaft reicht mit dem im Sommer 1991 in Presov verstorbenen Geheimbischof Oskar Formanek SJ bis in die Ostslowakei hinein.

Lida Javorova wohnt in einem Neubauviertel am östlichen Stadtrand Brünns. Ihre Wohnung ist äußerst gepflegt. Sie selbst macht einen ruhigen, überlegten, intelligenten Eindruck. Im Wohnzimmer – fast wie eine Priesterwohnung voll mit Büchern, Heiligenbildern, Kerzen und Kreuzen – dominiert ein großes Bild von „Vater Davidek“, wie sie „ihren“ Bischof heute nennt. Javorova besitzt ein großes Archiv von Davidek-Schriften, Anweisungen, aber auch lyrischen Werken: Davidek hat seit seiner Studentenzeit unter dem Pseudonym Václav Ara (Adler) Gedichte verfaßt. Viele Bücher in der Bibliothek Javorovas – ein Großteil über fremde Völker und Kulturen – sind Geschenke Davideks mit persönlichen Widmungen in Gedichtform.

Frau Generalvikarin spricht sehr klar. Im Gegensatz zu manchen anderen Gesprächspartnern lassen sich in ihren Äußerungen keine Widersprüche entdecken. Während – wie wir sahen – im Kratky-Kreis doch eine gewisse „Uneinigkeit“ darüber herrscht, ob Frauen geweiht wurden oder nicht – und wenn, dann wozu: Diakonissin oder Priesterin (auf keinen Fall zum Bischof) – und von Miroslav Richter beziehungsweise Ludvik Gazda von Davidek erteilte Frauenordinationen bestätigt wurden, bleibt Javorova in mehreren Gesprächen bei ihrer von Anfang an gemachten Aussage, daß sie nicht zum Priester geweiht worden ist. Auch der Untergrundkreis um Bischof Fridolin Zahradnik bestätigt das. Man kann den Worten Javorovas aber entnehmen, daß es quasi-priesterliche Funktionen für Frauen sehr wohl gegeben hat. Überhaupt wurde in Davideks Bereich – das färbte auch auf alle anderen Zweige der von ihm ausgehenden Geheimkirche ab – das kirchliche Amt in einem viel weiteren Sinn gesehen, als es sich im Kirchenrecht darstellt. In der speziellen Situation der Kirche in der seinerzeitigen CSSR waren neue Ämter und neue Funktionen notwendig geworden. Während sich die offizielle Kirche und teilweise auch manche amtsbehinderte Priester und Bischöfe an das alte hierarchisch geprägte vorkonziliare Kirchenbild hielten, und damit den Kommunisten gleichzeitig einen bequemen Kontrollrahmen boten, unterlief Davidek mit unzähligen Ämtern, Funktionen oder Spezialaufträgen, die sonst nur ordinierten Priestern zukommen, das System kommunistischer Gewalt gegen die Kirche.

Lida Javorova stammt aus einer Familie, die in Chrlice mit den Davideks schon immer eng befreundet war. Die Mutter Felix Davideks war Lehrerin, bei ihr ist Lida in die Schule gegangen. Als junges Mädchen gehörte sie Mitte der vierziger Jahre jenem Jugendkreis an, den der junge Kaplan Felix Davidek geistig-geistlich betreut hat. Javorova erkannte sehr bald, daß sie nicht für eine Ehe bestimmt war. Sie hatte immer großes Interesse für Theologie. Selbst in Zeiten, da sie aufgrund der Inhaftierung Davideks keinen Kontakt mehr zu ihm haben konnte, hat sie diese Begeisterung nie verloren. Beruflich war Lida Javorova zunächst in einem Forschungsbetrieb in Brünn beschäftigt, danach als Sekretärin in der Brünner Prokuratur. Dort hatte sie sich als Protokollführerin mit Scheidungsfällen zu beschäftigen.

1963, als Felix Davidek nach vierzehnjähriger Haft aus dem Gefängnis entlassen worden war, meldete er sich sofort bei der Familie Javora in Chrlice. Davidek hatte im Gefängnis ein Programm zum Überleben der Kirche entwickelt, dessen Umsetzung sofort beginnen sollte. Radikalität ist ein besonderes Kennzeichen Davideks; nur so glaubte er dem staatlichen Totalitarismus begegnen zu können. „24 Stunden nach seiner Entlassung“ – so Javorova – „hat Felix sich bei mir gemeldet und mich zur Mitarbeit aufgefordert. Ich hatte keine Zeit zu überlegen. Ich sagte zu. Die erste Aufgabe, die er mir stellte, war, Namen von jungen Leuten zu sammeln, die Priester werden wollten, denen dies aber von den Behörden verboten worden war. Das konnte kein Mann machen, weil er sich damit nur in Gefahr gebracht hätte. Ich habe dann begonnen, alle notwendigen Informationen für Felix zusammenzutragen.“ Javorova sagt, daß damit in der Kirche eine Entwicklung eingesetzt habe, die es Frauen ermöglichte, bisher nur Männern vorbehaltene Funktionen jetzt selbst zu erfüllen.

Das alles lief ohne Kontakte zur Amtskirche über die Bühne. Weder hatte man die Zeit noch die Möglichkeit noch den Willen dazu, sich mit kompromittierten Kirchenleuten zusammenzusetzen und sich Ratschläge geben zu lassen. „Davideks erster Gedanke nach seiner Gefängniszeit war:

Ludmila Javorova

wie kann ich mich, wie kann ich die Kirche an die neue Lage anpassen." Javorova bestätigt, daß sie im Untergund die Funktion eines Generalvikars einer Kirche mit anderen als diözesanen beziehungsweise hierarchischen Strukturen ausgeübt hat.

Über das Amt des Generalvikars sagt das Zweite Vatikanische Konzil im Dekret über die Bischöfe „Christus Dominus": „Wenn es das Heil der Seelen erfordert, soll sich der Diözesanbischof nicht sträuben, von der zuständigen Obrigkeit einen oder mehrere Weihbischöfe zu erbitten... Wenn im Ernennungsschreiben nichts vorgesehen ist, bestelle der Diözesanbischof seinen Weihbischof oder seine Weihbischöfe zu Generalvikaren oder wenigstens zu bischöflichen Vikaren, die nur von seiner Autorität abhängen. Bei der Beratung wichtiger Fragen, besonders pastoraler Art, möge er sie hinzuziehen." (Nummer 26). Und in Nummer 27 des gleichen Dekrets heißt es: „In der Diözesankurie ragt das Amt des Generalvikars hervor." Damit ist auch die bedeutende Funktion Javorovas umschrieben, die sie – wie sie selbst sagt – ohne geweiht worden zu sein, bis zum Tode Davideks 1988 beziehungsweise bis zur sanften Revolution im Untergrund erfüllt hat.

Heute könne sie sich das nicht mehr vorstellen, bekennt sie, weil es nicht mehr notwendig sei. „Damals habe ich alles gemacht, was notwendig war." Deswegen hat Javorova auch nach der Rückkehr Davideks innerhalb von einem halben Jahr langsam alle Brücken zu ihrem bisherigen Beruf und Bekanntenkreis abgebrochen. Davidek wohnte in der Zeit an unterschiedlichen Orten – hauptamtlich angemeldet war er in seinem Elternhaus in Chrlice. Zuflucht gaben ihm die Prikrils in Horny Stepanov, von 1977 bis 1982 Javorova in ihrer Wohnung; erst in den letzten Lebensjahren übersiedelte Davidek ganz nach Chrlice. Dabei halfen ihm die Cherubiner des Dr. Miroslav Richter.

Die Zusammenarbeit mit dem Priester und späteren Geheimbischof gestaltete sich so, daß Javorova in ihrem Beruf – zuerst eben in der Forschung, dann in der Prokuratur – bis vier Uhr nachmittags beschäftigt war, und dann bis Mitternacht, an Samstagen bis in die Morgenstunden hinein, bei Davideks Leitung der Untergrundkirchen zugegen zu sein. „Ich würde sagen, wie das eine Frau schon in ihrer Kindheit eingeimpft bekommt, so setzte sich die Bereitschaft zum Dienen bei mir auch später fort. Als Kind habe ich den Krieg in einer vielköpfigen Familie erlebt, und die Erfahrungen dieser Zeit sind mir geblieben: Schnelligkeit der Entscheidung, Bearbeitung von Informationen, rasche Reaktionsfähigkeit. Das war es, was Davidek brauchte, so handelte auch er. Geschlafen haben wir nur drei bis vier Stunden."

Davidek, der auch nach seiner Entlassung überwacht wurde, sich offiziell nicht priesterlich betätigen durfte und daher – seiner medizinischen Kenntnisse wegen – einen weltlichen Beruf in der Brünner Kinderklinik angenommen hatte, trug Javorova auch auf, ständig die Umgebung zu beobachten. Sie selbst und ein paar andere Leute, die dazu fähig waren, mußten jene Leute erkennen und observieren, von denen eigentlich sie überwacht wurden. „Man hat dann schon einen Blick dafür bekommen, ob ein Ort, ein Treffpunkt sicher war. Wir meldeten Felix jedesmal, wo er sicher sein konnte. Wir haben bemerkt, daß die Sicherheitskräfte alle zehn Tage ein bestimmtes Viertel genau unter Beobachtung nahmen. Die Intensität war jeweils von der politischen Situation abhängig. Ich habe mich nach kurzer Zeit schon ausgekannt; und die Leute, die unser Haus beobachteten, waren mir dann alle bald bekannt."

Öfter ist Javorova auch von der Geheimpolizei zu Verhören vorgeladen worden. Meistens sei sie von der Arbeit weggerufen worden. „Sie sind gekommen, haben mir irgendetwas gezeigt und gesagt: Sehen Sie, was wir da gegen Sie vorliegen haben. Zum erstenmal hatte ich mit der Geheimpolizei zu tun, als sie meinen Bruder verhaftet, das ganze Haus durchsucht, alles hinausgeworfen und seine ganze Bibliothek mitgenommen haben." Javorovas Bruder ist verheiratet, er wurde von Davidek zum Priester geweiht. Er ist vom Vatikan nicht anerkannt, zelebriert im privaten Kreis und gehört zum innersten Kern der Davidek-Gemeinde.

Nach der Verhaftung ihres Bruders rannte Ludmila Javorova sogleich zur Prokuratur und bat um Hilfe. Ein Rechtsanwalt ist ihr beigestanden. Er hat ihr aber geraten: „Mädchen, wenn Du nicht Dein Leben verlieren willst, dann geh nicht hin." Sie habe jedoch keine Angst gehabt. Auch dann nicht, wenn sie direkt vom Arbeitsplatz weggeholt wurde. Davidek mit seinem reichen Wissen um kommunistische Verhör- und psychologische Foltermethoden hat sie jedoch auf Begegnungen mit dem StB vorbereitet. „Der StB hatte eine große Macht, die man förmlich spürte, wenn man durch die Gänge des Hauses der Geheimpolizei ging. Das allein war schon ein Druckmittel; man fühlte sich nicht gut, wenn man hinbeordert wurde. Also, ich kann mich noch erinnern, was Davidek sagte: Nicht sofort auf alles reagieren, nicht gleich antworten, und wenn, dann korrekt und höflich. Wir sollten also die Situation psychologisch lösen, eine gewisse Distanz herstellen. Und ich muß sagen, gemäß seinen Anleitungen habe ich alles ganz gut überstanden. Vater Davidek hat auch immer betont, daß wir daran denken sollten, daß es in allen Situationen die Hilfe Gottes gibt, so wie bei den ersten Christen." Javorova bezeichnet das, was Davidek seinen Leuten beibringen wollte, als „tiefe Prozesse der Bewußtwerdung".

Eine Erpressung seitens des StB hat sie nie erlebt, wohl aber Einschüchterungsversuche, indem man ihr „erdrückendes Beweismaterial" gegen sie vorlegte und hoffte, sie damit zum Plaudern zu bewegen. Javorova sagt, daß sie beim StB auch gute Leute erlebt und es auch in diesem Bereich viel Desinformation gegeben habe. „Gemäß den Sachen, die sie mir vorlegten, mußte ich annehmen, daß sie mich schon das ganze Leben beobachteten, auch in der Zeit, als ich noch keine Verbindung mit Felix hatte." Davidek deutete für seine Mitarbeiter die Zeit der Verfolgung religiös. Er forderte alle auf, täglich zu denen zu beten, die die Kommunisten zu Tode gefoltert hatten: beispielsweise zu Przemysl Coufal, den in Bratislava getöteten geheimen Benediktinerabt. Javorova vermißt diese Haltung in der heutigen Kirche. Davidek hat seinen Mitarbeitern auch immer zu bedenken gegeben, daß sie auch selbst im Gefängnis landen und physischen Schmerzen ausgesetzt sein könnten. Trotzdem sollten sie – „das waren große pastorale Worte" – auch ihren Peinigern gegenüber Versöhnungsbereitschaft zeigen.

Über seine Gefängniszeit hat Felix Davidek nie viel gesprochen. „Von anderen weiß ich", sagt Javorova, „daß er zeitweilig angekettet war. Er wollte nie darüber reden, aber in Hradiste muß es etwas ganz Grausames gegeben haben. Das Schlimmste sollen die Nächte gewesen sein. Manchmal wurde er jede Stunde aufgeweckt und mit Scheinwerfern angestrahlt. Verhöre gab es überhaupt nur in den Nachtstunden. Wenn er zum Verhör geschleppt wurde, konnte er ständig Ketten klirren hören, weil die Leute alle angeschmiedet waren. Der Lärm, das Schreien nach Schlägen, sei fürchterlich gewesen."

Davidek war eine Zeitlang gemeinsam mit einem Malteserritter aus Prag namens Picha inhaftiert. Dieser hat den Geheimbischof später öfter besucht. Aus den Gesprächen, die beide – so Javorova – wie zwei ehemalige „Kriminelle" führten, hat die Generalvikarin mehr entnommen als aus den persönlichen Äußerungen Davideks über seine Gefängniszeit. Von Picha weiß sie auch, daß Davidek oft „im Turm" gesessen sei, das war die Isolationshaft, wenn er sich den Anordnungen des Personals nicht gefügt hatte. „Ich habe Felix einmal gefragt, wie man das erlebe, wenn man nicht wisse, ob es Tag oder Nacht ist. Er hat mir gesagt, daß das eine kleine, kahle Zelle war, in der es sehr kalt gewesen sei. Er habe sich zu einem Knäuel zusammengerollt und an den schönsten blühenden Baum im Garten, an die schönste Blume, einfach an alles, was in ihm das Gefühl der Schönheit erwecken konnte, gedacht; das habe ihm das Gefühl der Geborgenheit in Gott vermittelt. So hat Felix überlebt."

In der Isolationshaft sind Davidek nach den Worten Javorovas auch jene Ideen gekommen, die er dann später im Untergrund verwirklichte. Davidek hat diese Sachen „wie ein Geschenk Gottes als Beitrag für die Kirche empfangen".

Davidek war 1950 wegen eines mißglückten Fluchtversuchs mit einer

Gruppe Jugendlicher nach Österreich festgenommen worden. Pfarrer Ludvik Gazda hat bereits kurz darüber berichtet. Nur dreien ist die Flucht aus dem Kommunistenparadies tatsächlich geglückt. Einer aus dieser Gruppe ist der heutige Ordinarius für Philosophie an der Theologischen Fakultät der Universität Innsbruck, der Jesuit Vladimir Richter (nicht zu verwechseln mit Dr. Miroslav Richter von den Cherubinern). Die Jugendgruppe bestand aus Leuten, die an einer schon damals von Davidek ins Leben gerufenen theologischen Fakultät im Untergrund in Horny Stepanov studierten. Die Flucht ist verraten worden. Davideks Mutter hat dann Javorovas Vater, einen Chemie-Laboranten, gebeten, ein Berufungsansuchen zu schreiben. Es hat aber nichts genützt. Davidek wurde zu 25 Jahren Freiheitsentzug verurteilt, von denen er fast 15 Jahre absitzen mußte. Zum Verständnis seiner Persönlichkeit faßt Javorova folgendes zusammen: Der junge Davidek ist während der Nazi-Okkupation groß geworden, war schwer TBC-krank, konnte nur zwei Jahre als Priester wirken, saß dann fast 15 Jahre im Gefängnis und durfte seine priesterlichen Funktionen offiziell nie mehr ausüben. „Wer gegenüber Davidek Vorbehalte hat, sollte zumindest bedenken, daß er für die Kirche gelitten hat, daß er 15 Jahre im Loch war. Man kann darüber nicht so einfach hinweggehen."

Nach der Entlassung im Jahre 1964 wurde Davidek observiert und es wurde ihm aufgetragen, sich sofort eine manuelle Arbeit zu suchen. Doch niemand wollte den „Kriminellen" nehmen. Erst ein gewisser Dozent Kluska nahm sich des amtsbehinderten Priesters an und verschaffte ihm Arbeit als Desinfekteur im Kinderspital in Brünn. Fünf Jahre nach Davideks Bischofsweihe gab es wieder eine schwere Zeit. Der Geheimbischof wurde ab 1972 erneut beobachtet. Deswegen gab er seine Arbeit in der Kinderklinik 1974 auf. Wovon hat man gelebt? Javorova: „Man lebte einfach. Gott hat sich um uns gekümmert."

Davidek begann nach der von Javorova durchgeführten Sammlung von Weihekandidaten für die Untergrundkirche Bischöfe im ganzen Land aufzusuchen, um sie zu bitten, die Wartenden zu weihen. „Felix nahm Kontakte zum amtsbehinderten Bischof von Königgrätz, Karel Otcenasek, auf. Auch an Priester, die noch nicht ihre staatliche Amtsbefugnis verloren hatten, wie beispielsweise Tomas Dansky und Slama, hat er sich gewandt." Später ist dann der 1965 zum Apostolischen Administrator von Prag ernannte, aber zunächst amtsbehinderte Bischof und spätere Kardinal Tomasek hinzugekommen. Ihn hat Davidek nie sonderlich geschätzt. Unter abenteuerlichen Umständen hat sich der Brünner Priester – Bischof war Davidek erst ab 1967 – auch an den in Zernuvka konfinierten Brünner Ordinarius Karel Skoupy gewandt, seinen früheren Regens im Brünner Priesterseminar. „Die Reise nach Zernuvka war schwer", berichtet Javorova.

„Man mußte sie sehr gut vorbereiten. Denn sie mußte genau zu dem Zeitpunkt stattfinden, zu dem Skoupy einen Spaziergang machen durfte. Denn in das Haus, in dem er festgehalten wurde, konnten wir natürlich nicht hinein." 1968 durfte Skoupy nach Brünn zurück. Davidek riet ihm, daß er das inoffiziell durchführen und sich mit anderen Leuten als bisher umgeben sollte. „Felix hatte ganz andere Vorstellungen von der künftigen Kirchenleitung in Brünn", sagt Javorova und bestätigt damit, was der alte Professor Hawlik aus Petrov bereits erzählt hat. Jedenfalls ist Bischof Skoupy mit großem Pomp in Brünn eingezogen, während Davidek gemeint hat, die Zukunft der Kirche müßte anders aussehen. Er hatte sich erhofft, daß der Brünner Oberhirte inoffiziell und ohne großen Aufwand mit seiner Arbeit beginnen würde. Die breite Öffentlichkeit, die mittlerweile a-religiös geworden war, sollte von den Bischöfen angesprochen werden. Das konnte man nach Meinung Davideks nicht mittels überholter kirchlicher Zeremonien bewerkstelligen.

„Felix hat die Lage der Kirche aufgrund der Konfrontation mit dem Totalitarismus marxistischer Prägung beurteilt", sagt Javorova. „Gott hat diese Situation zugelassen, also mußten wir uns die Frage stellen, wie wir zu einer Veränderung kommen könnten. Felix sagte, wenn wir das wurden, was wir heute sind – nämlich durch die langjährige Inhaftierung den Menschen und allem Menschlichen so nahe –, dann knüpfen wir eben daran an. Wenn wir Kirche bloß in ihren gewachsenen Strukturen weitertradieren, dann trennt sich irgendwann einmal das Volk von ihr." Die Kirche brauchte also Berührungspunkte mit breiten, suchenden Schichten. Davidek hat diese Punkte – wie Javorova überzeugt ist – gefunden. „Felix sagte uns, wir sollten nicht darauf schauen, ob unsere Arbeit etwas bringt oder nicht. Wir sollten säen, ernten sollten andere. Wir haben auch nie auf die Ergebnisse unserer Arbeit geschaut. Heute weiß ich, daß er recht hatte."

Der Geheimdienst hat – wie Javorova annimmt – etwa ab 1972 gewußt, daß Davidek Bischof war, denn in dieser Zeit begannen neuerliche Observierungen und Verhöre. Priestern , die Davidek besuchte, wurde die Berufsausübungserlaubnis entzogen. Davidek hat dann immer rigorosere Sicherheitsvorschriften angewandt. Ein von Davidek geweihter Geheimbischof, Jan Jiri Pojar, der allerdings emigrierte und in der Schweiz geheiratet hat, hat in Rom verschiedene Informationen über die Geheimkirche weitergegeben. Und im Vatikan muß es undichte Stellen gegeben haben. Denn die Geheimpolizei kannte diese Informationen. Außerdem hat hin und wieder jemand durch Unachtsamkeit wichtige Papiere verloren oder liegengelassen, wodurch der StB weitere Hinweise auf die Struktur der Davidek-Gemeinschaft bekommen habe. Javorova berichtet von einem Mitarbeiter Davideks, der im Zug verschiedene Unterlagen verloren habe.

„Von solchen Leuten hat sich Felix kompromißlos getrennt. Diese Personen haben das zwar sehr schwer getragen, ich auch, das gebe ich zu. Aber Felix hat immer gesagt, von seiner Leitungswarte aus müsse er die Verbindungen unterbrechen. Das waren sehr strenge Direktiven." Obwohl das unbarmherzig erscheinen könnte, war das eine Sicherheitsmaßnahme, die von allen große Opfer erforderte. Vergessen hat Davidek diese Menschen aber nie. Er hat sie in seinen Untergrund-Hirtenbriefen den Gebeten der Gläubigen empfohlen.

Solche wie die hier von Javorova geschilderten Ereignisse waren keine Seltenheit. Immer wieder kam der Geheimdienst durch Unachtsamkeit oder Ungeschicklichkeit von Untergrundleuten den geheimen Strukturen der Kirche auf die Spur. Auch dem im Westen gut bekannten Jesuiten und Bürgerrechtsaktivisten Frantisek Lizna ist im Herbst 1988 ein ähnliches Mißgeschick passiert. Lizna wollte seine Freunde in Velehrad besuchen und vergaß beim Umsteigen in der Bushalle in Uherske Hradiste wichtiges Informationsmaterial über einige Gewissensgefangene (Ladislav Lizna, Ivan Jirous und Rudolf Battek). Als er seinen Bus nach Velehrad besteigen wollte, wurde er von Polizisten angehalten und festgenommen. Ein alter Mann hatte das liegengelassene Samisdat-Flugblatt gefunden und sofort an die Polizei weitergereicht. Lizna mußte sich in dieser Angelegenheit „wegen Verstoßes gegen die öffentliche Ordnung" sogar vor Gericht verantworten.

Unvollständige Informationen in Rom

Wenn es darum geht, ein Zeugnis für die Gültigkeit der Bischofsweihe von Felix Davidek abzulegen, dann ist Ludmila Javorova nicht mehr zu bremsen. Entscheidendes hängt davon ab, ob Jan Blaha, jener Pharmazeut in Brünn, der Davidek geweiht hat, ein Mandat dafür hatte. Javorova beruft sich neben den „facultates specialissimae" auf Absprachen über Mittelsmänner mit Papst Paul VI. „Man kann doch nicht annehmen, daß im Zeitalter des Totalitarismus irgendwelche schriftliche Mandate existierten. Aber bei uns wurde nichts unternommen, wovon der Papst keine Kenntnis hatte." Dann bekräftigt Javorova, was Leo Kuchar bereits berichtet hat, daß sich für Blaha 1967 die Möglichkeit einer Romreise ergeben habe, auf der er dann das Weihemandat für sich und Davidek erhalten habe. Von der Visionsgeschichte Pater Pios erwähnt sie nichts. Offen gibt die Frau Generalvikarin zu, daß Davidek die Auslandsreise Ingenieur Blahas „ausgenutzt" habe. Blaha sei vom Papst persönlich empfangen worden und habe diesen auch von der komplizierten Lage in Böhmen und Mähren unterrichtet. „Daraufhin hat er vom Papst diese Mandate erhalten, der Papst hat damit auch unsere Arbeit gesteuert."

Die Mandate für weitere Weihen hat Davidek nach Javorova vom Papst über Zwischenträger mündlich erhalten. Blaha hatte den Auftrag, jemanden zu finden, der ihn weiht – und Blaha ging zum Jesuiten Dubovsky. Danach hat Blaha Davidek geweiht. „Ich war nicht dabei", sagt Javorova, „darüber müßte Dubovsky Auskunft geben." Doch der ist als Weihbischof von Bánska Bystrica kaltgestellt.

Man ist erstaunt, daß Javorova immer wieder betont, daß Rom über diese Vorgänge keine vollständigen und wahren Informationen besitze. In irgendeinem vatikanischen Geheimarchiv müßten doch Gesprächsnotizen beziehungsweise Gedächtnisprotokolle über die Unterredungen mit Blaha vorliegen. 1991 sind offenbar die Kontakte zu den entscheidenden Leuten der „ecclesia silentii" noch immer nicht hergestellt, mittels derer die bruchstückhaften Berichte in Rom ergänzt werden könnten. Aber Rom sucht heute nicht das Gespräch mit jenen, die das Verhältnis von seinerzeit vatikanischerseits erteilten „facultates" und folgenden tschechoslowakischen Entwicklungen erhellen könnten. Daß der Vatikan nicht derart plump vorgehen konnte, indem er einen größeren Kreis darüber informierte, ist nach allem Gesagten schon klar (obwohl er sich nicht selten äußerst ungeschickt verhielt). Einige Zeugen werden sich doch wohl noch auftreiben lassen, obwohl Rom daran offenkundig kein Interesse hat. Nicht einmal die Generalvikarin Javorova wurde bisher in dieser Angelegenheit zu Gesprächen gebeten. Haben es die verheirateten Männer und die Untergrundbischöfe schon schwer, ins Zentrum der Weltkirche vorzudringen, ist Frauen – in diesem Fall einer, die Generalvikarin war – der Weg dorthin völlig verschlossen. „Solange ich nicht gefragt werde, solange hat Rom keine vollständigen Informationen", betont Javorova. „Ich weiß nicht, was zu einer Entscheidung Roms in unserer Angelegenheit noch fehlt. Wenn Zweifel vorhanden sind, könnte man mich ja kontaktieren."

Davideks engste Vertraute gibt zu bedenken, daß in der Zeit des Totalitarismus nicht einmal der Nächste, mit dem man zusammengearbeitet hat, über alles vollkommen informiert war. „Erst wenn man sich – wie Sie – längere Zeit mit dieser Sache beschäftigt hat, kann man sich ein Gesamtbild machen."

Ein Prophet der Frauenordination

Es ist so, daß heute aus dem ehemaligen Untergrundkreis um Kardinal Korec noch immer Anschuldigungen gegenüber der Davidek-Gemeinschaft kommen, weit über das kirchenrechtlich Mögliche hinausgegangen zu sein und der Kirche damit schwer geschadet zu haben. Silvo Krcmery zum Beispiel, ein Arzt in Bratislava/Preßburg, der in der Korec-Gruppe eine katholische Laienbewegung ins Leben gerufen hat, ringt die Hände, wenn die Sprache auf Felix Davidek kommt. Krcmery hat mir darüber berichtet, daß zwei Frauen, vom Gewissen geplagt, sich Kardinal Tomasek als Priesterinnen zu erkennen gegeben hätten. Sie wollten die Sache in Ordnung bringen, meint Krcmery, zumal es auch um viel Geld gegangen sei. Die beiden „Priesterinnen" – für Krcmery ist es klar, daß sie von Davidek geweiht wurden – haben sogenannte Meßstipendien, das sind Gelder für den Priester, um ein bestimmtes Anliegen bei der Eucharistiefeier vor Gott zu bringen, im Wert von 60.000 Kronen gesammelt. Der verheiratete Bischof Zahradnik kommt für Krcmery überhaupt gleich nach dem Teufel. Der Preßburger Arzt, der ähnlich wie Erzbischof Vlk mit dem aufkeimenden Pluralismus in der Tschechoslowakei nicht zurecht kommt – altbekanntes Motto: Unter den Kommunisten war alles viel einfacher – ist felsenfest davon überzeugt, daß Davidek und andere Geheimbischöfe dieser Linie viele Frauen zu Priesterinnen oder Diakonissinnen geweiht haben.

Javorova explodiert ob soviel Ignoranz. Davidek und Korec haben einander nur einmal getroffen, sagt sie. In den letzten zehn Lebensjahren Davideks gar nicht. In dieser Zeit hat es in den beiden Untergrundkirchen vollkommen verschiedene Entwicklungen gegeben. „Korec und Davidek wollten keine Zusammenarbeit." Papst Paul VI., der den Vatikandiplomaten Bukovsky quasi als Visitator zu Davidek geschickt hat, reagierte nach Darstellung Javorovas „sehr positiv" auf alles , was der Steyler Pater nach Rom berichtet hatte. Korec und sein Kreis könnten hingegen über Davidek nichts sagen. Zu den Frauenweihen sagt sie: „Ich kenne keine Frauen, die geweiht wurden. Ich möchte endlich einmal Namen hören. Wer soll sie geweiht haben? Wenn von der Bischofskonferenz solche Aussagen kommen – auch Erzbischof Vlk hat sich in dieser Angelegenheit geäußert – dann müssen sie doch genau wissen, wer das ist. Also bitte, Namen auf den Tisch, nicht nur Anschuldigungen. Und wenn es Frauen geben sollte, die behaupten, Priesterinnen oder Diakonissinnen zu sein, dann können sie nicht von Davidek geweiht worden sein. Ich weiß das. Es könnte aber jemand anderer sein, der sie ordiniert hat. Es gab ja verschiedene Gruppen im Untergrund. Ich spreche nur ungern von Untergrundkirche, weil wir uns immer als lokale Kirche verstanden haben. Wir haben nie solche Ausdrücke wie Untergrundkirche gebraucht. Aber ich muß der Bischofskonferenz sagen: Es gab auch andere, die geweiht haben, nicht nur Davidek."

Es ist für Javorova völlig unklar und auch unverständlich, wieso man die

Weihe von Frauen immer „mit unserer Gruppe“ in Verbindung bringt. Wenn Frauen tatsächlich Meßstipendien gesammelt haben, dann – so ihre Meinung – hatten sie vielleicht die Erlaubnis dazu. Hier kommt wieder jene Überzeugung durch, die besagt, daß Frauen in der Kirche wohl priesterliche Funktionen übernehmen könnten, ohne Priesterinnen zu sein – wie es ja in den verschiedenen Teil-Untergrundkirchen tatsächlich der Fall war. Javorova weist auch die in Zusammenhang mit der Frauenordination immer wieder vorgebrachte Unterstellung zurück, wer so etwas mache, müsse „verrückt“ sein. Die Generalvikarin bricht sehr wohl eine Lanze für die Frauenordination, betont aber, daß sie im Davidek-Kreis nicht vorgekommen ist.

Der Brünner Katakombenbischof hat sich aber sehr wohl mit dieser Frage intensiv auseinandergesetzt. Und zwar – wie Javorova betont – auf ausdrücklichen Wunsch Papst Pauls VI. Nachdem Bukovsky den Heiligen Stuhl darüber informiert hatte, daß Davidek an dieser Frage nicht nur aus theologischen, sondern aus ganz praktischen Überlegungen heraus arbeite, habe Rom dazu seinen Segen gegeben. „Was die Frauenfrage in der Kirche anlangt, war Vater Davidek der erste, der sich hier damit auseinandergesetzt hat. Er wollte, daß Frauen eine bestimmte Position und Stellung in der Kirche bekommen.“ Man brauche aber mehr Abstand, sagt Javorova, um die Details dieser Arbeit der Öffentlichkeit vorlegen zu können. Die Zeit sei noch nicht reif dafür. Wie recht sie hat, wenn man in die heutige Kirche blickt.

Daß seit den fünfziger Jahren in der CSSR die Notwendigkeit bestand, Frauen verstärkt für den kirchlichen Dienst heranzuziehen, daran besteht kein Zweifel. Die Orden und Ordensgemeinschaften waren aufgelöst, nach langen Inhaftierungen der Nonnen in sogenannten Konzentrationsklöstern waren diese Gemeinschaften somit zum Aussterben verurteilt. Die Ordensfrauen hatten unter der Verfolgung besonders zu leiden. Sie waren nicht nur den Bestialitäten einer totalitären Ideologie ausgesetzt, die die Religion verfolgte, sondern hatten es noch mit der Frauenverächtlichkeit einer brutalen Männergesellschaft zu tun, die an den Nonnen ihren Spaß suchte. Nonnen in den Gefängnissen waren die ärmsten in der kommunistischen Gesellschaft, wenngleich sie der kommunistische Staat manchmal auch brauchte, beispielsweise wenn es um die Betreuung debiler Menschen ging, für die eine Ideologie, die den neuen Menschen schaffen wollte, keinen Platz hatte.

Ludmila Javorova berichtet, daß es seitens der Kirche – einer Männergesellschaft – keinen Zugang zu den Nonnen im Gefängnis gegeben habe. „Alle Ordensfrauen, die wir zu Beginn unserer Arbeit kennenlernten, haben sich bei uns darüber beklagt, daß sie daher auch keine Möglichkeit eines Sakramentenempfanges hatten – und zwar schon 15 Jahre lang." Davidek hat Javorova von Priestern erzählt, die während ihres obligatorischen Rundganges im Gefängnishof die Absolution für jene Frauen und Schwestern erteilten, die im Nebentrakt des Gefängnisses ebenso ihre Runden zogen. Davidek hatte das auch praktiziert und war deswegen auch in den „Turm" gekommen. Ob man jetzt Frauen geweiht hat, damit sie im Gefängnis priesterlich wirken konnten, oder ob man ihnen nur priesterliche Funktionen – Beichte hören, Kranke salben – für gewisse Situationen delegiert hat, beantwortet Javorova nicht. Jedenfalls betont sie immer wieder, daß Davidek keine Frauen ordiniert habe, wenngleich das System, wie man Frauen für den seelsorgerischen Dienst im Untergrund am besten einsetzen könnte, zweifellos von Davidek erdacht wurde.

Geheimbischof Jan Blaha, der Davidek konsekriert hat, den Javorova heute eher zum äußeren Kreis der Davidek-Gemeinde zählt, der auch früher nicht in alles eingeweiht worden sei, bestätigte mir gegenüber, daß „man" sehr wohl Frauen zu Priesterinnen geweiht hat, damit sie ihren Geschlechtsgenossinnen in den Gefängnissen und in den Konzentrationsklöstern pastoral beistehen konnten. Dazu Ludmila Javorova: „In unserer lokalen Kirche haben Frauen anders gearbeitet als im normalen kirchlichen Leben. Und es war für uns selbstverständlich, weil die Kirche das damals nötig gehabt hat. Daraus darf man aber nicht schließen, daß Vater Davidek 300 Frauen geweiht hat, wie eine Zeitungsmeldung in Deutschland seinerzeit weismachen wollte." Derart eigenwillige Aktionen hat der Geheimbischof, wie seine Generalvikarin bezeugt, nie unternommen – „obwohl er eine besondere Persönlichkeit war". Mit Sicherheit hat Davidek alle diese Fragen zu beantworten gesucht. Es habe aber nicht allen gepaßt, daß darüber gesprochen wurde. „Ein Prophet wird nie mit offenen Armen aufgenommen", sagt Javorova, „er zerstört nämlich alte Stereotypen."

Frauen wurden von Davidek vor allem beauftragt, in der Krankenseelsorge tätig zu sein. Javorova ordnet das in einen Zusammenhang mit Davideks „Volk Gottes"-Theologie ein, die stark vom Zweiten Vatikanischen Konzil geprägt war und diese Gedanken noch weiterentwickelt hat. Jeder Gläubige hat demnach eine priesterliche Funktion in der Kirche. „Die Gläubigen, mit denen wir im Untergrund gearbeitet haben, waren an allem interessiert, was in der Kirche vorgeht. Sie baten uns, ihnen Gebetsanliegen zu geben, sie fragten uns, wofür sie Opfer bringen sollten, wir haben die Kranken besucht und diese haben ihr Leiden für unsere Intentionen aufgeopfert. Das war eine lebendige Kirche, das vermisse ich heute."

Als Generalvikarin hatte Javorova auch die Aufgabe, zunächst Priester zu Kranken in Heime oder Spitäler zu bringen. Dabei habe man gesehen, daß es für eine Frau erstens einfacher war, in solche Anstalten hineinzukommen, und zweitens eine Frau auch leichteren Zugang zu den Alten, Kranken und Sterbenden fand. Ein Priester sagte damals zu Javorova: „Es ist so schwer, sich geheim zwischen den Kranken zu bewegen. Wie machst Du das eigentlich. Ich werde es wohl nie lernen.“ Für Javorova ist klar, daß eine Frau ganz andere Möglichkeiten hat, menschliche Nähe auszudrücken, als ein Mann. Eine 74jährige Frau, die von Javorova in einem Heim seelsorgerisch bis zum Tod begleitet wurde, hat ihr Leiden dafür aufgeopfert, „daß die Frauen zum Priesteramt zugelassen werden“. Javorova: „Sie sehen also, das Gottesvolk war sehr gut informiert über die Bedürfnisse der Kirche und hat dafür auch etwas geleistet.“

Davidek hat sich an Krankenschwestern gewandt, er wollte, daß sie sich in der Sterbebegleitung engagierten. „Felix sagte, die Zeit drängt. Es war nötig, Krankenschwestern dazu auszubilden, daß sie Sterbende auf ihrem letzten Weg begleiten konnten.“ Javorova war bald in diesen Kreisen bekannt und wurde nicht selten – auch als sie einmal selbst im Krankenhaus lag – von Schwestern zu Sterbenden geholt. Heute – kritisiert Javorova – hole man wieder den Priester, den Mann, ans Bett der Sterbenden. Und wenn Krankenschwestern wieder Religionsunterricht erteilt bekämen, dann mache das wieder ein Mann. „Ich persönlich bin dafür, daß an diesen Schulen nur Frauen Religion unterrichten dürfen, weil sie dem Problem des Krankseins und Leidens näher stehen.“

Die Generalvikarin ist froh, einen wirklichen Einblick in die pastoralen Möglichkeiten der Frau, aber auch in kirchliche Leitungsfunktionen bekommen zu haben. Das hat sich insbesondere beim Visitationsgespräch mit John Bukovsky gezeigt, „an dem ich in meiner Funktion als Generalvikarin voll teilgenommen habe“. Die Frau könne auch in der Kirche eine Harmonie zwischen Emotion und Ratio bewirken. Auch in der Kirche sei es zu wenig, der Frau heute zu sagen, daß ihre Sendung nur im Familienleben besteht. „Wenn in den Gotteshäusern und Domen einmal öffentlich für jene Stellung der Frau in der Kirche gebetet wird, die ihr zukommt, dann werde ich wissen, daß wirklich die Zeit gekommen ist, die Davidek schon vorweggenommen hat. Bisher ist das noch nicht der Fall, obwohl der Heilige Geist schon in diese Richtung arbeitet.“ Es sei eine neue Welt erwacht, meint die Generalvikarin, die darauf hinweist, „daß die posttotalitäre Frau bei uns eine größere Selbständigkeit hat“. Die Generalvikarin votiert ganz offen für die Übernahme praktisch veranlagter Frauen in den Seelsorgedienst, Frauen, „die in diesen 40 Jahren Kommunismus ihre Welt, ihre Umgebung beobachtet haben und sehen, in welche Richtung die Entwicklung geht“.

Daß Frauen in der Kirche ihres Landes bisher „keinen Platz gehabt“ hätten – außer im Untergrund – hat auch die Prager katholische Aktivistin und Parlamentsabgeordnete Maria Kaplanova in einem Interview mit der „Kathpress“ (9. Juli 1991) beklagt. Für Frauen gab es kein Theologiestudium, Religionsunterricht haben sie Kindern nur geheim erteilen können. Ähnlich wie Javorova fordert Kaplanova, in deren Familie der Neffe Felix Davideks seinerzeit gelebt hat, daß die Frau in der Kirche nicht nur als Dienerin betrachtet werden dürfe. „Ich denke nicht an den Priesterberuf, weil ich weiß, daß die Kirche das nicht will. Aber mein Wunsch ist es, daß Frauen als Diakone arbeiten können. Ich meine, daß man diese Fragen in kleinen Schritten lösen kann. Man muß damit beginnen, daß die Frau mit dem Priester am Altar und bei der Entwicklung der Pfarre mitwirkt. Die allgemeine Einstellung muß sich ändern.“

Was immer Davidek getan hat, man sei sich des Risikos bewußt gewesen, bekennt Generalvikarin Javorova. „Wir würden heute gerne wissen, was der Heilige Vater dazu sagt. Aber wie sollen wir das erfahren, wenn wir nicht mit ihm in Kontakt kommen können?“ In manchen Dingen komme ihr das Verhalten der offiziellen Kirche heute so vor – Javorova meint damit in erster Linie die jetzige gesamt-tschechoslowakische Bischofskonferenz – „als ob wir ans Jahr 1948 oder 1945 wieder anschließen. Ich glaube, daß die Kirche stehengeblieben ist. Bisher hatte ich das Gefühl, mit der Kirche durch meine Mitarbeit vereint zu sein. Heute ist alles Genehmigungen und Bewilligungen unterworfen. Früher konnte ich ohne weiteres zu den Kranken gehen. Das war in unserer Kirche etabliert. Die jetzige Obrigkeit braucht dazu wohl noch Zeit. Für uns bedeutet das Warten ein Opfer, das gebe ich zu. Bischof Davidek hätte in dieser neuen Situation sofort gehandelt, wieder aus der Notwendigkeit heraus, die er gesehen hätte. Unsere Bischöfe machen das nicht.“

Die hierarchische Struktur der Kirche, die heute wieder wesentlich werde, berücksichtige Informationen nur auf hierarchischer Ebene. „Wer nicht involviert ist, wird nicht berücksichtigt. Das entspricht nicht dem Kirchenbild vom Volk Gottes, wie es das Zweite Vatikanische Konzil ausgedrückt hat.“ Zu Erzbischof Vlks Kritik an einer bestimmten Art von Untergrundkirche meint Javorova: „Ich möchte nicht gegen Erzbischof Vlk auftreten. Aber wie Vater Davidek hat 1968 niemand gewußt, wie es hier weitergehen wird, ob wir hier alle verhaftet oder nach Rußland abtransportiert werden. Deswegen hat er 1968 Bischöfe zu weihen begonnen. Und welche Priester hatten wir denn hier? Praktisch nur Friedenspriester, die mit dem Staat kollaborierten.“ Es ist eigentlich unverständlich, warum sich Vlk in dieser Weise über die Untergrundkirche geäußert hat. Ihm selbst war am 30. September 1978 vom Mittelböhmischen Kreis-National-Ausschuß die staatliche Genehmigung zur Ausübung der geistlichen Tätigkeit für den Mittelböhmischen Kreis entzogen worden. Damals hatten sich 200

Pfarrangehörige der Gemeinden Rozmital, Bohutin und Drahenice, sie gehören zur Diözese Budweis, in einem Brief an Staatspräsident Gustav Husak mit der Bitte gewandt, ihnen ihren Pfarradministrator wieder zurückzugeben. Hat Vlk als Erzbischof von Prag diese Situation schon vergessen?

Wenn die Kirche – so die Generalvikarin – die Priester im Untergrund, darunter die vielen verheirateten, nicht anerkennt, bedeutete das „einen großen Verlust physischer und psychischer Kräfte für die Kirche". Hinsichtlich der verheirateten Priester meint sie, daß diese genauso gut arbeiten könnten wie zölibatäre. „Ein verheirateter Priester hat es sogar leichter, Kontakte zu knüpfen, weil seine Lebensweise viel unmittelbarer ist." Davidek hat nach ihrer Aussage den Zölibat „immer geachtet" und war auch von der Wichtigkeit des Zölibats „als freiwilliges Zeichen" überzeugt. „Aber weil die Notwendigkeit bestand, hat er gegen dieses Kirchengesetz verstoßen und Verheiratete zu Priestern geweiht." Diese Antwort klingt ursprünglicher und überzeugender als jene schon ein bißchen dem kirchenrechtlichen Denken angepaßten und offenbar zurechtgelegten Aussagen über den angeblich von Rom erlaubten „Bi-Ritualismus" der verheirateten Priester. Obwohl es sehr wahrscheinlich ist, daß Davidek und seine Freunde aus der unierten Untergrundkirche sich dieses rechtlichen Tricks bedient haben, um eine große Anzahl von Priestern rekrutieren zu können. Javorova: „Die Kirche brauchte damals solche Männer. Man mußte neue Traditionen entwickeln, nicht nur alte übernehmen, sonst würde die Kirche ja stagnieren. Und wenn diese Notwendigkeit damals bestand, dann konnte man sie als Zeichen der Zeit, gewissermaßen als Wink deuten."

Die Kirche wurde gerettet

Davidek war eine starke Persönlichkeit, behaupten viele. Einige nennen ihn „exaltiert". Manche halten ihn schlicht für „verrückt". Javorova ist sich nicht im klaren, woher diese Qualifizierungen kommen. Sie fragt bloß: „Mache ich den Eindruck, als ob ich mit einem Verrückten hätte arbeiten können?" Aufgrund von negativen Andeutungen, die die Prager Parlamentsabgeordnete Maria Kaplanova über Davidek machte, glaubt Javorova einem Irrtum in der Person auf die Spur gekommen zu sein. Der junge Felix Davidek, der Neffe des Geheimbischofs, der bei der Familie Kaplan in Prag gewohnt hat, habe Anzeichen von Schizophrenie erkennen lassen, weswegen er von seinem Onkel auch therapeutisch behandelt worden sei. Bischof Davidek habe verhindert, daß sein Neffe ins Zentralseminar von Leitmeritz eintritt – deswegen ist es auch zu den bekannten Differenzen in der Familie Davidek gekommen. Silvo Krcmery aus Bratislava hingegen bezeichnet die Gedichte Davideks als „pathologisch". Er verweist auf ein Poem auf der Parte von Davideks Bruder, der als Archäologe bei Ausgrabungen im Jahre 1971 verschüttet worden war. Das darin spürbare Pathos Bischof Davideks ist für Krcmery ein Hinweis auf einen „gestörten Geist".

Für Javorova hingegen hat Davidek die Kirche in der Tschechoslowakei gerettet und auch Fragen der Zukunft der Kirche gelöst, weswegen man ihn heiligsprechen sollte. Aber es wird auch behauptet, daß Davidek gewisse Suggestivkräfte einsetzte, um Menschen für sich zu gewinnen, um sie zum bischöflichen Dienst heranzuziehen. Dies hat beispielsweise der von Davidek geweihte Geheimbischof Jan Jiri Pojar ausgesagt. Damit wäre dessen Weihe nicht nur illegal, sondern auch ungültig. Pojar ist übrigens 1970 emigriert und lebt heute verheiratet in Zürich. „Felix war eine starke Persönlichkeit", streicht Javorova heraus, die sich überrascht zeigt, daß Pojar so etwas sagen konnte. Unter Druck hätte Davidek nie jemanden geweiht. „Bei den Weihen war doch immer ein Zeuge zugegen. Und bei einer solchen Behauptung muß der Zeuge sprechen. Ich selbst war bei der Weihe Jan Jiri Pojars dabei. Das war im Jahre 1968 in der Wohnung meiner Eltern. Und es gab dabei keinen Druck. Die Konsekration fand zwei oder drei Tage nach dem Einmarsch der Warschauer Pakt-Truppen statt. Pojar erhielt eine Weihe unter einer bestimmten Bedingung (sub conditione) – er sollte nie als Bischof fungieren, außer, wenn er interniert werden sollte. Davidek hat drei Männer unter solchen Bedingungen zu Bischöfen geweiht, von denen einer bereits gestorben ist."

Die Äußerungen Pojars bewertet Javorova als Selbstverteidigung, weil er geheiratet hat. Das ist für sie „psychologisch verständlich". „Jiri ging in die Emigration und hat heute schon einen großen Abstand zu diesen Dingen. Die Zeit verwischt viele Sachen. Vielleicht hat er schon seine frühere Klarheit verloren. Die Erlebnisse in einem anderen Land bedeuten offenbar einen Verlust an Sensibilität."

Für Davidek stellte sich die Situation nach der Okkupation 1968 als höchst ernst dar. Und mit dem, was er in den Tagen um den 20. August 1968 gemacht hat, stand er immer mit einem Fuß im Gefängnis. Wie Davidek die Leute ausgewählt hat, die er zu Bischöfen weihte, welche Kriterien er angewendet hat, wie die Vorbereitungszeit ablief, daß er nicht in wenigen Augenblicken irgendwelchen Kandidaten zur Weihe seine Hände auflegte, das hat nur ein innerster Kern – dazu gehörte seit 1980 Javorovas Bruder, der verheiratete Geheimpriester Josef Javora, Ludmila Javorova selbst und Geheimbischof Jiri Krpalek, der heute in Brünn bei seiner alten Mutter lebt.

Onime arij askapoj el funibo ofira entelibe fax.
Akte rut file file suno trum . . .

A kdyby má řeč padla na skálu, i kamením
k tobě pronikne, Bože, neboť je to přece tvé kamení,
a tak aspoň ty mi porozumíš . . .!

Kabano seteke, ero, ero, glir peroset tram bet . . .

Buď tiše, cítíš, vane to sem z ráje a ani nevíš,
jak jsem rád . . .

Urit dy unika frujs snimji asreteke dekurt
pra dekurtero . . .

Osudem člověka je být sám, ale čím víc samoty pociťuješ,
tím víc umenšuješ samotu druhých,
neboť ona je jen chlebem nevykvašeným.
Avšak teprve na součtu takto umenšených samot může
být stvořen lidský svět . . .

Uredka skoj alemananaje . . .

Pamatuj na tu lásku, ku které se neprohovoříš . . .

Tobě už patří
JINAK
Hvězda, Skála, Sůl
Slavností ODCHÁZENÍ . . .
mocněji a silněji:
jako když hloubíš důl:
a náhle:
NEJSI V ZEMI . . .
ZDE HLÍNA ZMIZELA.
Jsi zase DÁL.
Už natrvalo JINAK
tvaruješ Svoji Tvář
a tam,
kde včera byla hlína,
kde ještě dneska byla hlína,
dosud jen stále zraňující
každý krok
a v každém kroku
pod petlicí,
teď jiné HLÍNĚ Tvář Svou vtiskuješ:
Tvaruješ naši noc
(Tvář Svou vtiskuješ)
a v hlínách času čas
zakrněle dlící,
když právě TEĎ z něj odkapává lež . . .

Davideks Gedicht auf der Parte für seinen Bruder, Ausfluß eines „gestörten Geistes“?

Übersetzung der Parte-Texte für Felix Davideks verunglückten Bruder Leo und dessen Freund Antonin Bucka:

1. Selbst wenn meine Rede auf Felsen fällt, auch durch die Steine hindurch dringt sie zu Dir, o Gott, denn das ist auch Dein Felsen. Und so wirst Du mich verstehen

Sei still, du fühlst, wie der Herr vom Paradies her weht, und du weißt nicht, wie lieb ich dich hatte

Das Schicksal des Menschen ist Einsamkeit, aber je mehr du diese Einsamkeit fühlst, umso geringer machst du die Einsamkeit der anderen
Denn Einsamkeit ist ungesäuertes Brot
Erst nach der Addition vieler kleiner Einsamkeiten kann man eine menschliche Welt schaffen

Merke auf diese Liebe, zu der du nicht hindurchsprechen kannst

2. Dir gehört anderes schon
Die Sterne, Felsen und Salz
Kräfte und Stärke
so wie wenn du tief in den Berg hineingräbst
und auf einmal nicht mehr in der Erde bist
Hier ist der Lehm verschwunden
Und du bist wieder weit weg und jetzt
auf ewig anders
Du formst dein Gesicht
dort, wo gestern Lehm war
wo heute noch Lehm war ...
Jetzt drückst du dein Gesicht in
einen anderen Lehm
Du formst unsere Nacht
und drückst unser Gesicht
in der Zeiten Lehm
und darin verkümmert das Seiende
wenn von der Zeit endlich
die Lüge abtropft

Jiri Krpalek ist heute bischöfliches Oberhaupt der eigentlichen Davidek-Kirche. Er hat in jener Zeit, als Davidek schon krank war, von 1983 bis 1988, die meisten Weihen gespendet – und zwar immer in einem Team. Davidek war über alle Vorgänge informiert. Krpalek stammt aus einer Professorenfamilie, war selbst Arbeiter, besonders guten Zugang hatte er zu kranken Menschen. Gestorben sind aus der Reihe der Davidek-Bischöfe – wie schon einmal erwähnt – Jindrik Pesek, der mit Davideks Vater sehr gut befreundet war, und Václav Razik, dessen Bruder – ein Gegner Davideks – als Rechtsanwalt in Brünn lebt.

Zu den toten Geheimbischöfen ist im Sommer 1991 der Jesuit Oskar Formanek (76) hinzugekommen; er ist an multipler Sklerose gestorben. Formanek, dessen Prozeß 1980 wegen angeblicher „Verbrechen gegen den Staat", das heißt Verletzung des „Gesetzes zur Überwachung des Staates über die Tätigkeit der Kirchen" (er hatte in Anwesenheit einiger Freunde geheim die Messe zelebriert), weltweit Aufsehen erregte, war bis zu seinem Lebensende einer breiteren Öffentlichkeit nicht als Geheimbischof bekannt. Formanek ist der klassische Fall für den kommunistischen Vorwurf der „Katakombentätigkeit" an jene Kirche, die sich im Untergrund weitgehend der staatlichen Kontrolle entzogen hatte und immer wieder zu entziehen trachtete. Nach einem Schauprozeß wurde Formanek, der in der ostslowakischen Stadt Presov wirkte, am 26. Juni 1980 zu einer bedingten Haftstrafe von 18 Monaten – ausgesetzt für vier Jahre – verurteilt. Formanek war zu der Zeit gesundheitlich – Diabetes und Bluthochdruck – schon ziemlich am Ende. Aus gesundheitlichen Gründen mußte der Prozeß gegen Geheimbischof Formanek ab Februar 1980 fünfmal vertagt werden. Bei diesem Gerichtsverfahren, gegen das das Jesuitengeneralat in Rom in ungewöhnlich scharfer Form bei der CSSR-Regierung protestierte, hatte ein katholischer Pfarrer namens Lesnik gegen Formanek ausgesagt. Lesnik hatte 1979 Kirchengelder unterschlagen und war aus diesem Grunde für den Geheimdienst erpreßbar geworden. Lesnik sagte aus, mit welchen Priestern Formanek Kontakt hatte und wer an seinen Messen sowie Untergrundseminaren teilgenommen hatte.

Wie einst Formanek lebt auch Geheimbischof Eugen Kocis in Presov. Das signalisiert die Nähe der seinerzeitigen Davidek-Untergrundkirchen zu den Unierten. Kocis hat in der Nähe von Brünn in den dortigen Steinbrüchen gearbeitet. Generalvikarin Javorova weiß, daß auch er lange Zeit inhaftiert war. Sie nennt Kocis einen „Osttypen", der emotional sehr sensibel sei. Davidek habe solche Personen immer geschont, keinem überflüssigen Arbeitsdruck ausgesetzt. „Wir waren bestens informiert und wußten, von wem man was verlangen konnte."

Geheimbischof Dusan Spinner, mit dem Davidek 1982 auf einer offiziellen Touristenreise mit Cedok in einem seiner Lieblingsländer – nämlich Japan – war, ist heute als Pfarrer in Stara Lubovna in der Slowakei tätig. Silvo Krcmery, der seine Abneigung gegen die Davidek-Gefolgschaft nicht verhehlen kann, nennt ihn einen schweren Psychopathen. Vor Jahren – so Krcmery – habe Spinner auf einer Reise in die Sowjetunion drei Geheimbischöfe geweiht, die sofort enttarnt und festgenommen worden sind.

Generalvikarin Lida Javorova ist erstaunt, daß mir so viele Geheimbischöfe namentlich bekannt sind. Konkrete Informationen über weitere Geheimbischöfe will sie nicht mehr geben. Aus ihren Worten wird klar, daß die Zahl der Geheimbischöfe weit höher ist, als allgemein angenommen. Jan Blaha hat mir gegenüber von „etwa 20“ gesprochen, damit konnte er – wenn man bedenkt, daß er an der Peripherie des Davidek-Kreises stand, wie Javorova versichert – nur die erste Garnitur vom August 1968 gemeint haben. Wieviele Bischöfe danach im Untergrund noch geweiht wurden, vermag momentan niemand zu sagen. Manche von ihnen betreiben, wie auch viele Geheimpriester, gar nicht ihre Anerkennung, sodaß sie in den von den Diözesanbischöfen angelegten Listen gar nicht aufscheinen. Aber die von mir genannte Zahl von 40 Geheimbischöfen in der Tschechoslowakei erweist sich als sehr wahrscheinlich.

Über Davideks politische Ansichten weiß Javorova wenig. Sie hat nur mitbekommen, daß der Geheimbischof eine religiöse Erneuerung der Gesellschaft im Auge hatte, daß er in einem strategischen Programm auf jene Entwicklung hinarbeitete, die der Brünner katholische Aktivist Augustin Navratil mit seinem Forderungskatalog von 31 Punkten zur vollen Religionsfreiheit in der damaligen CSSR sofort erreichen wollte. Übrigens wurde Navratil vom ehemaligen CSSR-„Religionsminister“ Ing. Vladimir Janku als ein „Verrückter“ dargestellt. Das war überhaupt eine beliebte Vorgangsweise des kommunistischen Regimes, um mit der Untergrundkirche fertig zu werden. Das „Divide et impera“ beherrschten Janku und Genossen vorzüglich. Ihre Strategie im Mai 1988, den Gläubigen einzuhämmern, daß sich sogar der Vatikan von den „illegalen Aktivitäten“ Navratils, Carnogurskys und Mikloskos (in der Slowakei) distanziere, verfing angesichts von 600.000 Unterschriften unter dem Forderungskatalog zwar nicht mehr, trug aber doch zu einer erneuten Verunsicherung bei, zumal der damals mit der Prager Regierung wieder um die Besetzung der Bischofsstühle „feilschende“ Vatikan nicht klar genug die Bemühungen des Volkes Gottes in der CSSR unterstützte. „Geheimbischof“ Korec sah sich damals in einem ORF-Interview veranlaßt, die geheimen Aktivitäten der Gläubigen zwar zu verteidigen, dann aber doch darauf hinzuweisen, daß diese keine gegen den Staat gerichteten Tätigkeiten seien; man wolle nur „mehr Freiheit mit mehr Entfaltungsmöglichkeiten für die Kirche“.

Davidek, der gegen jeden Kompromiß mit dem kommunistischen Regime auftrat, war auch bewußt, daß sich solche Radikalforderungen – wie volle Religionsfreiheit – unter dieser Regierung nicht verwirklichen ließen. Er praktizierte dies ja im Untergrund. Und mit seiner „Märzanalyse“ 1988 zeigte er den weiteren Weg dafür auf. Es ging für ihn ja nicht um Zugeständnisse seitens der Kommunisten, sondern um die Verwirklichung eines Rechtes der Kirche, das niemand gewähren kann. Javorova: „Als wir Navratils Forderungen unterschrieben, war uns bewußt, daß es unmöglich ist, unter bestehenden Vehältnissen diese durchzudrücken. Unsere Ansicht war, taktisch vorzugehen, dabei die Gesamtstrategie nie aus den Augen zu lassen, jeder erfüllten Forderung eine neue nachzuschieben.“

Als Davidek diese „Märzanalyse“ mit Miroslav Richter und anderen schrieb, aus der – wie wir gehört haben – dann Kardinal Tomasek zitierte, war er bereits vom Tode gezeichnet. 1982 war er mit Geheimbischof Dusan Spinner noch auf großer Reise in Japan. Seit seinem Sturz von der Treppe im Elternhaus in Chrlice im Jahre 1983 hatte er sich aber nie mehr richtig erholt. Durch seine TBC ohnehin körperlich extrem geschwächt, schuf ihm dieser Sturz ein Leiden bis zum Tode. Javorova pflegte Davidek aufopferungsvoll nach jener Kopfoperation, die der Geheimbischof bei vollem Bewußtsein von mit ihm befreundeten Ärzten zu Hause vornehmen ließ; die eigene Familie hatte wenig Zugang zu Davidek.

Zu den Ärzten im Spital hatte Davidek kein Vertrauen, er wehrte sich mit Händen und Füßen, in ein Krankenhaus eingeliefert zu werden. Er forderte Javorova auf, seine Freunde ans Krankenbett zu holen, mit denen er dann die Kopfoperation besprach. „Diese Operation ist im großen und ganzen gut verlaufen“, erzählt die Generalvikarin, „aber fragen Sie nicht wie. Das ganze Zimmer war voll Blut. Danach konnte er praktisch nicht mehr aufstehen, die Rekonvaleszenz dauerte sehr lange. Ich mußte ihn sogar gehen lehren. Er konnte anfangs nicht einmal seine Hände bewegen, ich pflegte ihn wie ein Kind.“ Als Davidek sich soweit erholt hatte, daß er wieder aufstehen konnte, erlitt er einen zweiten Unfall. Er stürzte auf einen Elektrokocher und sein Nachthemd fing zu brennen an. „Als ich am Abend zu ihm gekommen bin, fand ich ein furchtbares Elend vor. Davidek war am ganzen Körper mit Brandblasen bedeckt, er hat mir nie genau erzählt, wie ihm das passiert ist.“

Gestorben ist Geheimbischof Davidek nach einem Herzanfall am 18. August 1988 in einem Brünner Krankenhaus, in das ihn Javorova hatte bringen lassen. Sie selbst hat den Toten in der Leichenhalle des Spitals mit seinen priesterlichen Gewändern bekleidet und ihm seine Lieblingsblume, eine Orchidee, in die Hände gelegt. „Seine Größe sehe ich darin“ – so Javorova – ,„daß er, wo er eine Wunde im Leib der Kirche sah, sie heilen wollte. Dabei war er ständig auf die Zukunft ausgerichtet, nicht nur gegenwartsbezogen."

Politischer Kopf Davidek

Der wie Davidek aus Chrlice stammende, heute in Innsbruck lebende Jesuitenpater Vladimir Richter – er ist Ordinarius für Philosophie an der Theologischen Fakultät der Universität Innsbruck – gehört zu jenen drei Leuten, denen im Jahr 1950 unter Führung von Kaplan Felix Davidek die Flucht nach Österreich geglückt ist. Bei Breclav (Lundenburg) hat man sich damals in zwei Gruppen getrennt. In Wien wollte man sich bei einem bestimmten Punkt wiedersehen. Davidek und seine Gruppe war jedoch verraten und verhaftet worden. Ein Wiedersehen sollte es erst nach Jahrzehnten geben.

Richter kennt Davidek seit seiner Kindheit. Er war Mitglied jenes Kreises von Jugendlichen, die Davidek in Horny Stepanov um sich versammelt hatte und die er religiös und theologisch schulte. Richter konstatiert: „Ich verdanke Davidek alles." Vladimir Richter war besonders gut mit Felix Davideks Bruder Leo, dem Archäologen, befreundet, dessen Jahrgangskollege er war und dem er im Gymnasium auch Nachhilfestunden gegeben hat. Den Geheimbischof schildert Richter – übereinstimmend mit allen anderen, die ihn gekannt haben – als „vielseitig begabt und an allem interessiert". Davidek beschäftigte sich viel mit chinesischer, afrikanischer und südamerikanischer Kultur.

Chrlice ist so etwas wie eine Hochburg für kirchliche Berufungen in Mähren. Nicht nur Vladimir Richter, auch sein Bruder Stanislav hat den geistlichen Beruf ergriffen; Stanislav ist in den Jesuitenorden eingetreten. Damit haben die Familien Davidek, Richter und Javora – die miteinander befreundet waren – der Kirche einige Priester geschenkt, zudem machten diese Familien den Grundstock der Davidek-Geheimkirche aus.

Vladimir Richter bezeichnet Felix Davidek als einen „hochpolitischen Kopf". Schon während seiner Gymnasialzeit, deren Ende in die Jahre der Nazi-Okkupation fiel, und besonders nach der Matura im Jahre 1940 hat sich Davidek mit Nachkriegsperspektiven auseinandergesetzt. Gegenüber den tschechischen Politikern Jan Sramek, Ministerpräsident der Londoner Exilregierung, nach 1945 stellvertretender Ministerpräsident, und Eduard Benesch, Präsident im Exil und Staatspräsident der Nachkriegs-Tschechoslowakei bis zur kommunistischen Machtergreifung 1948, war Davidek sehr kritisch eingestellt. Davidek hatte nach den Worten Richters bereits als Student einen „guten politischen Überblick". Sein Interesse galt auch der

Josef Nádenicek (li.), Felix Davidek (re.), Stanislav Richter, Vladimir Richter

Literatur, Jakub Deml war einer seiner Lieblingsautoren. Knapp vor der Priesterweihe 1945 hat Davidek eine Kreuzwegandacht verfaßt – bereits unter dem Pseudonym „Václav Ara“. Diesen Kreuzweg hat er hektographiert als kleines Büchlein herausgegeben.

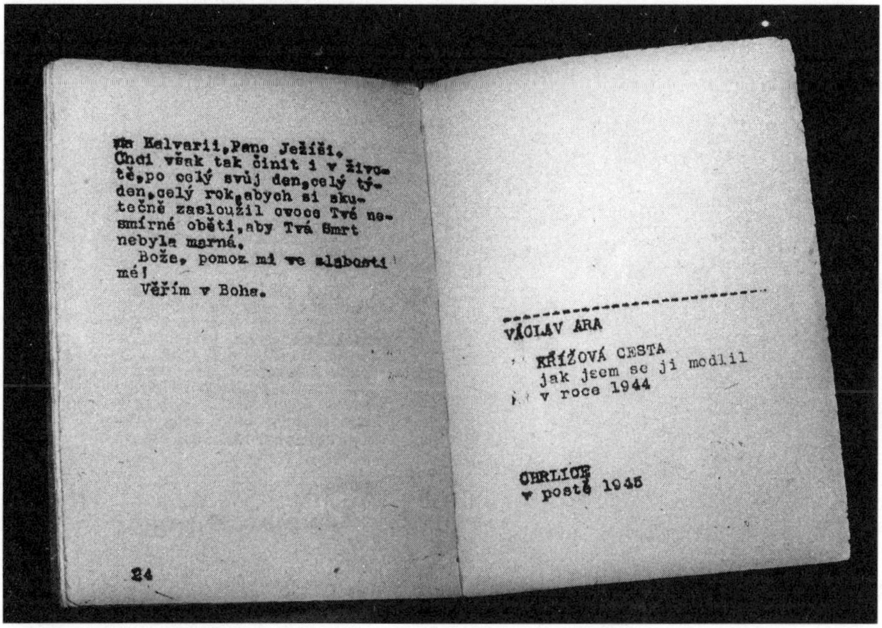

Davideks Kreuzweg 1945

Richter, der 1944 in Brünn maturierte, war bis 1. April 1945, als bereits die Russen kamen, auf Arbeitseinsatz auf den von den Nazis konfiszierten Gütern der Brünner Bischöfe. Er studierte dann in Brünn Mathematik und ab 1947 – mit Erlaubnis von Bischof Skoupy außerhalb des Seminars – Theologie. Gleichzeitig war er Assistent an der Naturwissenschaftlichen Fakultät in Brünn und schloß 1948 das Studium mit dem Lehramt in Mathematik und Physik ab. 1949 promovierte Richter in Mathematik und trat dann in den dritten Jahrgang des Brünner Priesterseminars ein. Ursprünglich wollte er Jesuit werden, aber sein Bruder war bereits zu den Jesuiten gegangen, und er glaubte, zwei Söhne einer Familie seien zuviel bei den Jesuiten. Davidek war zu dieser Zeit bereits geistig-geistlicher Führer von Vladimir Richter. „Er war Kaplan in Horny Stepanov bei Boskovice. Nach dem kommunistischen Putsch hat er dort für etwa 20 Studenten, denen die Kommunisten das Studium unmöglich gemacht hatten, eine Art

Der junge Davidek

Untergrundausbildung eingerichtet." Richter war an diesem „Untergrundgymnasium" für Mathematik und Physik zuständig. Jedes Wochenende fuhr der Mathematiker von Brünn aus nach Horny Stepanov, um dort Davideks Schützlinge zu betreuen. „Darunter waren glänzende Leute", sagt Richter. Zwei von diesen sind mit Richter 1950 geflüchtet: einer war ebenfalls Jesuit, hat aber sein Priesteramt niedergelegt und ist nach Toronto gegangen. Der zweite lebt heute in Innsbruck. Das war jener Mann, der Davidek nach dessen erster Verhaftung zur Flucht aus dem Gefängnis verholfen hat. Die jungen Leute aus dem Untergrund haben sich nach ihrer Ausbildung im Untergrund entweder in Mährisch-Trebau bei Professoren gemeldet, die nach dem Kommunistenputsch ans dortige Gymnasium versetzt worden waren, oder in Brünn am 1. Realgymnasium, an dem sich mit dem Davidek-Kreis eng befreundete Professoren befanden. Dort konnten sie als Externe offiziell die Matura ablegen. Die meisten sind dann an die Universitäten gegangen, viele haben versucht, Theologie zu studieren, zehn von ihnen sind dafür verhaftet worden.

Im Frühjahr 1950, etwa um Ostern, entschloß sich Davidek, ins Exil zu gehen. Der Druck auf den Priester war immer stärker geworden. Ein Bekannter des jungen Priesters bot sich an, die Flucht zu organisieren; das Ganze entpuppte sich aber als gezinkte Angelegenheit und endete bei der Polizei. Davidek war nach der kommunistischen Machtergreifung von Bischof Skoupy in die Gegend von Mährisch-Krumau versetzt worden, hat aber sein Untergrundgymnasium in Horny Stepanov nie aufgegeben; in seiner Freizeit war er immer bei seinen Studenten. Das paßte den kommunistischen Behörden nicht, man wartete nur auf eine Möglichkeit, Davideks habhaft zu werden. Am Bahnhof Zebetov wurde er mit einigen Studenten wegen seines offenen Kampfes gegen die Kommunisten verhaftet und nach Boskovice zum Verhör vor die Geheimpolizei gebracht. Davidek ist in seinen damaligen Predigten ganz offen gegen den Kommunismus aufgetreten.

Richter selbst wurde 1976 anläßlich eines Besuches bei seiner Mutter in Boskovice in Sachen Davidek verhört; der StB wollte wissen, wer Davidek eigentlich zum Bischof geweiht habe. Richter: „Bis 1990 wurde ich von Spitzeln beobachtet. Wenn ich aus der Tschechoslowakei wieder nach Innsbruck kam, gab es mysteriöse Anrufe aus Wien; immer wollte man etwas über meine Kontakte in der damaligen CSSR wissen."

Aus dem Gefängnis in Boskovice gelang Davidek mit Hilfe eines Studenten die Flucht. Das geschah während eines Gewitters im Juni 1950 und war kurz nach der Verhaftung Davideks. Sein Freund hat ihn durch ein kleines Fenster der Toilette in den Hof hinunter gelassen und dann die Wächter solange abgelenkt, daß Davidek entkommen konnte. Er tauchte dann unter

Vladimir Richter seinerzeit mit Felix Davidek auf der Flucht

und hat über die Tochter einer befreundeten Familie in Horny Stepanov, seine Schülerin Vlasta Cesna-Prikrilova, die heute in Brünn lebt und mit der Davidek eng befreundet war, Kontakte zu seinen Studenten im Untergrund aufgenommen. Vlasta Prikrilova und weitere zehn Studenten aus dieser Gegend planten dann mit Davidek ihre Flucht nach Österreich, die allerdings – „auf einem todsicheren Weg", wie ihnen der Fluchthelfer, ein Polizeispitzel, versichert hatte – irgendwo bei Breclav mit der zweiten Verhaftung endete. Davidek hatte den Plan, über Wien nach Südamerika auszuwandern, um dort als Missionar zu wirken.

Nach seiner Verurteilung zu 25 Jahren Gefängnis durchwanderte Davidek mehrere Arbeitslager und Gefängnisse; wie viele Priester mußte er auch lange Zeit im Uranerzabbau in Jachymov arbeiten. Richter, der mit seiner kleinen Gruppe glücklich in Wien gelandet war, wartete lange beim verabredeten Treffpunkt, sprach auch im erzbischöflichen Ordinariat vor, ob man etwas von Tschechenflüchtlingen wüßte, doch es gab keine Nachricht. Er ging dann weiter nach Salzburg, wo ihm ein tschechischer Priester im Exil nach Innsbruck weiterhalf. Erst dort erhielt er die traurige Gewißheit, daß Davidek die Flucht nicht geglückt war. In Innsbruck trat Richter dann ins Noviziat der Jesuiten ein.

1966 durfte der Jesuit erstmals in die Tschechoslowakei zurück. 1967 gab es dann das erste Wiedersehen mit Davidek. Zu der Zeit war dieser schon Bischof. Richter traf zufällig am Bahnhof von Brünn mit Davidek zusammen. Davideks Gefängniszeit lag noch nicht allzu lange zurück, der Geheimbischof hatte schon mit dem Sammeln von Intellektuellen, vom Staat behinderten Theologen, Priestern und einigen hundert Studenten begonnen, die zwar in den fünfziger Jahren Priester werden wollten, aber auf Anraten der Bischöfe nicht in die Zentralseminare eingetreten waren. „Der einzige, der sich ihrer angenommen hat, war Vater Felix. Und das ist ein großes Verdienst von ihm. Viele von ihnen standen bereits im Beruf – Davidek hat sie nach einer theologischen Ausbildung zu Priestern geweiht." Pater Richter unterstützte das Ansuchen eines von Davidek geweihten Priesters namens Sik in Rom, als Priester anerkannt zu werden. Bis September 1991 hatte Rom allerdings noch nicht entschieden.

„Javorova hat auf alles verzichtet"

„Ein anderes Problem sind die verheirateten Priester, die Davidek unter Heranziehung des Ostritus der Unierten geweiht hat. Die sind selbstverständlich keine Orientalen im eigentlichen Sinn, Bischof Jan Hirka von Presov zögert, diese Leute in seiner griechisch-katholischen Kirche zu integrieren", berichtet Richter. Der Philosoph beklagt in diesem Zusammenhang die Tatsache, daß jene Priester, die sich zu einer Zusammenarbeit mit den kommunistischen Behörden bereit erklärt hatten, heute nach wie vor auf guten Posten sitzen; Präsident Václav Havel halte schützend seine Hand über sie, damit es zu keiner Hexenjagd kommt, behauptet Richter, der das als positiv einschätzt. Aber auf der anderen Seite gehe es nicht an, die Untergrundpriester verkommen zu lassen. „Nur zu sagen, wir ziehen jetzt die Laien heran, wie ein gewisser Erzbischof vor kurzem verlauten ließ (Richter meint hier den Prager Oberhirten Vlk, Anm.d.Verf.), das ist zu kurzsichtig, das ist keine Lösung. Die Laien dürfen nicht Beichte hören, sie dürfen nicht Messe lesen. Aber hier haben wir ein geistliches Potential, ich schätze die Zahl auf mehrere hundert, die sogar zölibatär leben, die man in den kirchlichen Dienst integrieren könnte. Und die Nichtzölibatären könnte man zumindest als Diakone verwenden. Ich will Rom keine Vorschriften machen, ich weiß, daß Rom diesbezüglich sehr streng ist, weil es eine Aufweichung des Zölibats befürchtet." Rom hat nach Ansicht Richters Davidek „die Sache mit der Generalvikarin Javorova sehr verübelt". Offiziell hatte Davidek sie als Generalvikarin bestellt, bestätigt Richter, der allerdings diese Funktion ein bißchen herunterspielt. „Javorova hat jetzt auf alle Ansprüche verzichtet", berichtet Richter, der sie im September 1991 noch besucht hat, „daher gehören alle diese Angelegenheiten vom Tisch, man sollte an das geistige Potential denken, das es in Böhmen, Mähren und in der Slowakei gibt. Dieses ließe sich leicht in die Kirche integrieren, wenn man die Weihen nicht anzweifelte."

Noch zweimal sollte Richter mit seinem Freund und Lehrer Davidek zusammentreffen. In gegenseitigem Einvernehmen, aus Gründen der Vorsicht hat man dann allerdings die Kontakte abgebrochen. Richter hatte jedoch immer Verbindung zu anderen Leuten aus Davideks Kreis. Der Philosophieprofessor war auch nicht immer mit allem einverstanden, was Davidek im Untergrund machte: „Ich habe aber seine Tätigkeit immer mit großem Respekt verfolgt und geschätzt." Richter liegt die kirchliche „Rehabilitierung" Davideks sehr am Herzen. Es müsse klar sein, daß die Untergrundkirchen aufgrund der „mexikanischen Fakultäten", das heißt also jenen Spezialerlaubnissen für Ortskirchen, die keinen Kontakt mehr zu Rom haben können, entstanden seien. Dabei haben die Jesuiten eine Hauptrolle gespielt – allen voran Paul Hnilica und Peter Dubovsky. „Andere amtsbehinderte Priester oder Geheimbischöfe haben im Untergrund nicht viel gemacht", betont der Innsbrucker Philosophieprofessor und verweist auf Erzbischof Vlk, der in Leitmeritz studiert, dann Fenster geputzt habe. „Der hat doch kein Risiko auf sich genommen. Davidek hat hunderte Menschen zu Priester geweiht – und jetzt kommt Vlk daher und redet von Laien, die man erst für den kirchlichen Dienst finden und ausbilden muß. Mit sinnlosen psychologistischen Argumenten versucht man Davideks Kirche fertig zu machen." Würde man diesen Psychologismus auf die Kirchengeschichte anwenden, müßte man die meisten kirchlichen Handlungen in Frage stellen und wüßte gar nicht mehr, was überhaupt gültig ist, meint Richter. „Was Davidek gegen den Willen Roms gemacht hat", betont Richter, „wird sicher nicht als allgemein gültige Regelung vom Vatikan anerkannt werden, das ist gar nicht das Problem, das geschah in einer Ausnahmesituation. Aber deswegen darf man doch die Gültigkeit der von ihm und anderen Geheimbischöfen vorgenommenen Priesterweihen nicht anzweifeln."

Zu den sogenannten „sub conditione"-Weihen, die bis jetzt in Fällen durchgeführt wurden, bei denen sich die Priesterweihe nicht zweifelsfrei nachweisen ließ, bemerkt Richter, daß Rom diese jetzt nicht mehr wünsche. 1968, als zehn Jesuiten aus der Tschechoslowakei, einige davon von Davidek geweiht, nach Österreich geflüchtet und nach Innsbruck gekommen waren, sei eine Weihe „sub conditione" an der Tagesordnung gewesen: Bischof Rusch hat das „in aller Stille" vorgenommen.

Davidek hat im Untergrund mit den geheimen Oberen der verbotenen Ordensgemeinschaften zusammengearbeitet und auf deren Vorschläge hin geeignete Kandidaten zu Priestern geweiht, andere hat er zu Weltpriestern ordiniert, die zur Tarnung einen zivilen Beruf erfüllten. Während die geheimen Ordensleute über ihre Sozietäten nach dem Fall des Kommunismus sofort in die kirchliche Gemeinschaft integriert wurden, wird dies den Weltpriestern noch immer unmöglich gemacht.

SLOWAKEI

Zwei Frauen haben Gewissensbisse

Als der von 1951 bis zu seinem Tode 1962 konfinierte Bischof Josef Carsky von Kosice (Kaschau) in der Ostslowakei 1954 seinem Generalvikar Onderko, der ab 1962 als Kapitelvikar die verwaiste Diözese verwaltete und sich besonders stark bei „Pacem in terris“ engagierte, dieses Amt anvertraute, meinte er: „Möge uns einmal der Herr nicht richten, mich, daß ich Ihnen dieses Amt anvertraut habe, und Sie, daß Sie es angenommen haben.“ Damit ist die kirchliche Situation in der Slowakei, jenem Land, das einmal von Hitlers Gnaden unter dem nationalistisch gesinnten Prälaten Jozef Tiso eine kurze, unrühmliche Unabhängigkeit erlebt hatte, für die Jahre nach 1950 bestens beschrieben. Mit einem Schlag waren die meisten der sechs lateinischen Diözesen und das eine griechisch-katholische Bistum ohne Bischof, die Kommunisten setzten auf Kollaborateure und fanden sie auch ohne große Anstrengungen. Was diese bewogen hat, mit den erklärten Feinden von Kirche und Religion zusammenzuarbeiten, wäre ein eigenes Kapitel. Noch liegt ein Mantel des Schweigens über den willigen Priestern, die bereit waren, dem kommunistischen Staat ihre Reverenz zu erweisen und aus den Händen der Kommunisten einen kirchlichen Posten zu empfangen, mit dem sie eigentlich nichts anfangen konnten und durften, als hin und wieder öffentlich die Bereitschaft „der Kirche“ zu erklären, am Aufbau des Sozialismus mitzuarbeiten. In Trnava/Tyrnau verwaltete Bischof Ambros Lazik von 1949 bis 1969 relativ frei seine Diözese, danach war Julius Gabris von 1973 bis 1987 Apostolischer Administrator der 1978 gegründeten Erzdiözese. Ján Sokol, der nach anfänglichem Widerstand der Behörden 1988 als Apostolischer Administrator akzeptiert wurde, wurde 1989 dann der erste Erzbischof von Tyrnau. In Nitra/Neutra wirkte vor Kardinal Ján Korec der in seinem bischöflichem Wirkungsbereich äußerst eingeschränkte Josef Pasztor. In der Diözese Zips regierte der bis 1982 in „Pacem in terris“ tätige Ordinarius ohne Bischofsweihe Garaj. Er war Nachfolger von Bischof Ján Vojtassáks, der, 1951 zu 25 Jahren Gefängnis verurteilt, 1962 aus der Haft entlassen, aber weiter in Konfinierung gehalten wurde. Erst nach 25 Jahren erhielt die Diözese Zips mit Frantisek Tondra, dem auch ein Naheverhältnis zum kommunistischen Staat nachgesagt wird, einen neuen Bischof. Roznava/Rosenau hat 1990, nach 18 Jahren, in Eduard Kojnok wieder einen neuen Bischof erhalten. Die Diözese war nach dem Tode des „Pacem in terris“-Geistlichen Belák 1986 unbesetzt. Kosice/ Kaschau hat überhaupt erst nach 39 Jahren in Alois Tkáz einen von Rom ernannten Diözesanbischof bekommen. Am schlimmsten haben die Kommunisten, wie überall in Osteuropa, wo es sie gibt, den Unierten mitgespielt. Das griechisch-unierte Bistum Presov war von 1950 bis zur Dubcek-Ära 1968 zwangsweise der russisch-orthodoxen Kirche angeschlossen, Bischof Pavol Gojdic starb 1960 im Gefängnis, Weihbischof Vasil Hopko, der viele geheime Weihen vornahm, mußte einem Kompromiß zufolge Ján Hirka weichen, der seit 1969 die Eparchie ohne Bischofsweihe leitete, erst 1989 wurde er Bischof, 30 Jahre nach dem Tode Gojdics. In der griechisch-katholischen Kirche, die mit Beschluß der Kommunisten offiziell zu existieren aufgehört hatte, gab es keine Kollaborateure mit dem Regime. Das war praktisch ja gar nicht möglich. Die verbotene griechisch-katholische Kirche der Ostslowakei wurde zur Untergrundkirche par excellence.

Der Brünner Geheimbischof Felix Davidek, der die Ostkirche, ihre Liturgie, ihre kirchenrechtlichen Möglichkeiten gut kannte, konnte in der kurzen Zeit des Prager Frühlings Kontakte zu den Unierten herstellen. Mit ihrer Hilfe warf er das kirchliche Untergrundnetz über die Slowakei. Dort entstanden selbständige Untergrundkirchen. Die griechisch-katholische Kirche hatte zu Davidek enge Verbindungen – ihr hat der Brünner Geheimbischof den „Trick“ mit dem Bi-Ritualismus entnommen. Der etwas ältere Kreis der lateinischen Geheimbischöfe in der Slowakei – die Geheimbischöfe Kalata und Hnilica emigrierten, zurückgeblieben waren nur Ján Korec und Peter Dubovsky – entwickelte sich immer mehr zum Gegner jener Untergrundkirche, die sich mit ihren „Experimenten“ nur zu deutlich vom römischen Kirchenrecht entfernte.

Fest steht, daß sich im Korec-Kreis eine Untergrundstruktur entwickelte, die den Laien großen Freiraum gab, sodaß man mit Fug und Recht behaupten kann, daß in der Slowakei die Kirche hauptsächlich durch die Laien überlebt hat. Die beiden Mitarbeiter des kirchlichen Hilfswerks „Kirche in Not/Ostpriesterhilfe“ Didier Rance aus Frankreich und Christine Decker aus der Bundesrepublik haben von ihrer „fact-finding-mission“ Anfang 1991 unter anderem in die Slowakei ebenfalls dieses Ergebnis mitgebracht. In ihrem Kurzbericht von dieser Reise heißt es: „Die christliche Laienbewegung in der Slowakei begann sich Mitte bis Ende der sechziger Jahre in Form kleiner und kleinster Gruppen von engagierten Gläubigen zu formieren. Einer der Hauptakteure war (und ist bis heute) der Arzt Dr. Silvo Krcmery. Er war von 1950 bis 1964 in Haft und Arbeitslagern, weil er nicht bereit war, seinen Glauben zu verleugnen. Als er aus der Haft entlassen wurde und sah, daß sich die Kirchen in der Zwischenzeit geleert hatten und nur noch ein paar alte Großmütterchen zur Messe gingen, stellte sich ihm zwangsläufig die Frage, ob es tatsächlich das war, wofür er 14 Jahre seines Lebens geopfert hatte.“ Der Bericht von „Kirche in Not“ läßt bei

Krcmery eine ähnliche Ausgangssituation wie bei Felix Davidek erkennen. In der traditionell katholischen Slowakei knüpften Krcmery und seine Leute, die sich bald um Geheimbischof Korec sammelten, an den christlichen Nationalismus der Slowaken an. Korec, der offenkundig wenig Mut zum Weihen im Untergrund an den Tag legte, hat seit seiner Ernennung zum Bischof von Nitra mit der Tatsache zu kämpfen, daß es in seiner Diözese wie auch in der gesamten Slowakei zu wenig gut ausgebildete Priester und Laien gibt.

In der griechisch-katholischen Kirche sieht das anders aus – Priester dürfen verheiratet sein, Bischöfe allerdings nicht. Aus der Not geboren wurde die Idee, auch Frauen in den priesterlichen Dienst einzubinden. Entwickelt hat das zweifelsohne Felix Davidek. Frauen geweiht hat der bereits verstorbene griechisch-katholische Geheimbischof Krett, der in der Slowakei bestens bekannt ist.

Ein Mitarbeiter Ján Korec und Silvo Krcmerys im Untergrund, Frantisek Miklosko, Präsident des slowakischen Parlaments in Bratislava, bestätigt, daß es in der Slowakei zumindest zwei Frauen gibt, die zugeben, von Krett geheim zu Priesterinnen geweiht worden zu sein. Angeblich wurde Krett von Felix Davidek zum Bischof für die Unierten konsekriert, der Konsekrator könnte aber auch Vasil Hopko gewesen sein.

Von den beiden Frauen liegen Zeugnisse, persönliche Aussagen vor, daß sie Krett geweiht habe. Miklosko wörtlich: „Eine von Krett geweihte Frau, die offenbar das Gewissen plagte, begab sich zu Kardinal Tomasek nach Prag und bekannte, Priesterin zu sein. Für Messen, die sie gefeiert hat, hat sie auch Stipendien im Wert von etwa 60.000 Kronen gesammelt. Das Geld war natürlich nicht mehr vorhanden. Das war bei uns seinerzeit eine stille Affäre."

Bezüglich der Davidek angelasteten Frauenordinationen bestätigt Miklosko, daß es hier nur „indirekte Beweise" gibt. Davidek hatte einen Rat von Geheimbischöfen und -priestern vor dem er über die Frage der Priesterweihe von Frauen dozierte. „Ein Priester dieses Kreises", so Miklosko, „hat dagegen lautstark protestiert. Da hat ihn Davidek einfach aus seiner Runde ausgeschlossen." Dieser ehemalige Davidek-Priester hat dann die Geheimkirche in der Slowakei über Davideks Intentionen informiert. „Für uns ist das ein indirekter Beweis, daß Davidek Frauen ordiniert hat. Hinsichtlich der beiden von Krett geweihten Frauen ist die Lage allerdings ganz klar. Da haben wir Beweise."

Er persönlich, gibt der slowakische Parlamentspräsident zu, könne glauben, daß Davidek selbst keine Frauen geweiht hat. Aber daß die Idee von ihm stammt, gilt für Miklosko als ausgemacht. Krett, der lange Jahre im Gefängnis verbracht hatte, soll psychisch „nicht ganz in Ordnung" gewesen sein. Das ist die stereotyp verwendete Formel für jene Untergrundleute, die sich über das Kirchenrecht hinweggesetzt haben. Die Frauen, die Krett geweiht hat, waren Slowakinnen. Für Miklosko ist die Frauenfrage in diesem speziellen Fall gelöst – „eben indem sie zu Kardinal Tomasek gegangen sind, weil sie begriffen haben, daß das nicht in Ordnung ist".

Untergrundbischof Krett war auch verheiratet, auf ihn gehen mehrere Bischofsweihen zurück. Ob Krett auch Fridolin Zahradnik geweiht hat, weiß Miklosko nicht mit Sicherheit zu behaupten. Die Bischofsweihen wurden von der Davidek-Linie wie ein großes Geheimnis gehütet. Miklosko bezweifelt, ob bei Krett und den anderen Untergrundbischöfen ein spezielles Mandat zur Konsekration von Bischöfen vorhanden gewesen sei. „Ich bezweifle, daß jeder von ihnen dieses Recht hatte, wie er wollte, weitere Bischöfe zu weihen." Miklosko kennt auch den als Priester anerkannten Dusan Spinner, der mit Davidek befreundet von diesem zum Bischof geweiht worden war. Spinner lebt zölibatär. Daß er auch Bischof ist, davon spricht man nicht.

Die Tatsache, daß es verheiratete Priester in der Untergrundkirche gibt, die sogenannten Bi-Rituellen, bezeichnet Miklosko als bloßen „Trick". Die Möglichkeit zum Bi-Ritualismus habe für Priester bestanden, „die griechisch-katholisches Blut hatten", die konnten auch in der lateinischen Kirche die Eucharistie feiern. Aber was Davidek gemacht hat, „war von der Kirche nicht erlaubt". Man habe mit dem Bi-Ritualismus den Leuten, die verheiratete Priester sonst nicht akzeptiert hätten, für die das „ein Schock" gewesen wäre (so Miklosko), eine Erklärung gebraucht. „Aber eigentlich dachten sie an die Zukunft der Kirche. Sie glaubten, daß es bald verheiratete Priester geben wird." Miklosko bewertet die Davidek-Praxis, auch verheiratete Männer zu weihen, als Methode, aus der bisherigen Tradition der zölibatären Kirche herauszukommen. Eine Spur für diese – wie Miklosko es nennt – „Pseudo-Erlaubnis", Verheiratete zu weihen, führe in die Schweiz. Manche Untergrundbischöfe sollen sich von Schweizer Bischöfen das Mandat zur Weihe verheirateter Männer geholt haben.

Funktionsfähiger Apparat im Untergrund

Frantisek Miklosko, der 1966 aus Nitra zum Studium nach Bratislava/Preßburg gekommen war, hatte dort ein Jahr lang keine Kenntnis von einer Geheimkirche. Er wußte auch nicht, daß es neben den offiziellen Bischöfen in der Slowakei auch Katakombenbischöfe gab. Eines Tages machte er aber in der Preßburger Straßenbahn die Bekanntschaft eines gewissen Dr. Vladimir Jukl. Über diesen kam er in den Kreis des Arztes Silvo Krcmery, der kleine Studentengruppen um sich gesammelt und für sie ein religiöses Programm ausgearbeitet hatte. An der Naturwissenschaftlichen Fakultät in Preßburg existierten in der zweiten Hälfte der sechziger Jahre – Krcmery war 1964 aus dem Gefängnis entlassen worden – bereits einige solcher Kleingruppen. Miklosko, der Mathematik studierte, war von einem Studenten in diesen Kreis eingeführt worden. Ein Jesuit, Geheimpriester, der als Physiker Assistent an der Hochschule war, führte diese Gruppe. Miklosko war darin bis zum Abschluß seines Studiums normales Mitglied.

1968 lernte er den Geheimbischof Korec kennen. Von Jukl war er in eine Wohnung geladen worden; dort sollte ein „Untergrundbischof" auftreten, wurde Miklosko gesagt. Korec war erst am 20. Februar 1968 nach achtjähriger Haft – wegen Untergrundtätigkeit als Priester, womit er das staatliche Aufsichtsrecht über die Kirche umgangen hatte – nach Interventionen aus dem Ausland aus dem Gefängnis entlassen worden; er war kurz vor diesem Treffen aus der Hohen Tatra, wo er seine TBC zu kurieren suchte, nach Preßburg zurückgekehrt. Auch im Gefängnis, wo sich viele Seminaristen befanden, gab es geheime Priesterweihen; Korec hat jedoch nicht gesagt, ob er diese Weihen vorgenommen hat.

Die Begegnung mit Korec wurde für Miklosko zu einem einschneidenden Erlebnis, er beschreibt sie als „Schock". Auch wenn er die Rede Korecs gar nicht so deutlich hören konnte, weil Miklosko sich des großen Andrangs wegen in einem Nebenzimmer aufhielt, war die Art, wie der Geheimbischof über existenzielle Fragen, Probleme des Glaubens und des Glaubenslebens sprach, für ihn der Wendepunkt seines Lebens. „Das war für mich das erste Mal, daß mir jemand den Weg zu einem persönlichen Glauben eröffnet hat", betont Miklosko, der im Herbst 1991 ein Buch über Korec publizierte.

Bei der Trinitätskirche in Preßburg, unmittelbar neben Mikloskos Amtsstätte von heute, dem slowakischen Parlament, begegnete er 1970 Korec dann höchstpersönlich. „Ich hatte damals solche Probleme, wie sie jeder junge Mensch wohl kennt. Ich ging auf Korec zu und sagte ihm, daß ich ihn von einem Geheimtreffen mit Studenten kenne." Korec fragte ihn, wie er lebe, worauf Miklosko zugab, daß sein Leben nicht gut verlaufe. Daraufhin forderte ihn der Geheimbischof auf, mit ihm zu gehen. Es war ein langer Weg vom Zentrum Preßburgs über die Donaubrücke in den südlichen Stadtteil Petrzalka, in dem Korec eine Wohnung hatte. Aus diesem ersten Gespräch erwuchs eine persönliche Freundschaft, Korec wurde Mikloskos geistlicher Führer.

Viele behaupten heute, der slowakische Parlamentspräsident sei selbst Jesuit und von Korec geheim zum Priester geweiht worden. In Leserbriefen an die slowakische Kirchenzeitung „Katolicke noviny" wird Miklosko als Kleriker und Jesuit beschimpft. Hintergrund für diese Attacken, die manchmal auch in persönliche Angriffe ausarten (beispielsweise wurde Miklosko nach Kirchenbesuchen in Preßburg bespuckt), ist der immer stärker werdende slowakische Nationalismus, den der Parlamentspräsident zu bekämpfen sucht.

Miklosko verneint jedoch die Frage, ob er selbst auch Priester sei, weist aber darauf hin, daß außer ihm, Krcmery und dem Bau-Ingenieur Eugen Valovic, der die christliche Kinderbewegung im slowakischen Untergrund leitete, praktisch „alle von Bischof Korec geheim geweihte Priester" waren beziehungsweise noch sind.

Gegen Ende des Studiums 1970 begann Miklosko in einer eigenen Gruppe jüngere Studenten pastoral zu führen, nach der Entlassung aus dem Militärdienst 1972 organisierte er an der Technischen Universität in Bratislava Studententreffen religiöser Natur. Es gab Begegnungen einmal pro Woche, Korec und Jukl waren die Hauptinitiatoren. Im Advent und während der Kar- und Ostertage gab es Rekollektionen, am Ende des Schuljahres dreitätige Exerzitien – verbunden mit Ausflügen, weil man sich ja nicht erwischen lassen durfte. Bei diesen Ausflügen hatte man Gelegenheit, Kontakte zu anderen jungen Menschen überall in der Slowakei zu knüpfen, sodaß sich die „Laienbewegung", hinter der ab 1968 ein Geheimbischof stand, langsam aber stetig ausbreitete. Die Priester in der traditionell katholischen Slowakei wußten um die Existenz der religiösen Gruppen in Preßburg. Und wenn ein junger Mann oder ein Mädchen nach der Matura zum Studium in die slowakische Hauptstadt kam, war man im Korec-Kreis schon vorinformiert und zur Aufnahme neuer Leute bereit. Rückblickend bezeichnet Miklosko diese Arbeit in Preßburg als ersten Schritt im Untergrund.

Man habe aber bald begriffen, daß es zuwenig sei, nur in Bratislava zu bleiben. Nach dem Schneeballprinzip begann man mittels der Universitätsabsolventen im gesamten Land religiöse Projekte zu verwirklichen – „zusammen mit Priestern, die uns helfen wollten". Denn nicht jeder Priester war bereit, dazu imstande oder furchtlos. Miklosko: „Es entstand auf diese Weise ein herrliches Netz von Menschen, die einander kannten, auf ähnliche Weise dachten, ein Herz und eine Seele waren."

Dieses Netz konnte aber nicht mehr ohne dementsprechende neue theologische Literatur auskommen. Zwei Jahrzehnte hatte es keine theologischen oder religiösen Bücher mehr in der Slowakei gegeben. Also organisierte man eine primitive Vervielfältigungsmaschine und „druckte" Samisdatliteratur. Einige Studenten machten sich auf die Suche in einschlägigen Fabriken und konnten bald eine bessere Hektographiermaschine auftreiben. Die Nachfrage nach theologischer Untergrundliteratur war bald sehr groß, Studenten die in die Ferien fuhren, verbreiteten sie in der gesamten Slowakei. Der nach Deutschland emigrierte Salesianerpater Anton Hlinka hat schließlich Zehntausende Bücher über das Cyrill und Method-Institut in Rom organisiert und mit speziell umgebauten Autos in die Slowakei geschmuggelt. Mitgeholfen hat dabei die westdeutsche, die niederländische und die Schweizer Kirche. Über Hlinka haben wir bisher nur Negatives gehört. Als Mitarbeiter von Radio Free Europe hat er – aus Naivität, im guten Glauben, der Kirche helfen zu wollen – Informationen über die Davidek-Kirche in Mähren und Böhmen verbreitet, die dem Zahradnik-Kreis sehr geschadet haben. Miklosko bestätigt den Informationsfluß aus dem Korec-Kreis in Richtung Hlinka. Doch davon etwas später.

Zu Beginn der achtziger Jahre hatte Miklosko auf einem Schiurlaub in der Ostslowakei die Idee, eine Verbindung zwischen den Studentengruppen und den Theologen in Bratislava herzustellen. Er nahm Kontakt zu einem aus Nitra stammenden Theologen auf, der sich ebenfalls schon längere Zeit mit einem solchen Plan befaßte. Die Theologen im Preßburger Priesterseminar waren von den Behörden ausgesuchte Leute, betreut von „Pacem in terris"-Priestern, schon geschult auf das, was sie später als Kapläne und Pfarrer machen konnten, nämlich fast nichts. Doch auch in diesem Zentralseminar regte sich Widerstand. Und die Behörden reagierten sofort mit großem Druck. Man wollte alle wichtigen Posten mit Kollaborateuren besetzen, dagegen wehrten sich die erwachten Theologen. „Bei diesen jungen Menschen", erzählt Miklosko, „entstand eine gute Kampfatmosphäre. Eines Abends kam eine Abordnung zu mir und erklärte, daß man einen Hungerstreik zur Durchsetzung freierer Bedingungen im Seminar beginnen wolle."

Der Hungerstreik, an dem sich fast alle Theologen mit Ausnahme des fünften Jahrganges beteiligt hatten, endete nach 48 Stunden, fast alle, die mitgemacht hatten, wurden aus dem Seminar ausgeschlossen. Damals funktionierte der Informationsfluß aus der Slowakei ins westliche Ausland bereits einigermaßen – und tatsächlich wurde der Hungerstreik der slowakischen Theologen 1982 in aller Welt bekannt. Miklosko: „Der Papst (Johannes Paul II.) hat durch diese Aktion eigentlich begriffen, daß bei uns nichts in Ordnung war. Deswegen hat er auch 1983 in einem Dekret die Priestervereinigung ‚Pacem in terris' verboten." „Pacem in terris" wurde vom Papst zwar nicht ausdrücklich genannt, aber aus dem Zusammenhang wurde klar, was gemeint war.

Das Dekret wurde zum gleichen Zeitpunkt veröffentlicht, als die tschechoslowakischen Bischöfe – fast alle durch ihr Engagement bei dieser regimetreuen Priestervereinigung kompromittiert – in Rom zu einem sogenannten Ad-Limina-Besuch (der für die Bischöfe eines Landes alle fünf

Jahre fällig ist) eintrafen. Der damalige vatikanische Sondernuntius für Spezialaufgaben in Osteuropa, der kleine und quirlige Erzbischof Luigi Poggi, benachrichtigte die eben ihre Hotelzimmer beziehenden Bischöfe aus der CSSR von der Ratifikation des päpstlichen Dekretes, das sich auch gegen die Theologie der Befreiung richtete. Auf die Frage der peinlich berührten CSSR-Bischöfe, ob mit jenen quasi-politischen Vereinigungen, denen beizutreten der Papst den Priestern verbot, „Pacem in terris" gemeint sein könnte, antwortete Poggi klar mit Ja.

In die Tschechoslowakei zurückgekehrt hatte außer Kardinal Tomasek von Prag und Julius Gabris von Tyrnau, und der auch nur zaghaft, keiner die Kraft, das päpstliche Verbot in die Tat umzusetzen. Miklosko: „Kein Bischof hat hier öffentlich erklärt, was das Papst-Dokument für die Kirche in der Tschechoslowakei bedeutete. Nur Tomasek blieb eindeutig."

Das Schweigen der Bischöfe machte für die Untergrundkirche in der Slowakei die Herausgabe von Samisdatzeitschriften, in denen wichtige Informationen verbreitet werden konnten, notwendig. Nach einer Zusammenkunft bei Krcmery, der von einem seiner Wohnung in Bratislava gegenüberliegenden Hotel ständig von Geheimdienstleuten beobachtet wurde, entstand die erste Samisdatzeitschrift in der Slowakei „Religion und Gegenwart". Erste Redakteure waren der jetzige slowakische Premierminister Dr. Jan Carnogursky, ein Rechtsanwalt, der jetzige erste Stellvertreter des Preßburger Generalprokurators und Miklosko selbst. Nach fünf Jahren gab das Triumvirat die Redaktion in jüngere Hände. Man entwikkelte dann auch eine Untergrundzeitschrift für die Familien – alles Initiativen aus dem Kreis um Jukl, Krcmery und Korec.

Informationen in der Bürste

Anfangs der achtziger Jahre wurde die Tschechoslowakei ans internationale Telefonnetz angeschlossen, direkte Kontakte zum Ausland waren damit möglich geworden – trotz verschiedener Abhörmethoden der Behörden. Ein Freund Mikloskos, ebenfalls ein Mathematiker, bekam ein Stipendium der Münchener Humboldt-Stiftung. Dieser Mann nahm Kontakt mit Pater Hlinka auf, der sich bereit erklärte, in Radio Free Europe und beim Sender Washington D.C. „für uns zu kämpfen". Hlinka bat aber seine slowakischen Freunde um Nachrichten. Jan Carnogursky hatte zu dieser Zeit gerade sein Telefon bekommen, was ein reiner Zufall war. Und Carnogursky beziehungsweise Miklosko lieferten Hlinka nach München das Nachrichtenmaterial – und zwar exakt in den Jahren 1983 bis 1989. Das geschah wöchentlich in einem Nachrichtenpaket. 1983 – haben wir gesehen –

wurden Fridolin Zahradnik und einige seiner Freunde wegen der diskriminierenden Radiosendungen Pater Hlinkas verhaftet und verschwanden für Jahre im Gefängnis. Miklosko bestätigt damit indirekt die Aussagen Zahradniks.

Als man noch nicht mit Hlinka in Verbindung stand, wurden Informationen auf Mikrofilmen gespeichert, die man in einer hohlen Bürste – eine Erfindung des derzeitigen slowakischen Innenministers Bitner – „Touristen“ aus dem Westen nach Wien zu Pater Cik mitgab, der sie dann auswertete und an die Medien weiterreichte.

Miklosko kennzeichnet die drei stärksten Pfeiler der slowakischen Geheimkirche, Krcmery als charismatischen Menschen, Korec als integrative Persönlichkeit und Jukl als Propheten. „Jukl war der General der Geheimkirche par excellence.“ Von Jukl kam auch die Idee, mit Pilgerfahrten zu beginnen, um Jugendlichen ein unvergeßliches Gemeinschaftserlebnis zu bescheren. An Traditionen konnte man ohne weiteres anknüpfen – Velehrad in Mähren oder Sastin beziehungsweise Levoca in der Slowakei boten sich dafür an. Jugendliche müßten einmal eine Nacht gemeinsam im Gebet in der Kirche verbringen, hatte Jukl gemeint, daraus könnte ein neuer Aufbruch entstehen. Und in der Tat, es war so. Man organisierte eine erste Wallfahrt nach Sastin, etwa 60 Kilometer nördlich von Bratislava. Der Pfarrer von Sastin hatte heillose Angst vor der Polizei, Wallfahrten wurden ja nicht bewilligt; wenn eine Gruppe von Pilgern also zu ihm kam, war er dran. Zufällig wurde der Pfarrer von Sastin aber krank und mußte ins Spital; Silvo Krcmery konnte als Arzt bewirken, daß man ihn nicht vorzeitig entließ, sodaß die Wallfahrt ohne den Widerstand des Pfarrers unternommen werden konnte. Obwohl die Polizei die nächtliche Aktion beenden wollte, gingen die jungen Leute nicht weg, ließen sich in ihren Gesängen und Gebeten nicht stören. „Diese Atmosphäre hat die Jugend damals sehr geprägt und ihr Kraft für alles weitere gegeben“, sagt der slowakische Parlamentspräsident.

Im Jahre 1985 kam dann die 1.100-Jahrfeier des Todestages des hl. Method. Vladimir Jukl meinte, jetzt wäre die Zeit gekommen, Jugendliche aus der ganzen Tschechoslowakei in der Basilika von Velehrad zu versammeln. In Brünn dachte Felix Davidek, dem es gesundheitlich zu diesem Zeitpunkt nicht mehr besonders gut ging, ähnlich. Davideks Aktionen hatten allerdings noch keinen Demonstrationscharakter angenommen. Jukl gab Miklosko den Auftrag, für nächtliche Jugendtreffen in Velehrad in Böhmen, Mähren und in der Slowakei zu werben. Zuerst galt es den Pfarrer von Velehrad dafür zu gewinnen. Doch der war so entrüstet über die Zumutung, daß er Miklosko in wenigen Minuten aus dem Pfarrhaus warf. Der konsternierte Miklosko reiste jedoch nach Prag, um Kardinal Tomasek über den Plan zu informieren. Der reagierte – eine Woche vor dem geplanten Nachtgebet – ausweichend. Velehrad liege in der Erzdiözese Olmütz, er sei also nicht zuständig, Miklosko sollte sich an den dortigen Apostolischen Administrator, Bischof Josef Vrána, wenden. Wenigstens hatte Tomasek nichts gegen ein derartiges Unternehmen einzuwenden. Als besonders mutig hat er sich dabei aber nicht erwiesen. Wenn allerdings die anderen Bischöfe überhaupt keine pastoralen Initiativen während der Kommunistenära setzten, dann ist das Zögern Tomaseks schon als couragiert zu bezeichnen.

Von Prag hetzte Miklosko in der Nacht nach Olmütz, wo er bei Bischof Vrána, Vorstandsmitglied von „Pacem in terris" vorsprach. Für Miklosko war das ein interessantes Gespräch. „Vrána redete mit mir ganz offen. Er hatte einen klaren Blick bezüglich der Kommunisten, die er als Lumpen bezeichnete. Aber als ich ihm sagte, daß wir nach Velehrad kommen wollten, betonte er, daß er den Behörden gegenüber erklären werde, daß er uns nicht eingeladen habe. Offenbar hat sich Vrána nichts getraut." Vrána meinte nur, die jungen Leute sollten sich das mit der Polizei selber ausmachen. Miklosko: „Ich habe ihm zum Abschied die Hand geküßt." Die äußerst gespannte Lage in den Tagen um die Velehrad-Feiern bewegte einige Jugendgruppen aus Böhmen zur Absage und zum erstenmal begann Miklosko unsicher zu werden, ob sich der ganze Aufwand überhaupt lohnte. Jukl ermutigte ihn und war böse auf Miklosko. Er durfte nicht zurückweichen, wie Moses sollte er den Stock nehmen und sein Volk anführen.

Die Pilgerfahrt nach Velehrad 1985 wurde zum großen Wendeerlebnis vieler Jugendlicher aus der gesamten Tschechoslowakei. Die Behörden wollten die religiöse Feier in eine Friedensfeier umfunktionieren, was aber nicht gelang. Die bestandene Konfrontation mit der Staatsmacht schuf weitere Kräfte.

1987, zwei Jahre waren seit Velehrad vergangen, hatten die Aktivisten im Untergrund ständig mit der Polizei zu kämpfen. Laufend gab es Prozesse wegen „Rowdytums", „Organisierens verbotener Zusammenkünfte", „Verstößen gegen das Versammlungsverbot", „Umgehung der staatlichen Oberaufsicht über die Kirche", „Aufstachelung zur Rebellion". Alles Rechtstitel, die verschleiern sollten, daß es mit der verfassungsmäßig garantierten Religionsfreiheit in der CSSR eigentlich nicht sehr weit her war. Jukl glaubte, die Zeit sei gekommen, eine Unterschriftenaktion zugunsten der Ernennung von Bischöfen für die verwaisten Diözesen in der Slowakei zu starten. Bei einem Jesuitenpater in der Mittelslowakei wurde dieser Plan ausgeheckt und das Untergrundnetz davon verständigt. Das war Anfang Dezember 1987, im Jänner 1988 wollte man starten. Das war die erste wirklich großangelegte Aktion der slowakischen Untergrundkirche.

Und dann passierte etwas Eigenartiges. Am 5. Jänner 1988 traf ein direkter Bote von der Prager katholischen Aktivistin Maria Kaplanova, sie ist heute Parlamentsabgeordnete, in Preßburg ein, der den Korec-Kreis davon in Kenntnis setzte, daß Kardinal Tomasek eine vom Brünner Eisenbahner und langjährigen katholischen Aktivisten Augustin Navratil initiierte Unterschriftenaktion zur Erlangung der vollen Religionsfreiheit in der CSSR (31-Punkte-Programm) unterschrieben habe. Der „reitende Bote" legte auch gleich eine Fotokopie der Unterschrift Tomaseks unter das Forderungsprogramm Navratils vor. In einer Nacht hat dann der Korec-Kreis dieses Dokument tausendmal vervielfältigt und sogleich ins Untergrundkommunikationsnetz gegeben.

Von tschechischer Seite waren Vorbehalte wegen der scheinbar nicht zu erfüllenden Forderungen Navratils gekommen, Davidek in Brünn hatte auch so argumentiert. Die Slowaken sagten sich, daß es nicht um die 31 Punkte gehe, sondern um die Aktion, die Symbolwert haben könnte. Gute Verbindungen gab es zu einem Mitarbeiter Navratils in Brünn, Frantisek Adamek, der wie Navratil mehrmals vor Gericht mußte und dessen Geisteszustand von den Kommunisten als gestört bezeichnet wurde; er wurde der Mittelsmann zwischen den beiden Unterschriftenaktionen, die dann zusammengelegt wurden. Und in ein paar Tagen nach Beginn der Aktion hatten die slowakischen Initiatoren 60.000 Unterschriften beisammen. Damit gingen sie zu Navratil. Die Slowaken hatten einen Aufruf an die offiziellen Priester der CSSR mitgebracht, die Unterschriftenaktion zu unterstützen beziehungsweise nicht zu behindern. Da hörten sie im Sender Washington D.C., daß in der Slowakei bereits 60.000 Unterschriften gesammelt worden waren. „Momentan glaubten wir", so Miklosko, „wir sind nicht von dieser Welt." Mit dem Medienecho war der Erfolg der gesamten Aktion nicht mehr aufzuhalten.

Der aus der Slowakei stammende frühere Eishockeystar Marian Casny solidarisierte sich vom Ausland her mit den slowakischen Aktivisten und machte sie auf geplante Demonstrationen am 25. März 1988 vor den CSSR-Botschaften in aller Welt aufmerksam, auf denen Transparente der Slowakei, auf die der russische Stiefel tritt, zu sehen sein sollten. Casny fragte brieflich bei Carnogursky an, ob die slowakischen Untergrundleute nicht auch in Preßburg eine ähnliche Demonstration wagen wollten.

Eine neue Idee war geboren. Die religiösen Demonstrationen bekamen einen immer deutlicheren politischen Charakter. Eine Geheimkonferenz wieder in der Hohen Tatra schuf Klarheit: Carnogursky und Miklosko wollten in Preßburg eine symbolische, stumme Demonstration mit Kerzen organisieren. In Bratislava wurde der Plan mit Krcmery und Jukl erörtert. Jukl staunte über den Mut Mikloskos und Carnogurskys und beglückwünschte sie dazu. Allerdings riet er, sich der Zustimmung Bischof Korecs zu vergewissern. Wenn Korec abriete, sollten sie es bleiben lassen.

„Korec verhielt sich ein wenig reserviert und fragte mich, was ich von ihm hören wollte." Dem Geheimbischof war klar, daß daraus eine Konfrontation mit dem Regime auf Biegen und Brechen entstehen konnte. Aber ein deutliches Nein kam nicht über seine Lippen, Korec konnte sich nicht von seinen Schützlingen distanzieren.

Und die bekannte Kerzendemonstration am Karfreitag 1988 wurde zur Probe aufs Exempel. Über ausländische Sender hatten die Slowaken davon erfahren – und statt 15 Leuten, die, wie vorgesehen, stumm demonstrieren sollten, kamen mehr als 10.000. „Ein alter, 75jähriger Mann, der von der angesagten Demonstration im Radio erfahren hatte, war 80 Kilometer weit nach Preßburg gekommen und dort von der Geheimpolizei zusammengeschlagen worden. Diese Erfahrung, dieses brutale Aufeinandertreffen des totalitären Staates mit seinen Menschen hat die weitere Revolution in der Slowakei beschleunigt." Nach den Pilgerfahrten, die Miklosko organisiert hatte, machte ihn der StB darauf aufmerksam: „Nicht weiter, Herr Miklosko, keinen Schritt, sonst wandern Sie ins Gefängnis." Nachdem der Aufruf zur Karfreitagdemonstration über Radio Vatikan gelaufen war, wurde Miklosko abgeholt und für zwei Tage ins Gefängnis gesteckt. Im Jänner 1989 war es dann bei Carnogursky soweit – er war buchstäblich von der Polizei eingekreist, konnte sich keinen Schritt mehr allein bewegen und wurde bis zum Beginn der Revolution im November 1989 eingesperrt.

Die von Jukl und Krcmery aufgebaute und dann von Korec geistlich betreute kirchliche Untergrundarbeit in der Slowakei war immer rein religiös ausgerichtet – wenngleich der kommunistische Staat das immer als Provokation verstand. Miklosko hatte einige Fäden in Richtung Charta 77, Carnogursky war der eigentliche politische Kopf der Gemeinschaft. Eine politische Untergrundorganisation hat es in der Slowakei nie gegeben, wenn man von einigen Schriftstellern und enttäuschten Ex-Kommunisten absieht. Erst als die Revolution losbrach wurde Miklosko von Jan Budaj, dem seinerzeitigen Führer der Bewegung „Öffentlichkeit gegen Gewalt", dem seine frühere Kompromißbereitschaft gegenüber den Kommunisten zum Verhängnis wurde, aufgefordert, mitzutun, weil es wichtig sei, daß auch Christen politische Verantwortung übernehmen.

Untergrundkirchen und Geheimdienst

Aufgrund der Aktenlage weiß Miklosko heute, daß der StB über die Untergrundaktivitäten der slowakischen Geheimkirche bestens informiert war. „Über jede Tätigkeit, die wir planten, waren sie informiert. Bei mir, bei Jukl und Carnogursky hatten sie überall Wanzen angebracht. Auch Carnogursky hatten sie an der Leine. Nach der friedlichen Revolution habe ich jenen Geheimpolizisten, der mich verhaftet hat, gefragt, was sie eigentlich mit uns vorhatten. Er sagte, daß einmal der Plan bestanden habe, uns alle ohne Grund zu verhaften. Dann sei aber der Befehl gekommen, dies zu unterlassen."

Miklosko war so etwas wie ein Kontaktmann der slowakischen Untergrundkirche. Er ist überall im Land herumgekommen und hat Informationen zwischen den einzelnen Gruppen – soweit dies möglich war – weitergegeben. Über Davidek, der Korec und Krcmery bestens bekannt war, erzählen sowohl Miklosko als auch Krcmery kaum Positives. Krcmery kannte Davidek aus der Gefängniszeit, war sogar sein Freund. „Später hat man dann sehr bald gesehen", so Miklosko, „daß hier etwas schief läuft." Davidek habe Krcmery brieflich über seine Aktivitäten informiert. Auch Korec sei darüber bestens informiert gewesen, er stand, wie Miklosko sagt, „auf der Spitze der Informationen". Davidek hat Korec nach dessen Entlassung aus dem Gefängnis im Spital besucht. Und dort soll Korec Davidek eine Nachricht aus Rom übermittelt haben, wonach Davidek nur als Priester auftreten, nicht als Bischof wirken dürfe. Korec, so Miklosko, habe damals schon gewußt, daß mit Davideks Bischofsweihe etwas nicht in Ordnung sei. Vielleicht war es nur klerikale Eifersucht, daß ein Mann ohne direktes Einwirken der Jesuiten – wie üblich bei den geheimen Bischofsweihen in Böhmen, Mähren und in der Slowakei – Bischof geworden war und diese Aufgabe dazu noch todernst nahm.

Jedenfalls steht fest, daß man über Davidek und seinen Kreis Desinformationen dergestalt weitergegeben hat, daß er als „Mitarbeiter des Geheimdienstes" das Vertrauen seiner Freunde verlieren mußte, was mit Einschränkungen auch tatsächlich passiert ist. Radio Free Europe hat angeblich die Bänder der Sendungen Pater Hlinkas über Davidek – die Informationen stammen aus dem Korec-Kreis, wie wir wissen – gelöscht, jedenfalls sind sie nicht archiviert. Aus einem Artikel von Johann Georg Reißmüller in der konservativen deutschen Tageszeitung „Frankfurter Allgemeine Zeitung" vom 10. März 1982 wird ersichtlich, was an Desinformationen damals über Davidek in der westlichen Welt herumgeisterte.

Reißmüller berichtet von zwei Methoden der Staatsgewalt in der Tschechoslowakei gegenüber der katholischen Kirche: Verbote und Schikanen, aber auch Gewährenlassen von Entwicklungen, die der Kirche schaden. Diesem zweiten Bereich ordnet Reißmüller Davidek zu, für den Redakteur der „Frankfurter Allgemeinen“ damals die „rätselhafteste Gestalt des Katholizismus in der Tschechoslowakei“. „Davidek verhält sich so, als hätte er die Bischofsweihe. Er hat schon hunderte Katholiken zu Priestern geweiht, darunter verheiratete Männer. Er vollzieht die Priesterweihe jeweils nach lateinischem wie nach byzantinischem Ritus. Da die Priester in den katholischen Kirchen des östlichen Ritus verheiratet sein dürfen, überwindet er so, wie er offenbar glaubt, in jedem Fall das Hindernis des Zölibats. Daß er auch zahlreiche Frauen geweiht habe, wird ihm nachgesagt. Davidek bestreitet es; allerdings nennt er offen den Ausschluß der Frau vom Priesteramt theologisch ungerechtfertigt, für die Seelsorge schädlich und den Gläubigen von heute mit Grund unverständlich. Zu seinen Mitarbeitern gehören Frauen. Gläubige im Bistum Brünn behaupten, das seien von ihm geweihte weibliche Priester, eine von ihnen amtiere als seine Generalvikarin.“ Die damaligen Vorwürfe, die allesamt aus der Hlinka-Quelle stammen – manche Formulierung Reißmüllers könnte, wie wir sahen, direkt aus dem Munde beispielsweise Mikloskos kommen – lassen sich mit der jetzt als unbegründet erwiesenen Unterstellung einer Nähe Davideks zum StB erklären. Es wird auch verständlich, warum Davideks Schüler, Priester wie Bischöfe, sagen können, der Geheimbischof habe die Geheimpolizei nur für seine Zwecke, Aufrechterhaltung des kirchlichen Lebens, benutzt. Der StB meinte, Davidek spalte die Kirche. Das war in der Untergrundzeit jedoch nicht der Fall. Heute droht die Spaltung durch ein starres Gesetz, das für andere als totalitäre Zeiten geschrieben ist. Reißmüller wußte 1982 auch zu berichten, daß Davidek „jedenfalls früher eng mit dem Regime zusammengearbeitet“ habe – das hat sich mittlerweile als reiner Unsinn dargestellt, der nur böswilliger Verleumdung entsprungen sein konnte. Es sei auch wenig bekannt darüber – heißt es bei Reißmüller, was gleichzeitig ein erneuter Untergriff gegen Davidek ist – ob die von Davidek Geweihten, die in der Regel einer Erwerbstätigkeit nachgingen, „in ihrer freien Zeit als Priester wirken“. Das Konzept Davideks und die Wirklichkeit sahen anders aus, als diese Informationen es weismachen wollten. In Unkenntnis der Kirchentreue Davideks und auch der Eigenschaft der Zentralseminare in Leitmeritz und Preßburg beklagte Reißmüller schließlich, daß die staatliche Obrigkeit die Kirche unausgesetzt behindere, indem sie die Zahl der Studierenden an den beiden theologischen Fakultäten rigoros begrenzt hält, während Davidek ungestört arbeiten könne. Wenn dieses Denken und diese „Informationen“ die Grundlage für die römische Behandlung des Falles Davidek bilden, dann hat „Generalvikarin“ Javorova recht: „Rom ist nicht vollständig informiert.“

RUMÄNIEN

Kein Ohr für zwei Geheimbischöfe

Die kirchliche Situation in Rumänien stellt sich sehr kompliziert dar. Dies deswegen, weil die einzelnen Denominationen einen unterschiedlichen Rückhalt in den Volksgruppen des Landes haben. Die katholische Kirche ist hauptsächlich bei den Magyaren Siebenbürgens verankert, ein Teil der Ungarn Rumäniens ist aber reformiert. In Bukarest und Iasi gibt es eine relativ starke „rumänisch"-katholische Gemeinschaft, die – gefördert vom seinerzeitigen kommunistischen Regime unter Gheorghiu Dej und Nicolae Ceausescu – mit den katholischen Magyaren Siebenbürgens kaum Kontakte pflegte, diesen nicht selten sogar feindlich gegenüberstand. Die griechisch-katholische Gemeinschaft ist überlappend in Siebenbürgen und bei den Rumänen verankert. Der echte Rumäne ist allerdings traditionell orthodox, weswegen es die lateinischen Christen von Bukarest und Iasi sehr schwer hatten, sich gegenüber ihren orthodoxen „Brüdern" zu behaupten. In der vergangenen Kommunistenära Rumäniens hatte es die rumänisch-orthodoxe Kirche, byzantinischer Tradition gemäß dem Staat vollkommen hörig, leichter als alle anderen Kirchen. Die griechisch-katholische Gemeinschaft wurde wie überall im kommunistischen Osteuropa, wo sie existierte, zerstört und in die Orthodoxie zwangseinverleibt. Das war in der Ukraine so, traf die griechisch-katholische Kirche in der Tschechoslowakei ebenso wie die Unierten in Rumänien. Nutznießer waren immer die Orthodoxen, die Kirchen und dazugehörende Besitztümer kassierten. Die Revolutionen in Osteuropa haben das komplizierte, gestörte Verhältnis zwischen Orthodoxie und katholischen Kirchen des byzantinischen Ritus bisher nicht entwirren können. In der Ukraine gibt es schwere Auseinandersetzungen zwischen den Orthodoxen und den Unierten um die Rückgabe von Gotteshäusern und Pfarrgütern. Auch in Rumänien hat sich die wirtschaftliche Lage der Unierten noch nicht entscheidend gebessert, wenngleich verschiedene Kirchen bereits zurückgegeben wurden.

Seit März 1990 sind in Rumänien erstmals seit mehr als 40 Jahren wieder alle Bischofssitze der römisch-katholischen (sieben) und der griechisch-katholischen (unierten) Kirche (fünf) besetzt. Unter den fünf griechisch-katholischen Bischöfen befinden sich zwei ehemalige Geheimbischöfe, die der Papst offiziell anerkannte – nämlich der 79jährige Alexandru Todea, der am 19. November 1950 geheim zum Bischof geweiht worden war. Todea befand sich von 1951 bis 1964 im Gefängnis, danach war er im Untergrund als Bischof der verbotenen unierten Kirche tätig. Todea ist jetzt Erzbischof von Faragas und Alba Julia, er ist de facto Oberhaupt der griechisch-katholischen Kirche Rumäniens. Der zweite griechisch-katholische Geheimbischof ist der 80jährige Joan Ploscaru der am 30. November 1948 geheim die Bischofsweihe empfing. Ploscaru, der erste Geheimbischof nach der Liquidierung der griechisch-katholischen Kirche, wurde in Bukarest vom Leiter der Nuntiatur Gerald Patrick O'Hara konsekriert, Todea erhielt die Bischofsweihe vom lateinischen, später in Deutschland verstorbenen Bukarester Geheimbischof Josef Schubert, den ebenfalls O'Hara geweiht hatte. O'Hara mußte nach einer Hausdurchsuchung, bei der Listen von Geheimbischöfen gefunden worden waren, Rumänien verlassen. Bei den Bischofsernennungen 1990 hat Johannes Paul II. auch den 83jährigen Studienkollegen des Wiener Alt-Erzbischofs Kardinal Franz König, Adalbert Boros, der 1948 von O'Hara zum Geheimbischof geweiht worden war, mit dem Titel eines Titularerzbischofs geehrt; ebenso Titularerzbischof wurde der griechisch-katholische 80jährige, 1949 geheim geweihte Bischof Ioan Chertes, der im Gefängnis wiederholt Folterungen erdulden mußte.

Nicht berücksichtigt hat der Papst bei seinen Ernennungen zwei weitere Geheimbischöfe der griechisch-katholischen Kirche – nämlich die vom verstorbenen Bischof Ioan Dragomir konsekrierten Bischöfe Iustin Paven (66) und Emil Riti (65). Sie gehören der jüngeren Generation der Geheimbischöfe an und bereiten aus verschiedenen Gründen dem Vatikan Sorgen. Nicht sicher ist, ob Ioan Dragomir, der auch noch einen dritten Geheimbischof, den 1989 verstorbenen Octavian Cristian weihte, dazu ein Mandat hatte. Dragomir hat diese Weihen in den Jahren 1983, 1984 und 1985 vorgenommen. Er hat wohl so gedacht wie andere Geheimbischöfe, denen es ums Überleben der Kirche ging. Dragomir selbst ist 1949 von Nuntius O'Hara unter Assistenz des schon genannten Ioan Ploscaru, der jetzt Bischof von Lugoj ist, geheim zum Bischof geweiht worden. In den Jahren 1948 bis 1951 fanden in Rumänien mit Wissen Papst Pius XII. zwölf geheime Bischofsweihen statt. Drei folgten dann erst in den achtziger Jahren, soweit wir heute wissen.

Zu den vergessenen Bischöfen gehört Emil Riti, der mich im Sommer 1991 besucht hat. Er ist ein kleiner Mann, mit wachen Augen und einem klaren Verstand. Riti spricht Deutsch, Ungarisch, Rumänisch, Englisch und Französisch. Er klagt nicht über sein Schicksal. Er sagt nur, daß er sich nicht in dieses Amt gedrängt habe, deswegen dürfe man es ihm jetzt auch nicht zum Vorwurf machen. Riti kann einen kleinen Zettel vorweisen, auf dem ihm sein Konsekrator Dragomir bestätigt hat: „Tu es episcopus in aeternum". Du bist Bischof in Ewigkeit.

Heute wird behauptet, daß Bischof Dragomir geisteskrank war und deswegen nicht gültig weihen konnte. Wortführer der Gegner Bischof Ritis

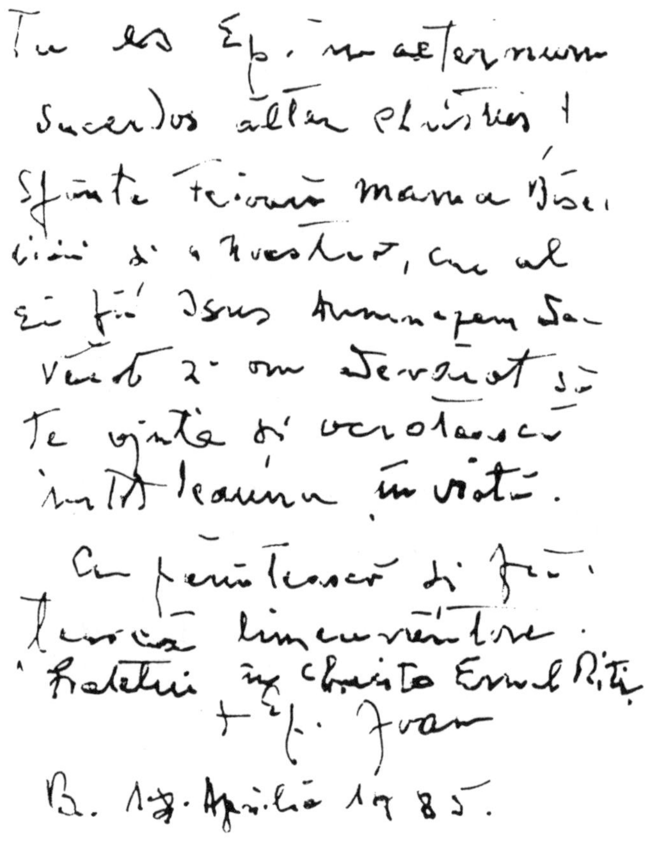

Faksimile der Bestätigung von Ritis Bischofsweihe durch Dragomir

ist Erzbischof Todea, der sich gegenüber dem früheren Kardinalstaatssekretär Agostino Casaroli stets negativ über Riti geäußert hat. Der neue Nuntius in Bukarest, der Steyler John Bukovsky, er war seinerzeit „Visitator" im Auftrag Papst Pauls VI. bei Davidek und Javorova, hatte noch „keine Zeit" Riti oder Paven zu empfangen. Riti selbst betont, daß der Vatikan über ihn nur einseitig informiert ist. Er wartet auf eine menschliche Lösung seines Falles.

Spion und Hochverräter

Im Jahre 1946 wurde auf Befehl Stalins die ukrainisch-katholische Kirche dem Moskauer Patriarchat einverleibt. Das war ein Signal für alle anderen kommunistischen Regime, ihrerseits die unierten Kirchen zu verbieten, indem man sie zwang, sich den jeweiligen autokephalen orthodoxen Landeskirchen „anzuschließen". Die Bischöfe der griechisch-katholischen Kirche wurden verhaftet und zu langjährigen Gefängnisstrafen verurteilt. Rom reagierte darauf mit der Einsetzung von Geheimbischöfen. In Rumänien begann die Zerstörung der unierten Kirche am 28. Oktober 1948, als alle sieben griechisch-katholischen Bischöfe verhaftet wurden. Es wurde ihnen Konspiration mit einer „ausländischen Macht", dem Vatikan, zur Last gelegt. Alle Bischöfe starben im Gefängnis beziehungsweise im Hausarrest. Ioan Suciu, der Bischof von Blaj, ist am 27. Juni 1953 im Gefängnis von Sighet gestorben, Valeriu Traian Frentiu, Oberhirte von Oradea, am 11. Juli 1952 eben dort. Vasile Aftenie, Weihbischof von Blaj ging am 10. Mai 1950 im Gefängnis Vacaresti bei Bukarest zugrunde, Alexandru Rusu, Bischof von Baia Mare, verstarb am 9. Mai 1963 in der Haftanstalt von Gherla. Der Bischof von Lugoj, Ioan Balan, ist 1969 in einem orthodoxen Kloster gestorben, Iuliu Hossu, Oberhirte von Cluj und erster rumänischer Kardinal wurde in orthodoxen Klöstern festgehalten und war im Gefängnis von Sighet interniert. Er starb am 28. Mai 1970 in einem orthodoxen Kloster. Diese Liquidierung der griechisch-katholischen Kirche Rumäniens wurde vom Staat offiziell als „Selbstauflösung" der Unierten dargestellt. Die Güter der aufgelösten Kirche gingen in orthodoxen oder staatlichen Besitz über.

In dieser Situation wollte sich Bischof Emil Riti, damals noch Theologiestudent in Cluj (Klausenburg oder Kolosvár), nach Rom absetzen, ins Exil gehen. Sein Diözesanbischof Hossu, der den jungen Theologen sehr gut kannte, erlaubte diese Flucht jedoch nicht. Hossu erkannte die drohende Gefahr seitens der Kommunisten und begann rechtzeitig für geheime Priesterweihen zu sorgen. Emil Riti, der 1948 erst 22 Jahre alt war, wurde mit anderen vorzeitig geheim zum Priester ordiniert. Als die griechisch-katholische Kirche gezwungenermaßen in den Untergrund ging – ab 26. Juni 1949 waren auch alle lateinischen Bischofe in Haft und am 29. Juli desselben Jahres wurden die katholischen Ordensgemeinschaften verboten – wurden Leute ausgesucht, die sich durch Wendigkeit und Intelligenz auszeichneten und für eine Tätigkeit „in den Katakomben" besonders geeignet schienen. Riti gehörte dazu. Seine Priesterweihe erhielt er durch den lateinischen Ordinarius von Bukarest, Alexander Cisar. Ab diesem Zeitpunkt arbeitete Riti im Untergrund mit dem früheren Seminarrektor von Cluj, Nicolae Pura, zusammen, der nach der Inhaftierung Hossus die „Diözese" Cluj, die ja rechtlich nicht mehr bestand, leitete. Pura war als Schriftsteller bekannt und als Priester sehr angesehen. Diesem Mann wurde Riti als „ordinarius secundus", als Substitut, beigegeben. Der damalige Sekretär an der Bukarester Nuntiatur, Guido Del Mestri, später Erzbischof und 1991 zum Kardinal ernannt, übermittelte dem jungen Riti ein Schreiben, in dem dieses Faktum bestätigt und abgesegnet wurde. „Meine Jugend rettete mich zunächst vor der Enttarnung. Niemand konnte glauben, daß ich Priester und sogar die rechte Hand eines Ordinarius war. Ich hatte die Qualität, im Untergrund zu arbeiten, war sehr flexibel und kam auf Ideen und Wege, wie man im Geheimen die verbotene Kirche zusammenhalten konnte", erzählt Riti.

In den ersten Zeiten machte er sich an den Aufbau einer Untergrundstruktur in der Diözese Cluj. Er mußte für jene griechisch-katholischen Priester materielle Hilfe auftreiben, die gegen die Auflösung ihrer Kirche protestiert hatten und von ihren Pfarren entfernt worden waren, weil sie es ablehnten, in der orthodoxen Kirche mitzuarbeiten. Diese Leute waren vertrieben worden. Mehrheitlich verheiratet, ging es ihren Familien ab 1948 enorm schlecht. Den Kindern aus solchen Priesterfamilien wurde jegliche höhere Schulausbildung verwehrt – über Nacht standen Hunderte unierte Priester mittellos da.

Riti wandte sich an den Leiter der Bukarester Nuntiatur, den Amerikaner O'Hara, und seinen Sekretär Guido Del Mestri. Riti bezeichnet Del Mestri als einen „sehr cleveren Mann", mit dem er damals gut befreundet gewesen sei. Von der Nuntiatur erbat er Hilfe für die „entlassenen Priester". Und tatsächlich lief eine geheime Hilfsaktion mit Geldern aus Rom an, Del Mestri war der Mittelsmann, Riti der Verteiler. Vom Mai 1949 bis November 1950 konnte der junge Priester unerkannt im Untergrund für die mittellosen Geistlichen tätig sein. Dabei verschuf er sich auch einen Überblick über die Zahl der Untergetauchten beziehungsweise über die Orte, in denen sie verschwunden waren – später sollte ihm das einmal sehr zugute kommen.

Dann wurde Riti bei der Securitate, der Geheimpolizei angezeigt. Im November 1950 kam der umtriebige Geheimpriester aufgrund seiner Aktivitäten nach Bukarest und besuchte den dort lebenden Provinzial der mittlerweile schon verbotenen rumänischen Jesuiten, Pater Chira. Riti erzählte diesem, daß er gerade Geld von einer italienischen Delegation für den Untergrund bekommen hatte. Kontakte zu dieser Delegation hatte ein Priester der lateinischen Kirche in Bukarest namens Gati hergestellt. 4.000 Lei konnte Riti damals für „seine" Priester im Untergrund in Empfang nehmen. Das alles berichtete Riti voll Vertrauen Pater Chira; der Unter-

Emil Riti 1991 im Burgenland

grundaktivist wußte ebenso wie der Jesuitenprovinzial nicht, daß der Vertraute Chiras, der Jesuit Josef Pahr, der bei diesem Gespräch zugegen war, bereits ein vom Sicherheitsdienst angeheuerter Informant war. „Pahr hatte sich als Denunziant sehr gut getarnt, so gut, daß ihn Pater Chira mir sogar als seinen Nachfolger präsentierte, weswegen er auch an unserer Unterredung teilgenommen hatte."

Riti kennt Pahrs weiteren Lebensverlauf ganz gut. Bis knapp vor Entlassung der im November 1950 Verhafteten aus dem Gefängnis, darunter Emil Riti, das war im Jahre 1964, betätigte sich Pahr als Informant der Securitate. Die Veränderungen im Jahre 1964, die bevorstehenden Entlassungen waren Anlaß für die Sicherheitspolizei, Kollaborateure, die den Häftlingen bekannt waren, ins Ausland abzuschieben. Pahr kam mit Hilfe der Securitate nach Spanien. Dort muß ihn offenbar die Reue gepackt haben, jedenfalls meldete er sich im Hauptquartier der spanischen Jesuiten in Salamanca, berichtete von seiner Tätigkeit und legte auch ein öffentliches Schuldbekenntnis ab. Pahr bedauerte, was er in Rumänien getan hatte, und bat öffentlich um Verzeihung. Pahr war auch mitschuldig am Tod seines Provinzials Chira geworden, der ihm vollständig vertraut hatte, von diesem aber verraten worden war. Chira kam im Gefängnis elend ums Leben.

Die Jesuiten von Salamanca erkannten nach dem öffentlichen Geständnis Pahrs die Gefährlichkeit seiner Situation. Deswegen sandten sie ihn in die USA, damit sich dort seine Spuren verlören. Die Securitate spürte ihn jedoch bald auf und versuchte ihn erneut zur Mitarbeit zu gewinnen; auch im Ausland könne er sehr nützlich sein, wurde ihm beteuert. Doch Pahr stand zu seinem Gesinnungswandel und lehnte ab. Auch mehrmalige Verlockungen mit Geld nutzten nichts. Da kam es dann im Jahre 1968 zu einem nie ganz aufgeklärten Autounfall in New York. Der Tote am Steuer seines Wagens: Josef Pahr. Für Riti besteht überhaupt kein Zweifel, daß die Securitate dahinter stand. „Pahr wurde gekillt, weil er nicht mehr mit der Geheimpolizei zusammenarbeiten wollte." Der Geheimbischof weiß um mehrere solcher mysteriöser Autounfälle. Er bringt das Beispiel des rumänischen Monsignore Zaporzan, der bei einem Auslandsaufenthalt in München in Folge einer „plötzlich gebrochenen Radaufhängung" einen Unfall hatte, der tödlich für ihn endete.

Aufgrund der Anzeige Pahrs wurde Riti verhaftet und wegen Spionage und Hochverrats der ersten Kategorie angeklagt. „Man warf mir vor, Nachrichten über die griechisch-katholische Kirche, die nicht mehr existierte, gesammelt und an eine fremde Macht, den Vatikan, weitergegeben zu haben. Ich galt als Spion. Besonders erschwerend kam hinzu, daß ich als rumänischer Staatsbürger gegen mein eigenes Land Spionage betrieben habe – in Tateinheit mit Devisenvergehen. Mittels ausländischer Gelder

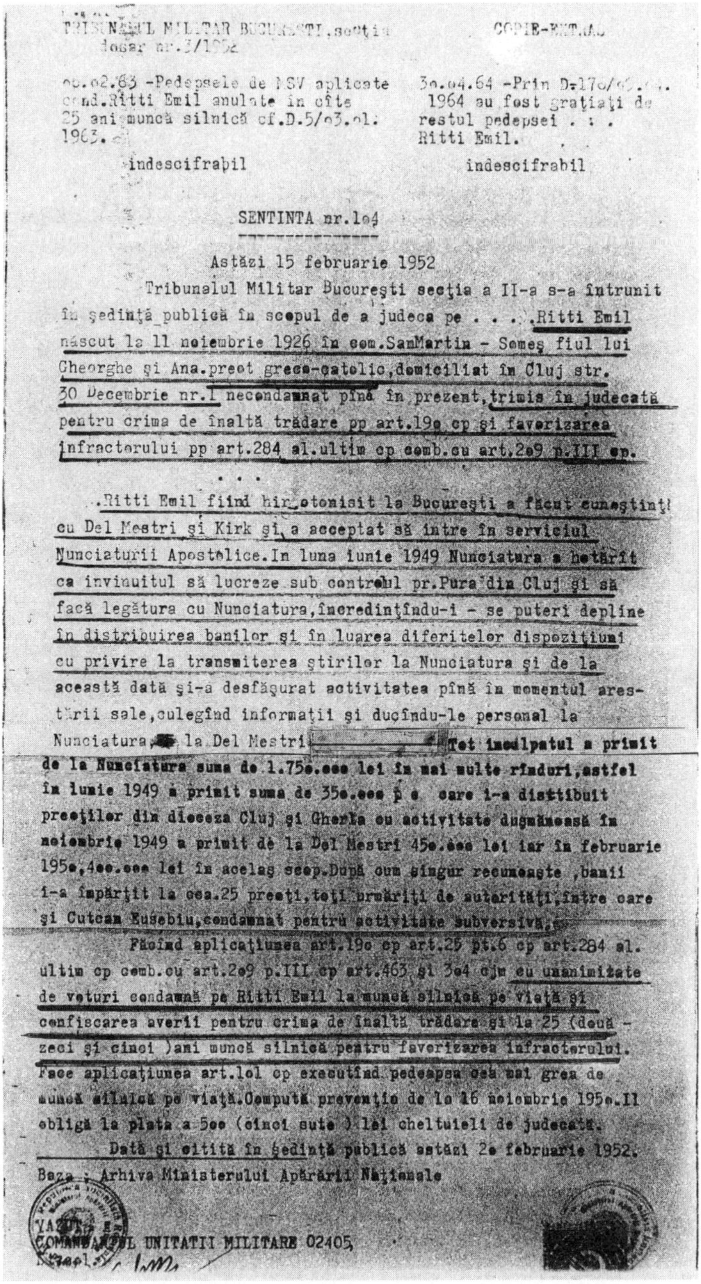

TRIBUNALUL MILITAR BUCUREȘTI, secția COPIE-EXTRAS
dosar nr.3/1952

o2.o2.63 -Pedepsele de MSV aplicate cond.Ritti Emil anulate în cîte 25 ani muncă silnică cf.D.5/o3.o1.1963.

indescifrabil

3o.o4.64 -Prin D.17o/o4.1964 au fost grațiați de restul pedepsei . : . Ritti Emil.

indescifrabil

SENTINTA nr.lo4

Astăzi 15 februarie 1952

Tribunalul Militar București secția a II-a s-a întrunit în ședință publică în scopul de a judeca pe . . . .Ritti Emil născut la 11 noiembrie 1926 în com.SamMartin - Someș fiul lui Gheorghe și Ana.preot greco-catolic,domiciliat în Cluj str. 30 Decembrie nr.1 necondamnat pînă în prezent,trimis în judecată pentru crima de înaltă trădare pp art.19o cp și favorizarea infractorului pp art.284 al.ultim cp comb.cu art.2o9 p.III cp.

. . .

.Ritti Emil fiind hirotonisit la București a făcut cunoștință cu Del Mestri și Kirk și a acceptat să intre în serviciul Nunciaturii Apostolice.In luna iunie 1949 Nunciatura a hotărît ca invinuitul să lucreze sub controlul pr.Pura din Cluj și să facă legătura cu Nunciatura,încredințîndu-i - se puteri depline în distribuirea banilor și în luarea diferitelor dispozițiuni cu privire la transmiterea știrilor la Nunciatura și de la această dată și-a desfășurat activitatea pînă în momentul arestării sale,culegînd informații și ducîndu-le personal la Nunciatura,[redacted] la Del Mestri. Tot inculpatul a primit de la Nunciatura suma de 1.75o.ooo lei în mai multe rînduri,astfel în iunie 1949 a primit suma de 35o.ooo p e care i-a distribuit preoților din dieceza Cluj și Gherla cu activitate dușmănoasă în noiembrie 1949 a primit de la Del Mestri 45o.ooo lei iar în februarie 195o,4oo.ooo lei în acelaș scop.După cum singur recunoaște ,banii i-a împărțit la cca.25 preoți,toți urmăriți de autorități,între care și Cutcan Eusebiu,condamnat pentru activitate subversivă.

Făcînd aplicațiunea art.19o cp art.25 pt.6 cp art.284 al. ultim cp comb.cu art.2o9 p.III cp art.463 și 3o4 cjm cu unanimitate de voturi condamnă pe Ritti Emil la muncă silnică pe viață și confiscarea averii pentru crima de înaltă trădare și la 25 (douăzeci și cinci)ani muncă silnică pentru favorizarea infractorului. Face aplicațiunea art.1o1 cp executînd pedeapsa cea mai grea de muncă silnică pe viață.Compută prevenția de la 16 noiembrie 195o.Il obligă la plata a 5oo (cinci sute) lei cheltuieli de judecată.

Dată și citită în ședință publică astăzi 2o februarie 1952.

Baza : Arhiva Ministerului Apărării Naționale

VAZUT
COMANDANTUL UNITATII MILITARE 02405

Urteilsspruch gegen Emil Riti

seien die Empfänger zur Rebellion aufgestachelt worden. Das Geld aber hatte dazu gedient, den Lebensunterhalt der Geistlichen im Untergrund zu sichern und vor allem, ihren Kindern eine gute Schulausbildung zu ermöglichen." Eine gefährliche Aktion hatte einen gefährlichen Abschluß gefunden. Auf Hochverrat der ersten Klasse stand lebenslänglich, eine Strafe, die über Riti auch prompt verhängt wurde. Außerdem wurde der damalige Geheimpriester noch zu 25 Jahren Kerker wegen Devisenvergehens verurteilt. „Damit hatte ich die größte und härteste Strafe von allen griechisch-katholischen Priestern und Bischöfen erhalten. Geheimbischof Alexandru Todea, den man bald enttarnt hatte, bekam auch lebenslänglich aufgebrummt – ich hatte aber noch 25 Jahre dazu", sagt Riti nicht ohne Anflug von Ironie.

Das Gerichtsverfahren fand in Bukarest statt. Die Vorbereitungen zum Prozeß dauerten – so Riti – „zwei harte, schwierige Jahre". „In Untersuchungshaft wurden wir gefoltert, von den Sicherheitskräften geschlagen, psychisch terrorisiert. Von niemandem hatten wir Hilfe zu erwarten, unsere Kirche war zerstört, es gab keine Möglichkeit, mit dem Ausland in Kontakt zu kommen. Selbst meine Eltern durften während dieser Zeit nicht zu mir, sie wußten nicht einmal, ob ich überhaupt noch am Leben war." Nach dem Urteilsspruch kamen Riti und andere enttarnte Untergrundpriester und -bischöfe ins berüchtigte Ajud-Gefängnis in Bukarest, später dann nach Gherla. Weil Riti überhaupt die höchstmögliche Strafe bekommen hatte, war er vom Arbeitsdienst im Gefängnis befreit – „sogar die Kommunisten haben das berücksichtigt" – bekam aber wegen der schlechten Bedingungen schweres Asthma, an dem er bis heute leidet.

„Das Gefängnis war ein Geschenk"

Die Prozesse in den frühen fünfziger Jahren richteten sich alle gegen die Geheimkirche, vor allem jene der unierten Kirche. Denunzianten hatten es der Securitate ermöglicht, die Untergrundorganisation größtenteils zu zerschlagen. Im Gefängnis traf Riti auch den Anführer der sechs offiziellen griechisch-katholischen Bischöfe, die seit 1948 im Gefängnis waren, und der fünf geheimen Episkopi, Alexandru Todea, wieder. Todea war Geheimbischof von Blaj. Mit ihm befand sich sein Sekretär George Gutiu im Gefängnis, der wie Riti 1948 geheim zum Priester geweiht worden war. Gutiu ist heute vom Vatikan offiziell bestätigter griechisch-katholischer Bischof der Diözese Cluj-Gherla.

Im Gefängnis befanden sich zu Beginn der fünfziger Jahre alle griechisch-katholischen und alle lateinischen Bischöfe. Riti traf in der Haft mit dem lateinischen Geheimbischof Josef Schubert zusammen, der von O'Hara geheim geweiht worden war, weil die Behörden den Bukarester Ordinarius Alexander Cisar nicht mehr akzeptierten, er traf Adalbert Boros von Temesvár, Aaron Marton von Alba Iulia und Jakab Antal, den letzten lateinischen Bischof. Die vom Regime abgesetzten Bischöfe wurde in Sighet interniert. Die Verurteilten kamen in normale Gefängnisse.

Geheimbischof Riti, an dessen Beinen man heute noch die Spuren der Ketten aus den Gefängnisjahren deutlich sehen kann, bezeichnet die Jahre bis 1964 dennoch nicht als verloren. Die Geistlichen, Priester und Bischöfe, waren alle beisammen, sodaß sich „eine famose Universität mit ausgezeichneten Lehren im Gefängnis" entwickeln konnte. „Und wir haben uns den ganzen Tag mit Theologie beschäftigt. Die Bischöfe hielten theologische Seminare ab, wir diskutierten die Thesen und bekamen so eine besonders gute Ausbildung in Dogmatik und in Bibeltheologie. Die Zeit verging damit schnell und relativ leicht, ich konnte lernen, zuhören und selber lehren. Das war ein Geschenk für mich, eine sehr wertvolle Zeit."

1964 kam es zu politischen Kontakten Rumäniens mit dem Westen, Amerika hatte Kredit- und Nahrungsmittelhilfe zugesagt. Präsident Gheorghiu Dej hatte nach 1960 mit der Entwicklung einer von Moskau unabhängigeren Außenpolitik begonnen, die nach seinem Tod 1965 Nicolae Ceausescu fortsetzte. Um es sich mit den Amerikanern nicht zu verscherzen, reagierte das Regime mit einer Amnestie politischer Gefangener. Riti wurde entlassen, mit ihm eine große Anzahl von Geheimpriestern und -bischöfen. Während der vergangenen 14 Jahre hatte er keinen Kontakt mit der Außenwelt, man stand unter einem strikten Regime, was mit Freunden, Bekannten und den Eltern passiert war, wußte er nicht. Und plötzlich stand er da und war frei. „Ich habe die Entlassung wie einen Hinausschmiß empfunden. Ich wollte das eigentlich gar nicht. Denn während ich frei war, war meine Kirche nach wie vor nicht frei. Was sollte ich also draußen tun? Ich habe die Gefängnisleitung auch gefragt, ob die Amerikaner hier seien, weil wir so plötzlich freikamen. Man sagte mir: Nein. Daraufhin teilte ich ihnen mit, daß ich dann auch nicht frei sein, daß ich lieber im Gefängnis bleiben wollte. Der Kommunismus war noch immer da, ob draußen oder in Haft, es war überall ein Gefängnis."

Natürlich „behielt" man Riti nicht. Auf freiem Fuß, mußte er sich zunächst in Spitalsbehandlung begeben, weil sein Asthma-Leiden sehr schlimm geworden war. „Ich war außerdem nicht fähig, mit der Realität des freien Lebens fertig zu werden, oder mit dem, was man halt im Kommunismus freies Leben nannte. Das freie Leben war eine imitierte Freiheit. Die Freiheit ist auch ein Gefängnis, sagte man damals bei uns."

Nachdem sich sein Gesundheitszustand gebessert hatte, sondierte der Geheimpriester, der beruflich vor dem Nichts stand, die Möglichkeiten, eine fundierte Ausbildung in einem bestimmten Beruf zu erhalten. Riti entschied sich für den Besuch einer technischen Schule, wo er den Beruf eines Radiologen erlernte. Verwandte in Cluj unterstützten ihn in dieser Zeit finanziell, sodaß er die zweijährige Ausbildungszeit einigermaßen abgesichert überstehen konnte. Während der Gefängniszeit war Ritis Vater gestorben, seine Mutter starb 1968. Ab 1967 arbeitete Riti als Assistent eines Radiologen an der Ersten Poliklinik in Cluj. „Es stellte sich als eine sehr gute Idee heraus, was ich da angefangen hatte. Denn dort konnte ich mit Menschen zusammenarbeiten. Langsam wurde die Poliklinik meine Pfarre." Wie andere Geheimpriester in den verschiedenen osteuropäischen Staaten auch, kam der religiöse Zugang zum Menschen über einen profanen Beruf, meistens sozialer Natur. Hier entwickelte sich also aus der Not der Situation ein neues Priesterbild: Nicht mehr der bloße Kultdiener, abgehoben von der „gewöhnlichen" Masse, steht als zölibatärer Heiliger vor der Gemeinde, sondern der für Fragen offene Begleiter von Menschen durch alle Lebenssituationen hindurch wurde glaubhafter Zeuge der religiös-humanistischen Botschaft. Aus dieser Erfahrung entwickelte sich auch ein viel unmittelbarerer Zugang und Umgang des Klerus mit den Gläubigen, die Unterschiede der Stände Laie-Kleriker verwischten sich, wenngleich nach wie vor nur der Geweihte die Eucharistie feierte, Beichte hörte, firmte und Kranke salbte. Damit haben die Geheimpriester und -bischöfe im ehemals kommunistischen Machtbereich Europas jene Bestimmungen des Zweiten Vatikanischen Konzils aufgrund von realen Notwendigkeiten, nicht theoretischen Überlegungen verwirklicht, die in den zunehmend klerikaler und damit immer bedeutungsloser werdenden westeuropäischen Teilkirchen aufgrund einer Überbetonung der Abgehobenheit des Priesters vom Volk Gottes in Vergessenheit geraten sind. Im Dekret über den Dienst und das Leben der Priester „Presbyterorum Ordinis" des Zweiten Vatikanums heißt es in Punkt 9: „Die Priester sollen die Würde der Laien und die bestimmte Funktion, die den Laien für die Sendung der Kirche zukommt, wahrhaft anerkennen und fördern. Sie mögen auch mit Bedacht die gebührende Freiheit, die allen im bürgerlichen Bereich zusteht, achten. Sie sollen gern auf die Laien hören, ihre Wünsche brüderlich erwägen und ihre Erfahrung und Zuständigkeit in den verschiedenen Bereichen des menschlichen Wirkens anerkennen, damit sie gemeinsam mit ihnen die Zeichen der Zeit verstehen können...Ebenso sollen sie vertrauensvoll den Laien Ämter zum Dienst in der Kirche anvertrauen, ihnen Freiheit und Raum zum Handeln lassen, ja sie sogar in kluger Weise dazu ermuntern, auch von sich aus Aufgaben in Angriff zu nehmen." Nicht daß die Geheimbischöfe und -priester den theologischen Unterschied zwischen Klerus und Laien verwischt hätten; aber aufgrund ihrer Erfahrung, daß sie in Extremsituationen ohne Papst und ohne offiziell von Rom ernannte Bischöfe rasch reagieren und handeln mußten, haben sie – wie ihnen dies durch die Spezialfakultäten einmal grundsätzlich ermöglicht wurde – päpstliche, bischöfliche Funktionen erfüllt, die eigentlich alle in dem einen von Christus gegeben priesterlichen Amt wurzeln, das dann historisch unterschiedliche Ausprägungen, Eingrenzungen, Ausformungen erfuhr. „Jeder war Papst", hat Leo Kuchar von Bischöfen und Priestern der CSSR in den Zeiten kommunistischer Verfolgung gesagt. Damit wurde eine Entwicklung eingeleitet, die nicht mehr rückgängig zu machen ist, wiewohl das von der Klerus-Kirche wieder versucht wird. Aber wie die Erfindung der Atombombe nicht mehr aus dem Wissen der Menschheit gelöscht werden kann, so kommt man am neuen Kirchenbild der osteuropäischen Teilkirchen nicht mehr vorbei, selbst wenn der Vatikan versucht, mit ihm genehmen Bischöfen den Ortskirchen in Ost und West die alte autoritäre Ordnung wieder überzustülpen.

Riti arbeitete 18 Jahre lang an der Poliklinik in Bukarest – bis 1985. Als seine Mutter 1968 in Gherla starb, hielt er dort – unter schwierigen Umständen, weil ihm jede priesterliche Tätigkeit untersagt war – die erste Messe nach byzantinischem Ritus seit zwei Jahrzehnten.

Auf der Suche nach den verschollenen Priestern

Im Jahre 1970 suchte Riti das Oberhaupt der griechisch-katholischen Kirche in Rumänien, Alexandru Todea auf, der auch 1964 aus dem Gefängnis entlassen worden war und zu dem der Kontakt nie abgerissen war. Riti wollte etwas für die unierte Kirche tun, die trotz Verbots im Untergrund am Leben geblieben war. Todea und Ioan Dragomir, der für die Diözese Baia Mare geheim geweiht worden war, waren 1970 gerade arbeitslos, man machte ihnen immer wieder Schwierigkeiten, kurzfristig hatten sie hin und wieder in Fabriken eine Beschäftigung erhalten. Riti hatte einen Plan zur Reorganisation der zerstörten unierten Kirche entwickelt, der mit einer Suche nach den verschollenen Priestern beginnen sollte.

Der Geheimbischof sieht es heute als Fügung an, daß er seinerzeit während der Haft mit einem Siebenbürgener lateinischen Monsignore, Nisba aus Temesvár, bekannt geworden war, der Ungarisch und Deutsch, nicht aber Rumänisch sprach. Nisba hatte im Wiener Theresianum studiert, war später dann in Rom. Mit Nisba teilte Riti seine Gefängniszelle. Und der Geheimpriester lehrte seinen Zellengenossen während eines Zeitraumes von zwei Jahren die rumänische Sprache, sodaß er sich darin gut ausdrücken konnte. Riti und Nisba wurden sehr enge Freunde. 1958 wurde Nisba –

nach sechs Jahren Haft – von einem Richter entlassen und emigrierte in die Bundesrepublik Deutschland. Nisba hatte seinen Freund aus der Zelle nicht vergessen und Mitte der sechziger Jahre – nachdem man von der Amnestie der politischen Gefangenen in Rumänien auch im Westen gehört hatte – Nachforschungen begonnen, ob denn Riti noch lebe. Es gelang Nisba tatsächlich, Kontakt mit dem Geheimpriester aufzunehmen. Es entwickelte sich ein intensiver Briefverkehr. Im Verlauf dieses Gedankenaustauschs bot Nisba Riti an, ihm ein Auto, einen Volkswagen, einen „Käfer" zu beschaffen. Riti konnte gegenüber der Securitate glaubhaft machen, daß er als Mitarbeiter eines Radiologen an der Poliklinik ein Auto brauche und dieses ihm aus dem Ausland geschenkt werde.

Dieser „Käfer" war ausschlaggebend für Ritis Entschluß, sein Vorhaben, den Untergrund zu organisieren, wahrzumachen. Geheimbischof Todea warnte zunächst, es seien soviele Schwierigkeiten zu überwinden, man werde von der Securitate beobachtet. Riti aber hatte ein nachlassendes Interesse des Geheimdienstes an seiner Person registriert, die Beobachtungen waren zurückgegangen. „Offenbar glaubte man, daß ich aufgrund meiner Arbeit in der Poliklinik keine Zeit mehr zu einer priesterlichen Betätigung hatte. Genau das wollte ich ausnützen. Natürlich war ich lange am Arbeitsplatz observiert worden, aber 1970 ließ das Interesse nach. Und ich sagte daher Todea, daß ich nicht deswegen überlebt habe, um nichts zu tun. Und ich zwang ihn, die Untergrundarbeit aufzunehmen."

Riti arbeitete daher zuverlässig den ganzen Tag in der Klinik, während der Nacht gab es Geheimtreffen mit Todea und den anderen griechisch-katholischen Geheimbischöfen Juliu Hirtea, der 1978 starb, Ioan Dragomir, den späteren Konsekrator Ritis, und Ioan Ploscaru, heute offiziell Bischof von Lugoj. Dabei wurden genaue Schlachtpläne zur Neuorganisation der unierten Kirche entwickelt. Der Geheimpriester begann mit seinem VW-Käfer von Ort zu Ort zu fahren, sammelte Namen, ging Gerüchten nach und legte Listen an, die er seinen Bischöfen übermittelte. Innerhalb von vier Jahren war man auf insgesamt 869 griechisch-katholische Priester in der Zerstreuung gestoßen, die man wieder für pastorale Dienste gewinnen wollte. Zwischen Riti und Todea entwickelte sich in diesen Jahren eine sehr enge Freundschaft. „Ich wurde Todeas rechte Hand. Ich organisierte beispielsweise das Treffen mit dem vatikanischen Sondernuntius Poggi, als er Rumänien besuchte, und zwar so, daß wir vor der Securitate sicher sein konnten. Durch diese Zusammenarbeit gewann Todea langsam den Rang eines de facto Vorsitzenden der Unierten. Geheimbischof Dragomir war vom Alter her der Leiter der Unierten. Und als wir 1979 erkannten, daß wir jüngere Bischöfe brauchten, schlug Todea mich und Gutiu dem Kollegium zur geheimen Bischofsweihe vor. Der Vorschlag ist also von Todea gekommen.“ Der Geheimbischof reagierte damit gleichzeitig auf eine geheime Anfrage Roms, ob es bei den verbotenen Unierten in Rumänien geeignete Kandidaten für das Bischofsamt gäbe. Der Vatikan war offenbar gewillt, die Untergrundkirche in Rumänien zu stärken. Außerdem sollte im Falle eines Todesfalles in der älteren Geheimbischöfe-Generation die Apostolische Sukzession gesichert sein.

Daraufhin machten Todea und Dragomir je zwei Vorschläge, die über Mittelsmänner an Rom weitergeleitet wurden. Dragomir, damals schon 75 Jahre alt, und nicht Todea erhielt daraufhin vom Papst die Spezialerlaubnis zur Konsekration neuer Bischöfe. „Das hat mir bei meinem Besuch in Rom 1985 der damalige Außenminister des Vatikans, Monsignore Silvestrini bestätigt. Vor zwei Zeugen bestätigte mir Silvestrini, daß der Vatikan meine Bischofskonsekration zur Kenntnis genommen habe, daß mein Konsekrator dazu auch das Plazet Johannes Pauls II. hatte.“ Von 1979 bis zur tatsächlichen Bischofsweihe Ritis 1985 war es noch ein weiter Weg, ein Weg der mit Zerwürfnissen zwischen Todea und Riti endete. Todea hatte kurz nach dem Tod Dragomirs die Weihe Ritis zum Bischof angezweifelt. Aber Silvestrini bestätigte, daß Dragomir die Erlaubnis hatte, geheime Bischofsweihen vorzunehmen. Daß Todea selbst Riti zunächst befürwortet hatte, bestätigte der jetzige Erzbischof von Alba Iulia und Faragas auch einem Emissär des kirchlichen Hilfswerkes „Kirche in Not/Osterpiesterhilfe“, Pater Szöke. Szöke, der einige Male in Sachen Rumänien-Hilfe bei Todea war, erfuhr von diesem, daß Riti, „ein sehr cleverer, starker Mann“, von ihm zum Bischof auserwählt worden sei.

Zu Besuch bei „Onkel Ioan“

Der Mitarbeiter Todeas und Organisator der rumänischen unierten Geheimkirche wollte diese Berufung aber lange nicht annehmen. Riti dachte an seine angegriffene Gesundheit und glaubte, daß er wohl kein geeigneter Kandidat wäre. Am 12. Jänner 1983 wurde Octavian Cristian dann in einer Bukarester Privatkapelle von Bischof Dragomir zum Bischof konsekriert. Am 10. Juli 1984 folgte Iustin Paven, auch ihm legte Geheimbischof Dragomir in der Privatkapelle die Hände zur Bischofsweihe auf. Am 12. Juni 1984 war Riti noch mit Dragomir zusammengetroffen. Dabei hatte ihn Dragomir noch einmal darauf aufmerksam gemacht, daß er die Erlaubnis des Papstes habe, Riti zu weihen. Aber noch war dieser nicht bereit.

Irgendwann im März 1985 erhielt Emil Riti dann einen geheimnisvollen Anruf aus Bukarest: „Onkel Ioan wünscht Deinen Besuch in Bukarest,

Todea (li.) und Geheimbischof Riti 1970

Bratuja 5." Das war alles. „Ich wußte", sagt Riti, „daß Dragomir schon krank und im Spital war. Er war ja der älteste der griechisch-katholischen Bischöfe. Und im Untergrund war es üblich, nicht vom ‚Bischof' oder ‚Priester' zu sprechen, sondern von ‚Onkeln'. Das war eine besondere Vorsichtsmaßnahme."

Riti fuhr nach Bukarest, im April 1985. Dragomir wollte ihn sofort weihen, er lehnte aber wieder kategorisch ab. Todea und Dragomir hatten sich bereits auseinandergelebt, um die Rivalitäten nicht zu vertiefen, verweigerte sich Riti dem Bischofsauftrag. „Außerdem sah ich, daß Dragomir wirklich schwer krank war. Ich ahnte, daß er sterben würde. Es konnte nur mehr kurze Zeit dauern. Und dann blieb ich zurück mit Todea, der mir nie vergeben würde, daß ich mich auf die Seite Dragomirs geschlagen hatte, indem ich eine Konsekration durch ihn und nicht durch Todea akzeptierte. Der Konflikt zwischen Todea und Dragomir war ein sehr menschlicher."

Der 80jährige Dragomir verpflichtete Riti jedoch in einem ernsten Gespräch „im Namen der hl. Kirche und des hl. Vaters" dazu, die Weihe zu akzeptieren. Riti: „Und da mußte ich annehmen. Ich sagte zu Dragomir aber, daß die Verantwortung für dieses Geschehen allein bei ihm liege. Ich

Todea und Geheimbischof Riti 1984

akzeptierte im Angesicht Gottes, der Kirche und des Papstes." Um zehn Uhr abends am 18. April 1985 wurden Riti in der Privatkapelle Dragomirs in einem Haus zehn Kilometer von Bukarest entfernt von diesem die Hände aufgelegt. Das war ein Vorgang ohne Eucharistiefeier, Dragomir beschränkte sich auf die bloßen Riten der Bischofsweihe. Als Zeugen der Zeremonie nahmen Monsignore Cristian Gainaru und Schwester Konstantina teil. Konstantina und eine zweite – sehr geheimnisumwitterte – Schwester namens Ioanella waren in jungen Jahren die guten Geister in der Bukarester Nuntiatur. Sie waren Zeugen vieler geheimer Bischofsweihen, Ioanella hatte und hat mit ihrer visionären Kraft großen Einfluß auf Bischöfe und Priester der unierten Untergrundkirche in Rumänien.

Mysteriöse Ioanella

Diese Ioanella arbeitete sehr eng mit Todea zusammen und sagte diesem schon vor Jahren voraus, daß er der künftige Metropolit der griechisch-katholischen Kirche Rumäniens sein werde. „Und heute ist er es tatsächlich", sagt Riti. Dem seinerzeitigen Bischof von Baia Mare, Alexandru Rusu, der 1947 in Blaj – also noch vor der Zerstörung der unierten Kirche durch die Kommunisten – zum künftigen Metropoliten gewählt worden war, prophezeite Ioanella, daß er dieses Amt nie antreten, daß er im Gefängnis umkommen werde. Gestorben ist er tatsächlich am 9. Mai 1963 im Gefängnis in Gherla.

Damals, 1947, fragte Ioanellas Beichtvater, der Bischof von Blaj, Ioan Suciu, die Nonne, wer denn dann Metropolit der Unierten sein werde. Und Ioanella habe diesem geantwortet: „Erzpriester Todea." Riti wußte um diese Weissagungen – und war nicht sehr erstaunt, daß Todea 1990 tatsächlich zum Erzbischof von Faragas und Alba Iulia ernannt wurde.

Nachdem Ioan Suciu inhaftiert worden war – er starb, nur 46 Jahre alt, im Gefängnis von Sighet – wurde Vater Aurel Lelutiu (lange Zeit wurde von ihm behauptet, daß auch er Geheimbischof der zweiten Generation gewesen sein soll) Beichtvater Ioanellas. Lelutiu war ein sehr berühmter Philosoph der unierten Kirche Rumäniens, der in Rom studiert hatte. Nach einem Unfall Lelutius 1981 mit tödlichen Folgen glaubte Todea, Ioanella werde ihn zum Beichtvater wählen. Die Nonne hatte in dreißig Jahren mit ihren Visionen offenbar einen tiefen Eindruck auf die unierten Geheimbischöfe gemacht. Aber Ioanella entschied sich für Geheimbischof Dragomir, weil dieser als Ältester Vorsitzender der griechisch-katholischen Gemeinschaft war. „Seitdem war Todea" – so Riti – „auf Ioanella sehr böse. Das war der Grund für die Zerwürfnisse zwischen Dragomir und Todea. Ich kenne diese Dinge sehr gut, weil ich ja mit Todea zusammengearbeitet habe." Riti war ständig in der Nähe des jetzigen Erzbischofs, beriet diesen und war auch an vielen Gesprächen mit Besuchern beteiligt. Alle Probleme der Kirche besprach Riti mit Todea.

Im menschlichen, persönlichen „Eifersuchts"-Konflikt zwischen Dragomir und Todea um die Gunst einer charismatisch-visionären Nonne wurde Riti zerrieben. Geheimbischof Dragomir starb sechs Tage, nachdem er Riti geheim zum Bischof geweiht hatte. Das offizielle Todesdatum Dragomirs wird bis heute mit 25. April 1985 angegeben, tatsächlich starb der Katakombenbischof schon zwei Tage vorher. Die Nonnen, die Dragomir bis zuletzt betreut hatten, fanden keine Gelegenheit, einen Transport der Leiche nach Arimisch zu organisieren. Deshalb verschwiegen sie seinen Tod zwei Tage lang, balsamierten die Leiche ein und lagerten sie kühl. Erst nachdem sie eine Möglichkeit zur Überführung gefunden hatten, teilten sie mit, daß Dragomir gestorben sei. Riti kam zufällig wieder am 25. April nach Bukarest, aber an diesem Tag war Dragomir schon zwei Tage tot.

Riti wollte Dragomir nämlich mitteilen, daß Todea den jüngst geweihten Geheimbischof nicht anzuerkennen bereit war. Und Riti fuhr daraufhin mit Dragomirs Auto und dem toten Bischof nach Cluj zurück. Wegen der Nicht-Akzeptanz durch Todea suchte Riti die direkte Bestätigung Roms. Er beantragte einen Reisepaß, bekam ihn und reiste im Juli 1985 aus. „Ich setzte vorher noch Todea davon in Kenntnis, daß ich mir in Rom persönlich meine Bestätigung als Bischof holen werde." Riti setzte den römischen Stellen seinen Fall auseinander, berichtete, daß Dragomir ihn geweiht und Todea ihn daraufhin exkommuniziert habe. Der Geheimbischof ersuchte über Silvestrini und andere vatikanische Stellen den Papst, ihn von dieser Exkommunikation zu absolvieren. „Silvestrini sagte mir: Sie sind nicht ohne Erlaubnis des hl. Vaters zum Bischof geweiht worden. Sie sind einer der vier Kandidaten, die Rom als geeignet vorgeschlagen und vom hl. Stuhl akzeptiert wurden." Außerdem wurde bestätigt, daß Dragomir das Recht hatte, diese vier zu weihen, weil er dachte, dies sei notwendig für das Überleben der unierten Kirche in Rumänien. Rom bestätigte also Riti quasi unter vier Augen, daß er Bischof ist, gab aber diesem keinerlei schriftliche Bestätigung für Todea mit, um die der Geheimbischof ausdrücklich ersucht hatte. Das war zu dieser Zeit in solchen Fällen – man denke nur an die CSSR – auch gar nicht üblich. „Silvestrini sagte mir, daß das sehr gefährlich wäre. Man wollte nichts riskieren, der Securitate nicht leichtfertig in die Hände spielen, die bestehenden Beziehungen zwischen dem Vatikan und Bukarest nicht gefährden." Am 14. Juli 1985 brachte ihn dann John Bukovsky, damals noch im Staatssekretariat tätig, mit dem Auto zu einer Audienz beim Papst nach Castelgandolfo. Bei dem eher formellen Gespräch Ritis mit dem Papst begrüßte Johannes Paul II. diesen zwar als Bruder im Bischofsamt, die

Lösung der rechtlichen Fragen und das Problem der Nicht-Akzeptanz durch Todea blieben aber unerwähnt. Diese Schilderung Ritis ist nicht unglaubwürdig. Johannes Paul II. gilt als nicht sehr dialogfähig. Geheimbischof Riti blieb als Opfer auf der Strecke.

„Ich glaubte aber, daß mein Fall gelöst ist", meint Riti, obwohl die Realität eine andere Sprache spricht. Bis heute darf er keinerlei bischöfliche Funktionen erfüllen. Aber nachdem Riti Todea von den Begegnungen in Rom berichtet hatte, bekam er von diesem folgendes zu hören: „Der Papst ist Papst in Rom. Hier bin ich der Papst." Und er nahm die Bischofsweihe Ritis auch weiterhin nicht zur Kenntnis. Deswegen konnte er niemals als Bischof wirken. „Todea war gegen mich. Und er ist sehr streng, und ich konnte nichts gegen ihn unternehmen." Das jetzige Oberhaupt der Unierten in Rumänien, mittlerweile auch mit der Kardinalswürde belohnt, intrigiert noch immer gegen Riti in Rom. Während also zumindest zwei jüngere Geheimbischöfe spazieren gehen, weil man sie nichts anderes tun läßt, obwohl sie etwas für die Kirche leisten möchten, intrigieren die älteren, weil sie offenbar nichts anderes so gut können. Viele junge Leute haben Riti gebeten, sie zu Priestern zu weihen, weil er aber keine Erlaubnis vom Oberhaupt der griechisch-katholischen Kirche hatte, habe er sie an Todea weiterverweisen müssen. Ritis Kollege, der ebenfalls noch nicht anerkannte Geheimbischof Paven hat fünf junge Männer zu Priestern ordiniert. Und das Paradoxe dabei ist, daß Paven, der zweimal in Rom gewesen ist, als Bischof nicht anerkannt wird, seine Priesterweihen aber schon.

Riti kannte Paven bis zu seiner eigenen Bischofsweihe nicht, wußte nicht, daß es da schon zwei weitere Geheimbischöfe – Cristian und Paven – vor ihm gab. Erst von Todea wurde Riti darauf aufmerksam gemacht, daß Paven ein geheim konsekrierter Bischof ist. Iustin Paven ist sehr abhängig von Schwester Ioanella, die eine Art Kongregation von 17 Schwestern gegründet hat, der auch fünf Priester angehören, die Paven geheim geweiht hat. Paven ist derart von Ioanella beeinflußt, daß er nur das macht, was sie ihm vorgibt. Bösartige Zungen nennen die selbstbewußte Nonne bereits „Päpstin Ioanella", weil sie de facto die Leitung einer Untergrundkirche an sich gerissen hat. Paven hat keine eigene Meinung, er wird von Ioanella, ihr bürgerlicher Name ist Maria Kotoi, total dirigiert. Riti konnte sich mit dieser Richtung, mit dem Führungsstil Ioanellas nie anfreunden, weil immer unklar war, was in diesem Kreis eigentlich wirklich geschieht. Interessant ist, daß die Kongregation Ioanellas – das erinnert stark an die Eucharistiner beziehungsweise Petriner in Mähren, die viele Geheimpriester hatten – sich der „ewigen Anbetung" verschrieben hat. Anfänglich war diese Gemeinschaft dem „Herzen Mariens" geweiht, jetzt ist das eben die „Kongregation der ewigen Anbetung". Diese Kongregation ist von den

Geheimbischöfen Ploscaru, Dragomir und Todea nach ihrer Entlassung aus dem Gefängnis 1964 gegründet worden. In dieser Untergrund-Kongregation, die sehr mystisch ausgerichtet ist, spielt eine „blutige Hostie" eine ganz merkwürdige Rolle. Diese Hostie ist 1950 zum ersten Mal im Kreis von Schwester Ioanella aufgetaucht, was es wirklich damit auf sich hat, weiß niemand zu sagen. Einige Geheimbischöfe, darunter Ioan Dragomir, wußten um diese Hostie. Niemand aber kennt ihre Herkunft. Erzbischof Todea lehnt das alles ab, obwohl er selbst seinerzeit mit dieser blutigen Hostie Gläubigen den Segen erteilt hatte. Riti traut Schwester Ioanella nicht. Sie sei eine äußerst merkwürdige Person, die es allerdings verstehe, auf andere Menschen suggestiv zu wirken. Den früheren großen Einfluß auf die „Geheim"kirche hat Ioanella mittlerweile aber eingebüßt. Dragomir ist tot, Todea bekämpft sie – wohl wegen seinerzeit verletzter Eitelkeit, weil er von Ioanella nicht zum Beichtvater gewählt worden war. Bei seinem Besuch in Rom nach der Revolution in Rumänien ist Todea öffentlich gegen Ioanella und Geheimbischof Iustin Paven aufgetreten. Trotzdem hat Paven dem Metropoliten anläßlich der Verleihung der Kardinalswürde gratuliert. Riti hat das aus dem Grund unterlassen, weil sich Todea nach dem 24. Dezember 1989, als die rumänische Revolution gegen Ceausecu voll im Gange war, geweigert hat, im Fernsehen aufzutreten, richtungweisende Worte zu sprechen und mit dem neuen Regime Ion Iliescus Gespräche aufzunehmen. „Die ganze Welt hat auf Rumänien geschaut", sagt Riti, „daher habe ich Todea aufgefordert, eine öffentliche Erklärung über die Situation der Unierten abzugeben und auch die Orthodoxen zur Wiedergutmachung aufzufordern." Todea hat Riti zurückgewiesen: „Ich brauche Deinen Ratschlag nicht." Riti war zu dieser Zeit noch Todeas Berater. 1948 gehörten den Unierten 2.006 Kirchen, die nach der Zwangsauflösung der Kirche alle in orthodoxen Besitz übergegangen waren.

„Todea ist schuldig, viele Fehler begangen zu haben", klagt Riti. Als die griechisch-katholische Kirche wieder frei wurde, nach dem Fall Ceausescus, hat Todea die Situation nicht zu nützen gewußt, oder wollte das auch gar nicht. Trotzdem genießt er in Rom großes Ansehen, seine Ansicht über die Geheimbischöfe der zweiten Generation hat sich voll durchgesetzt.

Riti wirft außerdem den vor der Revolution offiziell aktiven lateinischen Bischöfen – Ghergel von Iasi und Robu von Bukarest – vor, wichtige Kollaborateure des Geheimdienstes gewesen zu sein. Ghergel und Robu wurden im Jahre 1990 von Rom offiziell als Diözesanbischöfe bestätigt. Auch die Siebenbürgener lateinischen Bischöfe – mit Ausnahme Aaron Martons – sind nach den Worten Ritis Mitarbeiter der Securitate gewesen. Jakab Antal beispielsweise, der Nachfolger Aaron Martons auf dem lateinischen Bischofssitz von Alba Iulia, bekannte Riti einmal, daß er sehr schwach sei und dem Geheimdienst keinen Widerstand leisten könne. „Das war bei uns die Regel, sowohl bei den lateinischen als auch bei den orthodoxen Bischöfen. Diese Oberhirten durften fabelhafte Artikel, Lobeshymnen auf Ceausescu in den Zeitungen schreiben. Aber die Menschen wußten, daß sie arme Kollaborateure sind." Kaum jemand habe sich an diese offiziellen Bischöfe der lateinischen beziehungsweise der orthodoxen Kirche gehalten. Deswegen können die meisten Priester und Gläubigen sowohl der lateinischen wie auch der mit Rom unierten griechisch-katholischen Kirche nicht verstehen, wieso der Papst Petru Gherghel oder Ioan Robu zu Bischöfen ernennen konnte. „Hat denn der Papst keine Informationen über diese Leute? Andere Priester, die verfolgt wurden, hat man ignoriert."

Von Rom erwartet Riti jetzt eine klare Anwort, ob er als Bischof anerkannt ist oder nicht. Wie immer diese ausfallen wird, Riti will Roms Spruch anerkennen. Der Bischof von Cluj, George Gutiu, wurde von der Glaubenskongregation beauftragt, Untersuchungen in den Fällen der Geheimbischöfe der zweiten Generation vorzunehmen. „Ich habe alle Dokumente, auch die Bestätigung Dragomirs, an Gutiu übergeben. Jetzt warte ich. Bis heute ist mir nicht ganz klar, warum Todea so sehr gegen uns (Riti und Paven, Anm.d.Autors) ist."

Schwere Anschuldigungen gegen Kardinal Todea

Als guter Freund Todeas stehe er fassungslos vor den immer wiederkehrenden Intrigen gegen seine Person. Allerdings habe es in der griechisch-katholischen Kirche eine Gruppe von Priestern gegeben, die vom Geheimdienst beeinflußt gewesen seien. „Das waren die Priester Langa, Prundus, Astelianu, Tamaian und andere" – Riti kennt ihre Namen sehr genau. Diese Priester hatten die Aufgabe so zu wirken, daß auch die griechisch-katholische Untergrundkirche verschwand. Gemäß den Anordnungen Ceausescus durfte es nur die römisch-katholische und die rumänisch-orthodoxe Kirche in „seinem" Lande geben. „Aber die Unierten waren nach 40 Jahren noch immer nicht verschwunden." Die unierte Kirche kam aus dem Gefängnis und begann im Untergrund ums Überleben zu kämpfen. Das Regime versuchte aber, die griechisch-katholische Kirche, nachdem das mittels der unter Zwang herbeigeführten Union mit den Orthodoxen Ende der vierziger Jahre mißglückt war, in die römisch-katholische Kirche überzuführen. Das Problem bestand aber in der eingangs schon erwähnten Verankerung der Kirchen in den einzelnen Volksgruppen Rumäniens. Während die katholische Kirche lateinischen Ritus unter den Rumänen (Iasi und Bukarest) regimetreu war, unterstützte die lateinische Kirche der Siebenbürgener Magyaren seit 1948 die griechisch-katholische Kirche in ihrem Überlebenskampf. Die römisch-katholischen Ungarn Transsylvaniens mußten selbst um ihre Identität kämpfen, waren sie doch einem ungeheuren rumänischen Assimilierungsdruck ausgesetzt. Deswegen gibt es in Rumänien heute eigentlich zwei römisch-katholische Kirchen: die der Ungarn und die der Rumänen, die sich gegenüber den Orthodoxen immer als die 150prozentigen Rumänen beweisen mußten.

In der Ceausescu-Ära – ab 1965 – wünschte das KP-Regime eine vollkommene Aufsaugung der griechisch-katholischen Kirche durch die lateinische Kirche. „Das ist aber wegen der unterschiedlichen Riten nicht möglich", sagt Riti, die mit Rom unierten griechisch-katholischen Gläubigen hängen an ihrem, dem byzantinischen, Ritus. 1973 stattete Ceausescu Papst Paul VI. im Vatikan einen Besuch ab. Und dabei unterbreitete Ceausescu dem Oberhaupt der Katholiken diesen Vorschlag. Der Papst verwies jedoch darauf, daß er die Position der griechisch-katholischen Bischöfe dazu nicht kenne. Paul VI. wollte zuvor die Meinung der Unierten hören. Im Jahre 1976 befand sich Riti auf einem von der Caritas bezahlten Genesungsurlaub nach einem Schlaganfall in der Bundesrepublik Deutschland. Bei dieser Gelegenheit gab ihm Todea den Auftrag, nach Wiederherstellung der Gesundheit nach Rom zu fahren und Kontakt mit dem Papst aufzunehmen. „Ich sollte dieses Problem mit dem Papst besprechen. Zuerst sprach ich mit Bukovsky, jetzt Nuntius in Bukarest, dann mit dem Sonderbeauftragten des Vatikans für Osteuropa, Poggi. Ihm gab ich auch ein kleines Schreiben Todeas. Erst zog man einen Graphologen bei, der klären sollte, ob das Schreiben wirklich von Todea stammte. Nach zwei Tagen der Untersuchungen wurde ich erneut von Poggi empfangen. Ich konnte ihm dann alles von Todea übergeben, was die Position der griechisch-katholischen Kirche in der Frage der Eingliederung in die lateinische Kirche erläuterte. Unsere Position war: Aufgrund unseres eigenen Ritus wünschen wir nicht, von der lateinischen Kirche aufgesogen zu werden."

Mit dem Papst konnte Riti 1976 nicht zusammentreffen, da dieser gerade an einer Grippe erkrankt war. Deswegen sprach er zweimal mit Poggi und anderen vatikanischen Ostexperten. 1976 war die Haltung der griechisch-katholischen Kirche eindeutig. Todea hat aber im Laufe der Zeit seine Meinung geändert. Riti schildert seinen Metropoliten als einen in der Meinung labilen und leicht beeinflußbaren Menschen, der versuche, jedem Recht zu geben. 1984 unternahmen jene griechisch-katholischen Priester, die vom Regime dafür vorbereitet waren – ihre Namen wurden vorhin genannt – einen energischen Vorstoß bei Todea, die unierte byzantinische in die lateinische Kirche überzuführen. Das hätte dann bedeutet, daß man in allen katholischen Kirchen – bei den Magyaren, bei den Unierten – die Eucharistie auf Rumänisch gefeiert hätte. Riti machte Todea darauf aufmerksam, daß das die lateinischen Priester Siebenbürgens sehr wohl zu tun bereit wären, das ungarisch-stämmige Volk aber dagegen sei. Man dürfe die gute Zusammenarbeit mit den römisch-katholischen Gläubigen Siebenbürgens nicht aufs Spiel setzen. Doch Todea verstand das alles nicht, wollte es nicht verstehen. Er redete sich auf die Verpflichtung aus, die Messe in allen Kirchen des Landes auf Rumänisch zu feiern. Riti konnte dem nicht zustimmen, deswegen kam es zum Bruch mit Todea. Der jetzige Erzbischof und von Rom mit der Kardinalswürde geehrte 79jährige ist ein Wendehals, der bisher damit gut Kirchenpolitik zu machen verstand, Kirchenpolitik im eigenen, nicht im Interesse seiner Gemeinschaft. Riti hielt damals Todea vor: „Du mahnst mich, griechisch-katholisch zu bleiben, Du hast mich nach Rom geschickt, um unsere feste Position gegenüber dem Regime darzustellen – und jetzt hast Du Dich gewandelt. Da mach ich nicht mit." Das war der einzige, aber offenbar ein entscheidender Konflikt zwischen Todea und Riti, dessen persönliche Konsequenzen Riti nun noch immer zu spüren bekommt. „Todea ist ein Mensch, der keinen Widerspruch ertragen kann, er braucht Ja-Sager, gleichzeitig wandelt er seine Meinung ständig in Richtung jener, von denen er glaubt, sie haben Macht." Das bestätigt die These, daß Rom solche Männer sucht; auf sie kann sich die kirchliche Zentralmacht am besten verlassen. Leute wie Riti dürfen maximal „privat", zu Hause als Priester wirken. Nichtsdestoweniger hat der Geheimbischof einen Studentenkreis – Mädchen und Burschen – um sich versammelt, mit dem er an Sonntagnachmittagen theologische Studien betreibt. Riti: „Ich bin nicht als Bischof geboren, deswegen ist die Lösung dieser Frage für mich zweitrangig." Geheimbischof Paven betreibt aber seine Anerkennung mit enormem persönlichen Engagement.

UNGARN

Kampf den bischöflichen Kollaborateuren

Ein dichter Schleier liegt noch auf jenen Vorgängen, die seit 1964 mittels vatikanischer Hilfe der katholischen Kirche in Ungarn das Leben erleichtern sollten. Nach seiner Konsolidierung in den Jahren nach 1956 hatte es der „Gulyás-Kommunismus" János Kádárs den Kirchen ermöglicht, etwas freier zu atmen. Der Preis, den der Vatikan für das Angebot, alle Bischofsstühle in der Post-Mindszenty-Ära besetzen zu können, zu zahlen hatte, war die Hinnahme von dem kommunistischen Staat völlig ergebenen oder zumindest sich ruhig verhaltenden Männern auf den Bischofssitzen.

Eine Auseinandersetzung mit der Vergangenheit einer Kirche in den Händen des staatlichen Kirchenamtes, das lange Zeit Staatssekretär Imre Miklós leitete, ist bisher ausgeblieben. In ungarischen Kirchenkreisen, die die seinerzeit in hartem Ringen zwischen Rom und Budapest ausgehandelten Diözesanbischöfe ablehnen, wird von einem „moralischen Verfall" der meisten Kirchenvorsteher gesprochen. Nur eine konsequente Gewissensprüfung könnte den Bischöfen die alte, für Ungarn traditionelle Autorität wieder zurückgeben. Besonderer Kritik ist der gegenwärtige Primas der ungarischen katholischen Kirche, der Erzbischof von Esztergom, Kardinal László Paskai, ausgesetzt.

Unmittelbar nach den ersten freien Wahlen in Ungarn im Jahre 1990 wurde eine parlamentarische Untersuchungskommission eingesetzt, die das Funktionieren des 1951 gegründeten staatlichen Amtes für Kirchenfragen durchleuchten soll, das dem Innenministerium unterstellt war. Dabei kam aber nicht nur die Infamie der Beamten im Staatssekretariat für Kirchenfragen ans Tageslicht, sondern auch die – von Gegnern der offiziellen Bischöfe immer wieder beschriebene – Bereitschaft der Bischöfe, mit dem Staat zusammenzuarbeiten, Informationen weiterzuleiten, ja sogar vor Denunziationen nicht zurückzuschrecken, wenn es um Personalpolitik, um die Versetzung eines unliebsamen Priesters ging. Diese Erkenntnis veranlaßte ein Mitglied des parlamentarischen Untersuchungsausschusses, Gábor Iványi, zur Feststellung, daß Mitglieder der Kirchen – allen voran Vertreter der katholischen Kirche – in den vergangenen 40 Jahren „nicht ausschließlich Opferlämmer" gewesen sind. Das staatliche Kirchenamt wurde laut Untersuchungsergebnissen der parlamentarischen Kommission von Kirchenoberen und Pfarrern nicht selten dazu benutzt, um gegen unliebsame, kritische Kollegen vorgehen zu können. Vom Kirchenamt wurden auch sogenannte „Beeinflussungspläne" ausgearbeitet, mit denen jährlich eine Strategie zur Gewinnung von Mitarbeitern unter Klerikern entwickelt wurde.

Schwer unter Beschuß steht László Paskai, Erzbischof von Esztergom und Kardinal. Er hatte sich unmittelbar nach seiner Nominierung zum Nachfolger des am 30. Juni 1986 verstorbenen Kardinals László Lékai abfällig über Kardinal József Mindszenty geäußert, von dem er sagte, daß er durch seine starre Haltung gegenüber den Kommunisten der Kirche schwer geschadet habe. Zögernde Bestandsaufnahmen von Kirchensoziologen in Ungarn und im westlichen Ausland über die „Erfolge" der von den Kommunisten gewünschten und erreichten vatikanischen Kompromißpolitik in Ungarn kommen zu keinen überwältigenden Ergebnissen. Das kirchliche Leben in Ungarn liegt darnieder, die religiöse Bildung ist gering, die sozial-karitativen Möglichkeiten werden kaum genützt, der Umgang der Amtskirche mit der Öffentlichkeit via Medien läßt zu wünschen übrig. Die während der vergangenen Periode von 40 Jahren indoktrinierte Autoritätsgläubigkeit – im katholischen Bereich ohnehin ein Wesenselement der Kirchlichkeit – und Eindimensionalität des gesellschaftlichen Lebens hat in Ungarn eine Amtskirche entstehen lassen, die auf die Entwicklung der Demokratie, einem rasch entstehenden Wertepluralismus überhaupt nicht vorbereitet ist. Anhand der Entwicklung in Ungarn seit 1964 läßt sich der Weg einer Kirche in einem kommunistischen Staat verfolgen, der in der gesellschaftspolitischen Bedeutungslosigkeit endete.

Als in den fünfziger Jahren die damalige kommunistische Führung in Ungarn das Konzept der „nationalen Einheit" entwickelte, das 1958 auch auf die Religionspolitik des Staates ausgedehnt wurde, blickten die Kommunisten besonders auf die katholische Mehrheitskirche des Landes. Ohne die katholische Kirche wäre dieses Programm nicht durchzuführen gewesen. 1949 wurde in Ungarn die Friedenspriesterbewegung gegründet, eine Gemeinschaft, die sich wie in der CSSR „Pacem in terris" dem Staat gegenüber absolut loyal verhielt. 1955 wollten die Kommunisten erstmals über die Friedenspriesterbewegung einen Überlebensmodus mit der Kirche aushandeln, doch dann kam 1956 dazwischen. 1957 wurde dann die kirchliche Friedensbewegung „Opus pacis" gegründet, ebenfalls ein Instrument der Kommunisten. Erst mit der Eröffnung des Zweiten Vatikanischen Konzils, an dem auch die ungarischen Bischöfe teilnahmen, entwickelten sich erste Kontakte zwischen Rom und Budapest. Rom mußte zur Erreichung der Ausreisegenehmigung der Bischöfe das Versprechen abgeben, daß diese im Ausland die Politik der Kommunisten nicht kritisieren würden. Daran haben sich bis zur Abwahl der Kommunisten 1990 alle Bischöfe gehalten.

Nach den Direktkontakten zwischen Hl. Stuhl und Budapest ab 1963 wurde 1964 ein Modus vivendi und ein dementsprechendes Abkommen ausgehandelt. Daraufhin konnten Bischofsstühle neu besetzt werden – als Konsequenz dieses Abkommens ist auch die Entmachtung des Symbols Mindszenty zu sehen, der als Mahnmal für die irreguläre Situation der Kirche in Ungarn zu einem Hindernis der kompromißbereiten Kommunisten und des Vatikans geworden war. Ganz in dieser Tradition hat der jetzige Primas Paskai auch seinen Vorgänger beurteilt.

Gruppen von Gläubigen unternahmen aber immer wieder Versuche, auf die ungelösten Probleme der Kirche bei den Magyaren aufmerksam zu machen : auf die Behinderungen des Religionsunterrichts, auf die kontrollierte Priesterausbildung im Budapester Zentralseminar, auf die Unmöglichkeit, Laien zum kirchlichen Dienst heranzuziehen und theologisch auszubilden, auf die berufliche Diskriminierung gläubiger Schüler und Studenten, auf die Enthaltsamkeit der Kirche, gesellschaftspolitisch zu wirken, auf den Verzicht karitativer Tätigkeit.

Heute stellt sich heraus, daß der Kompromißkurs, den der Vatikan steuerte, der ungarischen Kirche kaum etwas gebracht hat. Alles, was der nach der Amtsentbindung Mindszentys 1971 ernannte Nachfolger des Primas, der spätere Kardinal Lékai, nach zehnjähriger Amtszeit als Erfolg vorweisen konnte, war die Herausgabe eines Uralt-Katechismus, die Ermöglichung der theologischen Ausbildung einer beschränkten Anzahl von Laien zum Religionsunterricht, die in der Kommunistenära nie ihren Dienst angetreten haben, und die Einrichtung eines Exerzitienhauses bei Budapest. Der Niedergang des moralischen Ansehens der Kirche in Ungarn hatte mit dem Kompromißpakt von 1964 begonnen. Nach dem Tode Kardinal Lékais zog der ungarische Kirchensoziologe Miklós Tomka in einem Furche-Artikel (Nummer 40/1986) folgende Bilanz: „Der Zerfall der herkömmlichen Religiosität ging in Ungarn in den sechziger und siebziger Jahren mit ungewöhnlicher Heftigkeit voran. Die Marxisten sahen die alten Voraussagen bestätigt: Die Religion stirbt ab. Die Daten des Niederganges ließen die Prognose zu. Die christliche Religion würde gegen 2.015 in Ungarn nur noch in musealen Restbeständen vorhanden sein. Die Beweise waren bezwingend. Die Taufquoten sanken von 100 auf 66 bis 68 Prozent. Der Kirchgängeranteil fiel von 50 bis 70 auf acht bis zehn Prozent. Sogar an Feiertagen wie Weihnachten und Ostern gehen nur noch 30 bis 34 Prozent der erwachsenen Christen in die Kirche. Die Zahl der Priester sank auf etwa die Hälfte, und ihre Altersstruktur läßt eine weitere Abnahme voraussagen.Einerseits ist also in dieser Phase eine große Gruppe entstanden, die wirklich keine Beziehungen zu Religion und Kirche hatte. Die Verbannung des Religiösen aus dem öffentlichen Leben konnte erreichen, daß solche Leute nun auch nicht die elementarsten Kenntnisse von der christlichen Tradition haben, Christus mit Buddha verwechseln, ernstlich über die Zahl der Evangelien – ob drei oder vier -diskutieren und je nach Geschmack die Frohbotschaft als Volskverdummung oder als exotische letzte Chance verstehen. Andererseits ist die Amtskirche, oder auch konkreter: die kirchliche Organisation, soweit zerfallen, daß sie ihren fundamentalsten Aufgaben nicht gerecht werden kann. Die religiöse Kindererziehung ist nur in den Familien der Eifrigsten, nicht aber institutionell in der Kirche gesichert. Die ehemalige Volkskirche konnte sich weder zu einer organisch-gemeinschaftlichen noch zu einer technokratisch durchorganisierten Kirche entwickeln. Sie ist ein Sammelbecken fast ganz ohne gemeinschaftsstiftende Kraft."

Gleichzeitig gab es aber – von der Amtskirche abgelehnte, bekämpfte und unterdrückte – Untergrundbewegungen, die – im Gegensatz etwa zur CSSR – glaubten, ohne Bischöfe kirchliches Leben fortführen zu können. Eine dieser Bewegungen ist die noch existierende „Bokor"-Gemeinschaft des Piaristenpaters György Bulányi. Bulányi, der ein eigenes theologisches Konzept der Kirche entwickelte, hat mir gegenüber mehrmals betont, daß die Kirche „solche Bischöfe", wie sie der ungarische kommunistische Staat mit dem Vatikan ausgehandelt hatte, nicht brauche. Der Piaristenpater, der auch Vorkämpfer eines christlichen Pazifismus und damit „Ideologe" der ungarischen religiös-motivierten Wehrdienstverweigerer war, geriet auch mit dieser Haltung in Widerspruch zur ungarischen Amtskirche. Kardinal Lékai hat unisono mit Kirchenamtsleiter Imre Miklós ungeniert Kardinal Mindszenty zitiert, wenn es um den Wehrdienst ging. Mindszenty war alles andere als ein Pazifist, ihm galt die Verteidigung der ungarischen Heimat, des Ungartums als „heilige Pflicht". Die offizielle Kirche arbeitete diesbezüglich dem kommunistischen Staat in die Hand, legitimierte dessen Bestimmungen bezüglich Wehrdienst und brachte unzählige Katholiken in Schwierigkeiten, die nicht mit der Waffe in der Hand dem – noch dazu kommunistischen – Staat dienen wollten. Die Behörden hatten leichtes Spiel mit den Wehrdienstverweigerern, die keinen Rückhalt bei ihren Bischöfen fanden. Nur die Untergrundkirche Ungarns bot ihnen Schutz, informierte westliche Medien über Prozesse gegen Wehrdienstverweigerer und brachte mittels des abgelehnten Treue-Eids gegenüber einem dem Warschauer-Pakt angehörenden Heer die politische Auseinandersetzung der Kirche mit dem Marxismus ins Rollen.

Als Bulányi begann, den Wehrdienstverweigerern zu helfen, fand der Staat in der Amtskirche einen willfährigen Handlanger, den gefährlichen Mann im Untergrund loszuwerden. Über „Glaubensfragen" wollte man den bei der römischen Glaubenskongregation angezeigten „Härtiker" fassen. Bulányi sagte damals, 1986, zu mir: „Vor Abschluß der Helsinki-Schlußakte 1975 hatte der atheistische ungarische Staat die Möglichkeit, mit Gewalt gegen uns vorzugehen.“ Und in der Tat, insgesamt 300 Mitglieder der Bulányi-Untergrundgemeinschaft waren im Zeitraum von zwei Jahrzehnten verhaftet worden. „Heute“ – so der Piaristenpater weiter – „kann der Staat nicht mehr mit solchen Methoden arbeiten, deswegen hat er der ungarischen Hierarchie die ‚edle Aufgabe' übertragen, uns zu liquidieren.“ Der aufgrund der Anzeige bei der Glaubenskongregation wegen häretischer Ansichten notwendig gewordene Briefwechsel mit Rom hat Bulányi ziemlich aufgerieben und die Hände gebunden. Trotzdem forderte er nach dem Tode Kardinal Lékais Rom auf, für Ungarn keinen Bischof mehr zu ernennen, solange der Kommunismus nicht beseitigt sei. Das Schicksal Bulányis ist Folge der konsequent zweideutigen Haltung des Vatikans in seiner früheren Ostpolitik. Teilweise Kompromißbereitschaft, teilweise Unterstützung der Untergrundkirche. Das Ergebnis: Bei „Normalisierung“ des Verhältnisses zwischen Staat und Kirche blieb der treue Einzelkämpfer immer auf der Strecke. Es ist keineswegs merkwürdig, daß die ungarische Bischofskonferenz in ihrem damaligen Kampf gegen Bulányi immer wieder verlauten ließ, der Piaristenpater sei ein „unbedeutendes Problem“ der ungarischen Kirche, während der Staat mit allen Mitteln versuchte, den unangenehmen Kritiker loszuwerden. Aber Bulányi war zu Kompromissen nicht bereit, er lehnte es auch ab, ins westliche Ausland zu gehen. Er blieb Stachel im Fleisch der bequemen Hierarchen.

Als man nach dem Tode Lékais einen Nachfolger suchte und auf den Koadjutor der ungarischen Erzdiözese Kalocsa, László Paskai, stieß, wies Bulányi darauf hin, daß dieser „ein Mann des Staates“ sei. Nach sondierenden Gesprächen Paskais ab 15. September 1986 in Rom, die Frage seiner Ernennung zum Erzbischof von Esztergom betreffend, war die erste Aufgabe des nach Budapest zurückgekehrten Koadjutors, Bulányi zu maßregeln. Bulányi, der zu einem Gespräch mit dem offenbar schon zum Primas Hungariae designierten Paskai aufgefordert wurde, bat um eine Unterredung im Freien, damit das Gespräch nicht abgehört werden konnte. Paskai entsprach dieser Bitte nicht. Bulányi beschrieb dieses Gespräch mir gegenüber später so: „Er redete mir so ins Gewissen, wie es der Kirchenamtsleiter Imre Miklós nicht besser gekonnt hätte. Wenn wir abgehört wurden, dann hatte der Staat an der Haltung Bischof Paskais sicher nichts auszusetzen.“

Heute wissen wir aufgrund der Untersuchungen des ungarischen Parlaments gegen das staatliche Kirchenamt, daß Kardinal Paskai nie ein Agent dieser Behörde war, sich dieser aber mit freiwilligen Informationen und Denunziationen angebiedert hat. Als im Mai 1991 der Sarg mit den sterblichen Überresten Kardinal Mindszentys von Mariazell nach Esztergom überführt wurde, befanden sich im Zug der Prälaten von Esztergom – nach wie vor im feierlichen Gewand – die registrierten Agenten des Innenministeriums, darunter auch Paskais Büroleiter. Das Schlimme für viele ungarische Gläubige daran ist, daß sich diese Leute heute sehr sicher fühlen und sich darauf berufen können, daß sie schließlich mit Zustimmung Roms ernannt worden seien.

Zwei Geheimbischöfe reden nicht

Ob die ungarischen Geheimbischöfe mit oder ohne Zustimmung Roms geweiht wurden, entzieht sich unserer Kenntnis. Kirchliche Stellen in Ungarn haben die Existenz von zwei Untergrundbischöfen bestätigt, nicht jedoch ihre Namen genannt. In mühevollen Recherchen gelang es mir, ihre Namen herauszubekommen, die hier erstmals genannt werden: Gyula Parádi und József Rédei. Parádi arbeitet heute als Pfarrer im 9. Bezirk in Budapest. Rédei ist Pfarrer in Sárisáp. Die beiden Geheimbischöfe halten sich an die von der Kirche verordnete Arkandisziplin und schweigen über ihre Funktion beziehungsweise ihre Tätigkeit im Untergrund. Parádi soll – nach Aussagen aus dem Kreis Zahradnik – von einem Bischof der CSSR-Untergrundkirche geweiht worden sein. Das Schweigen hat in diesen speziellen Fällen auch etwas mit der den ungarischen Katholiken eigenen Romtreue zu tun. In ungarischen kirchlichen Untergrundkreisen ist es aufgrund des absoluten Gehorsams Rom gegenüber auch nie zur Ausbildung besonderer Formen des Priestertums – wie dies in der Tschechoslowakei der Fall war – gekommen. Verheiratete Priester oder Priesterinnen gibt es in der ungarischen Geheimkirche nicht.

Als mein Kollege Franz Hummer für sein Buch „Bischöfe für den Untergrund" vor mehr als zehn Jahren in dieser Angelegenheit Nachforschungen in Ungarn anstellte, bat ihn der damalige Bischof von Pécs, József Cserháti, der sich im Umgang mit dem staatlichen Kirchenamt mittels Bauernschläue nie die Hände schmutzig gemacht hat, keine Zeile über die ungarische Geheimkirche zu schreiben. Aufgrund der freundschaftlichen Beziehungen zu Cserháti unterließ Hummer die Publizierung des Faktums einer auch in Ungarn existierenden Geheimkirche.

Auf wen diese Geheimkirche zurückgeht, kann heute nicht mit absoluter Sicherheit gesagt werden. Ein Mittelpunkt der ungarischen Geheimkirche war der 1965 unter mysteriösen Umständen ums Leben gekommene Bischof Imre Szabó. Dieser stand 1956 auf der Seite der anti-kommunistischen Revolutionäre und wurde dann als Pfarrer aufs Land versetzt. Später war er Leiter einer Budaer Pfarre. Szabó stand als Hilfsadministrator den Esztergomer Diözesanadministratoren zur Seite. Er dürfte ein römisches Mandat zur Weihe von Geheimpriestern und -bischöfen gehabt haben. Szabó hat jenen Mann zum Geheimpriester geweiht, der dann selbst eine Art Untergrundkirche begründet hat, den ehemaligen Offizier István Tabodi. Von staatlichen Stellen immer behelligt und verfolgt, starb Szabó bei einem Sturz aus dem Fenster des Erzbischöflichen Palais in Esztergom.

Der von Szabó geweihte István Tabodi ist heute Pfarrer einer Gemeinde in der Nähe von Budapest. Zu Beginn der sechziger Jahre hat Tabodi einen Massenaustritt von Alumnen aus dem Budapester Zentralseminar organisiert. Das war eine Maßnahme, die gegen jene Kirchenoberen gerichtet war, die als Friedenspriester die Ausbildung von Theologen vom Staat übertragen bekommen hatten, wie in anderen osteuropäischen Staaten auch. Tabodi arbeitete gegen die für Priester obligatorischen Versammlungen des „Opus pacis", tat alles, um die Kirche dem kommunistischen Würgegriff zu entwinden. Über geheime Wege hatte Tabodi ausgezeichnete Verbindungen zu römischen Stellen, von denen er finanzielle Hilfen für seine im Untergrund aufgebauten Seminare erhielt. Nach dem Massenaustritt von Alumnen waren nur neun Theologen im Zentralseminar geblieben. Den anderen war es verboten, zu Studienzwecken die Bibliothek des Seminars und der Theologischen Akademie zu benützen. Deswegen trieb Tabodi über das Ausland Geld und Literatur für die Priesterkandidaten auf. Über seine Beziehungen zu Rom hat Tabodi bis heute nichts verlauten lassen. Wie die beiden Geheimbischöfe schweigt auch er eisern. Nicht auszuschließen ist, daß Tabodi über diese Stellen auch die Genehmigung erhalten hat, geheim Bischöfe weihen zu lassen. Tabodi selbst war kein Bischof. Es ist aber möglich, besagen Gerüchte, daß auch er selbst aufgrund der „Mexikanischen Fakultäten", die während der Revolution in Mexiko in den ersten Jahrzehnten dieses Jahrhunderts von der Kirche zum ersten Mal angewendet wurden, zum Bischof geweiht wurde.

Es hat Versuche gegeben, Geheimbischof József Rédei zum Weihbischof von Esztergom zu machen. Dies wurde jedoch von Primas Paskai und anderen Vertretern der kompromittierten ungarischen Kirche hintertrieben. Das Schweigen Rédeis ist also nicht verwunderlich.

Kardinal Paskai, der im Mai 1991 den Leichnam des von ihm geschmähten Vorgängers Mindszenty offiziell in Ungarn übernehmen mußte, tat das nervös und ohne große Begeisterung. Die Hunderttausenden in Ungarn, die die Straßen säumten, auf denen der tote Kardinal nach Ezstergom gebracht wurde, haben mit ihren Füßen gegen die Kompromißkirche Ungarns abgestimmt. Wie es mit dem kompromittierten ungarischen Episkopat (es handelt sich dabei nicht um alle ungarischen Diözesan- oder

Weihbischöfe) weitergehen wird, vermag niemand zu sagen. Bulányis Traum von der Ablöse der bischöflichen Kollaborateure, wird sich jedoch nicht erfüllen.

Innerhalb der ungarischen Bischofskonferenz ist es jedoch schon zu Auseinandersetzungen in dieser Sache gekommen. Auf der Herbstsession 1990 kam es zum Streit in der Gruppe der Kollaborateure. Der als eifriger Staatsdiener beschriebene, inzwischen emeritierte Bischof von Györ/Raab, Kornel Pataki, wollte nicht mehr allein als Konfident dastehen und nannte vor den Mitgliedern der Bischofskonferenz auch Kardinal Paskai, den griechisch-katholischen Bischof Szilárd Keresztes und den früheren Erzabt von Pannonhalma, den Benediktinerpater András Szennay, als willfährige Konfidenten. Eine Vergangenheitsbewältigung wird erforderlich sein, Schmutzwäsche ist genug vorhanden.

UKRAINE

Untergrundkirche par excellence

Die ukrainisch-katholische Kirche war eine Untergrundkirche par excellence. Die unierten Ukrainer fristeten seit 1946 ihr Dasein im Untergrund. Auf der sogenannten Synode von Lemberg haben Stalins Kirchenpolitik exekutierende Geistliche die griechisch-katholische Kirche dem Moskauer Patriarchat angeschlossen und damit auch den Startschuß für ähnliche Zwangsmaßnahmen in der Tschechoslowakei und in Rumänien gegeben.

Die ukrainisch-katholische Kirche byzantinischen Ritus geht auf die Union von Brest-Litowsk im Jahre 1595 zurück. Sie zählte im 18. Jahrhundert etwa zwölf Millionen Gläubige, die in Weißrußland und in der Ukraine lebten. Durch die wiederholte Teilung Polens wurde ihre Situation immer prekärer. Galizien gehörte zur Habsburgermonarchie, hier konnte sich die auch „ruthenische Kirche“ genannte Gemeinschaft relativ gut entfalten. Im zaristischen Rußland gelangte die ruthenische Kirche unter zunehmenden Druck. Die Westukraine – das frühere österreichische Galizien – kam 1923 zur Republik Polen, eine ruthenische Diözese kam zur neuen tschechoslowakischen Republik.

Zu Beginn des Zweiten Weltkrieges zählte die ukrainisch-katholische Kirche 4,3 Millionen Gläubige in insgesamt sechs Diözesen. Bereits in den Jahren sowjetischer Besetzung ab 1939 wurde die griechisch-katholische Kirche ständig verfolgt. In diese Zeit fallen die ersten geheimen Bischofsweihen, darunter Joseph Slipyj. Von 1941 bis 1945 war die Ukraine in deutscher Hand, es kommt zu neuen geheimen Weihen. Mit der Okkupation der Westukraine und der Karpato-Ukraine 1945 durch die Sowjets begann erneut eine Leidensperiode der Unierten.

Ukrainisch-katholische Kirchen wurden systematisch zerstört, elf Bischöfe verhaftet, die Hälfte der Priester verschwand in Lagern. Alle Bischöfe – mit Ausnahme des Großerzbischofs Kardinal Joseph Slipyj, der bis Ende 1963 inhaftiert war, dann ins römische Exil ging – starben im Gefängnis oder in der sibirischen Verbannung. Diese Erfahrung einer Teilkirche mit dem kommunistischen System prägte ganze Priester- und Bischofsgenerationen in Osteuropa. Der Gang nach Sibirien stand jenen Geheimbischöfen vor Augen, die versuchten, durch eine Vielzahl von Weihen die Zerstörung der Kirche zu verhindern. Das sakramentale Leben sollte aufrechterhalten bleiben.

Zurück zur ukrainisch-katholischen Kirche: Im Zeichen der Kirchenverfolgung stand dann die Synode von Lemberg, an der 200 Priester und Laien teilnahmen, kein einziger Bischof aber zugegen war. Ab dieser „Vereinigungssynode" mit den Orthodoxen unter Regieführung des NKWD (des Geheimdienstes) wurde die ukrainisch-katholische Kirche in der Sowjetunion nicht mehr offiziell anerkannt. Sie konnte – wie in Rumänien – nur mehr im Untergrund weiterbestehen. Von Rom aus war Kardinal Slipyj lange Zeit ihr „Patriarch".

In der mehr als vierzigjährigen Praxis der ukrainisch-katholischen Untergrundkirche entwickelten sich mehrere Möglichkeiten zur Aufrechterhaltung des kirchlichen Lebens: Ein Teil der Unierten besuchte die orthodoxen Kirchen, blieb aber innerlich katholisch. Ein zweiter Teil führte ein geheimes religiöses Leben. Ein dritter Teil – entstanden in den fünfziger Jahren – kämpfte unerschütterlich um die Legalisierung der ukrainisch-katholischen Kirche – obwohl man von seiten des Sowjetstaates bis zur Wende unter Gorbatschow nichts als schwerste Repression zu erwarten hatte.

Mehr als zehn Geheimbischöfe

Der europäische Helsinki-Prozeß, die Konferenz für Sicherheit und Zusammenarbeit in Europa, die einen Katalog der Menschenrechte und das Recht auf Religionsfreiheit enthielt, war der Beginn zunehmender öffentlicher Aktivitäten der ukrainischen Geheimkirche. Im Untergrund wirkten in den vergangenen beiden Jahrzehnten mehr als zehn Bischöfe, deren Namen eisern geheimgehalten wurden. Eine Bekanntgabe hätte deren sofortige Verhaftung bedeutet. Einen Bischof einer nicht existierenden Kirche – so der sowjetische Rechtsstandpunkt – konnte es nicht geben. Trotzdem wandten sich seit 1975 mehrmals ukrainisch-katholische Untergrundbischöfe und Vertreter des von Laien gegründeten Zentralkomitees der ukrainischen Katholiken an die Konferenz für Sicherheit und Zusammenarbeit in Europa mit der Bitte, ihre Anstrengungen um Legalisierung der unierten Kirche in der Sowjetunion zu unterstützen. Der Sowjetstaat versuchte mit vielen Tricks, die romtreue Kirche im Zaum zu halten. Im Februar 1987, zwei Jahre nachdem Gorbatschow als Generalsekretär der KPdSU den Prozeß der Umgestaltung eingeleitet hatte, machten die Sowjetbehörden dem Vorsitzenden des Zentralkomitees der ukrainischen Katholiken, Josyf Terelja, der danach ins westliche Exil ging, den Vorschlag einer „Legalisierung" um den Preis der Loslösung von Rom. Darauf konnte Terelja nicht eingehen, hätte die Annahme dieses Angebots doch die Selbstaufgabe der ukrainisch-katholischen Kirche bedeutet. Erst 1988 lokkerte sich im Zusammenhang mit den Tausendjahrfeiern der russisch-orthodoxen Kirche etwas im Verhältnis Moskaus zu den katholischen Ukrainern. In diesem Zusammenhang getrauten sich sogar zwei Untergrundbischöfe namentlich einen gleichlautenden Brief an Michail Gorbatschow und Papst Johannes Paul II. zu unterzeichnen, in dem gebeten wurde, „mit allen möglichen Mitteln die rechtliche Anerkennung der ukrainisch-katholischen Kirche in der Sowjetunion zu unterstützen". Bei den beiden Geheimbischöfen, die damit den Untergrund verließen, handelte es sich um Pawlo Wasylyk aus Iwano-Frankiwsk sowie um Iwan Semedi aus der Karpato-Ukraine. Das war überhaupt das erste Dokument, das die Existenz der ukrainisch-katholischen Kirche in der Sowjetunion nachwies.

Gorbatschows neue Religionspolitik sollte bald zu entscheidenden Durchbrüchen bei der Frage der Anerkennung der ukrainisch-katholischen Kirche führen. Entscheidend war die Begegnung des sowjetischen Präsidenten mit Papst Johannes Paul II. am 1. Dezember 1989. Dabei wurde die Möglichkeit für die Ukrainer vereinbart, sich als christliche Gemeinden registrieren zu lassen und damit die Legalisierung nicht in Gesamtheit, sondern Schritt für Schritt zu erreichen. Dies bedeutete das Ende der Untergrundkirche. Zehn Bischöfe verließen den Untergrund und wurden am 19. Jänner 1991 vom Papst als Bischöfe bestätigt: Erzbischof Wolodymyr Sterniuk, 1964 geheim zum Bischof geweiht, der bis zur Rückkehr Kardinal Myroslav Lubachivskys aus Rom 1991 nach Lemberg vor Ort als Oberhaupt die fünf Millionen Mitglieder zählende ukrainisch-katholische Kirche leitete; Filemon Kurtschaba, 1985 konsekriert; Pawlo Wasylyk und Iwan Margitytsch sowie Sofron Dmyterko, geweiht 1968; des weiteren Iwan Semedi, 1978 konsekriert, Julian Woronowsky, Mykhalo Sabryha, Iwan Holowatsch und Iryney Bilyk. Neben diesen zehn anerkannten ehemaligen Geheimbischöfen soll es in der Ukraine noch drei Untergrundbischöfe geben, deren Namen bis Herbst 1991 geheimgehalten wurden.

Mit der Legalisierung der griechisch-katholischen Kirche in der Ukraine sind neue Fronten eröffnet worden: Das Moskauer Patriarchat muß den Verlust wichtiger und wirtschaftlich bedeutender Pfarren und Kirchen verkraften. Die Gläubigen der ukrainisch-katholischen Kirche greifen nicht selten zur Gewalt, wenn es um die Rückgabe konfiszierter Kirchen und Besitztümer geht, auch die Orthodoxen sind bei diesen Konfrontationen in der Wahl ihrer Mittel nicht zimperlich. Nach 45 Jahren ständiger psychischer und physischer Bedrohung bahnt sich aufgestaute Wut einen Weg an die Oberfläche.

CHINA

Gigantische Dimensionen des Untergrunds

In Rotchina stehen heute zirka sechzig geheim geweihte katholische Bischöfe sechzig sogenannten „patriotischen" Bischöfen gegenüber. Diese sensationellen Zahlen hat Mitte September 1991 der Ostasienexperte des Jesuitenordens, Guiseppe Pittau, in Rom enthüllt. Bei den „patriotischen" Bischöfen handelt es sich um Vertreter jener katholischen Gemeinschaft, die seit 1957 mit dem Staat zusammenarbeitet. Diese Bischöfe haben in der Folge gültig, aber unerlaubt weitere Bischofsweihen vorgenommen. Der Vatikan hat die „patriotische Vereinigung" nie anerkannt und immer eine starre Haltung gegenüber jenen Bischöfen an den Tag gelegt, die sich offen auf die Seite der staatlich registrierten Kirche gestellt haben. Das eigentlich Sensationelle an der Information Pater Pittaus ist der Hinweis, daß der Vatikan zwanzig von den sechzig „patriotischen" Bischöfen „geheim" anerkannt haben soll.

Damit gibt es in China heute eine Geheimkirche, die seit dem Kirchenkampf Mao Tse tungs kaum Gelegenheit hatte, mit Rom in Kontakt zu treten und daher gemäß den wiederholt genannten „Mexikanischen Fakultäten" Bischöfe geweiht und damit die Apostolische Sukzession gewahrt hat. Von den von Pater Pittau genannten 60 Bischöfen dieser Untergrundkirche liegt mir eine Liste von dreißig Namen vor, deren Veröffentlichung aus Gründen der andauernden Kirchenverfolgung und Repression von Dissidenten in Rotchina mir nicht opportun erscheint.

Eine zweite Kirche ist die vom Regime registrierte „patriotische Vereinigung", die sich zwar von Rom nie abgespalten hat, de facto aber im Schisma mit Rom lebt. Diese Assoziation wurde in der Volksrepublik China nach dem Vorbild der Kirchenpolitik zur Zeit der Französischen Revolution gebildet: Die Priester müssen in erster Linie dem Staat dienen und dessen Werte vertreten. Vor 200 Jahren legten viele Priester in Frankreich den Eid auf die revolutionäre Verfassung ab, obwohl die Kirche sie mit Exkommunikation bestrafte, während andere Priester dem neuen Regime die Zusammenarbeit verweigerten und deswegen verfolgt wurden. Ähnlich verhielt es sich in China, wo noch die Erfahrung mit den Kolonialmächten hinzukam, als deren Ideologen (nicht selten zurecht) die katholischen Missionare angesehen wurden. Die chinesischen Kommunisten verlangten von den Religionsgemeinschaften – fünf sind seit mehr als zehn Jahren offiziell anerkannt (Taoismus, Buddhismus, Islam, Katholizismus und Protestantismus) – die totale Treue gegenüber dem Staat, was durch die

Übernahme der sogenannten „drei Selbst“ (Selbstverwaltung, Selbstfinanzierung, Selbstpropagierung) dokumentiert werden mußte. Wer das nicht anerkannte und sich sogar gegen die Partei und Regierung stellte, wie die Katholiken der erstgenannten Gruppe, wanderte ins Gefängnis oder ins Arbeitslager. Viele Priester und Bischöfe machten guten Glaubens bei der „patriotischen Assoziation“ mit, in der Annahme, sie könnten der Kirche dadurch helfen. Sie wollten keine Abspaltung von Rom, mußten sie de facto aber in Kauf nehmen. Da Rom sie immer wieder verurteilte, wurden in den vergangenen Jahren von Vertretern der „patriotischen Katholiken“ Stimmen laut, daß es auch ohne Rom gehe.

Seit kurzem muß man auch von einer dritten „Kirche“ in China sprechen, einer neuen Art von Geheimkirche: das sind die Bischöfe der „patriotischen Vereinigung“, die der Vatikan „geheim“ anerkannt hat, bei denen also wie bei der erstgenannten Gruppe die volle Kirchengemeinschaft mit der Zentrale wiederhergestellt ist. Warum das „geheim“ geschehen ist, liegt mit Blick auf die Menschenrechtsverhältnisse in China mehr als zwei Jahre nach den Ereignissen am Tiananmen, dem Platz des Himmlischen Friedens in Peking, auf der Hand. Welcher Teufel allerdings den Jesuiten Pittau ritt, zwar ohne Namensnennung, diese Geheimanerkennung zu publizieren, könnte bestenfalls das Engelwerk beantworten. Den zwanzig anerkannten „patriotischen“ Bischöfen könnten seitens der chinesischen Behörden ungeahnte Schwierigkeiten erwachsen.

Mit Deng Xiaopings ab 1978 gesteuertem Kurs der „vier Modernisierungen“ – Landwirtschaft, Industrie, Landesverteidigung, Wissenschaft und Technik – ging auch ein Werben um alle guten Kräfte, sprich: auch um die Religionsgemeinschaften einher. Das gigantische Vorhaben des greisen Führers benötigte alle gesellschaftlichen Reserven, was auch eine modifizierte Religionspolitik mit gewissen Erleichterungen für die katholische Kirche zur Folge hatte. Der blutige Rundumschlag der alten Garde vom 4. Juni 1989 hat gezeigt, daß die eigentliche Geheimkirche gut beraten war, nicht aus dem Untergrund herauszutreten. Warum es aber Rom in der Ära vor der neuen Eiszeit seit dem Tiananmen-Massaker nicht gelang, mit der „patriotischen Assoziation“ auf einen gemeinsamen Nenner zu kommen, bleibt vorläufig ein Geheimnis nicht-gelungener vatikanischer Diplomatie.

An den Studentendemonstrationen im Jahre 1989 für mehr Demokratie, Mitsprache und Menschenrechte hatten sich auch christliche Gruppen beteiligt – Protestanten wie Katholiken. Was Wunder, wenn der Staatssicherheitsdienst einer strikt kommunistischen Macht seinen Apparat erneut gegen die Kirchen auffahren ließ. 10.000 bis 30.000 Menschen sollen im Gefolge des Tiananmen-Massakers hinter Gefängnismauern oder in Umerziehungslagern verschwunden sein. Darunter befinden sich viele Christen, deren Schicksal niemand kennt. Im Dezember 1989 ist Geheimbischof Peter Yang Libo (geboren 1913) im Gefolge des geheimpolizeilichen harten Durchgreifens gegen Oppositionelle verhaftet und Ende Mai 1990 zu drei Jahren Arbeitslager verurteilt worden. Dasselbe Schicksal traf seinen Bischofskollegen im Untergrund, den 1920 geborenen Paul Li Zhenrong, der ebenfalls zu drei Jahren Arbeitslager verurteilt wurde. Über das Schicksal des 1984 festgenommenen und im Jahr darauf zu zehn Jahren Haft verurteilten Geheimbischofs Casimir Wang Milu, der nach auf geheimen Wegen aus China geschmuggelten Dossiers 1988 mehrfach mit Isolationshaft bestraft worden sein soll, ist nichts bekannt. Diesem Untergrundbischof war – wie vielen seiner Amtsbrüder vorher – vorgeworfen worden, Kontakte zum Vatikan unterhalten zu haben; das verstößt gegen jene Verfassungsbestimmung, nach der religiöse Angelegenheiten „nicht Gegenstand ausländischer Vorherrschaft" sein dürfen.

„Dolchstoß" des Vatikans

Sollte die Information Pater Pittaus von der Anerkennung „patriotischer" Bischöfe durch den Vatikan stimmen, könnte das – wie auch verschiedentlich in Osteuropa geschehen – als „Dolchstoß" der Zentrale gegen eine jahrzehntelang treue, kämpferische und leidende Kirche interpretiert werden. Die verheerende moralische Wirkung eines solchen, wenn auch geheim durchgeführten diplomatischen Aktes, liegt auf der Hand. Gegenüber den Untergrundbischöfen verhält sich der Vatikan damit unfair, weil er ihnen quasi die „patriotische" Gemeinschaft vor die Nase setzt und die Behörden erhalten eine zusätzliche Argumentationshilfe nach dem Motto: Sogar der Vatikan stellt sich gegen die Geheimkirche. Für die anerkannten patriotischen Bischöfe besteht die Gefahr, wegen ihrer offenkundigen Nähe zu Rom Schikanen ausgesetzt zu sein, vor denen sie bisher eben wegen ihrer äußerlich dokumentierten Regimetreue verschont geblieben waren. Die jetzt, namentlich nicht bekannten, von Rom in die volle Kirchengemeinschaft aufgenommenen patriotischen Bischöfe stellen damit eine besonders raffinierte Form des Untergrunds dar: Äußerlich dem Regime ergeben, nach innen aber vollkommen dem Papst treu. Es bleibt die Frage, ob sie – einmal enttarnt – Aktivitäten setzen können, die zwar gemäß den Bestimmungen des Zweiten Vatikanischen Konzils heute in der katholischen Kirche weltweit üblich, in der Sichtweise Rotchinas aber „illegale Handlungen", weil außerhalb der von Staat einzig und allein geduldeten „patriotischen Assoziation", sind. Eine geheime Regierungsverordnung, das sogenannte „Dokument Nummer 3" vom März 1989, das also aus der Zeit unmittelbar vor den Tiananmen-Ereignissen stammt, bestätigt eine Religionspolitik, die seit der chinesischen Revolution in mehreren Wellen versuchte, den Einfluß der katholischen Kirche in der Volksrepublik zu schwächen. In diesem Dokument wird auf die Notwendigkeit hingewiesen, die von Rom unabhängige Kirche weiter zu stärken und diejenigen Teile der Untergrundkirche zu isolieren, die den absoluten Führungsanspruch der kommunistischen Partei nicht anerkennen und damit auch gegen die Gesetze verstoßen.

Diese Verordnung und die Aufstände der Studenten bildeten den Hintergrund für den Versuch der chinesischen Geheimkirche, im Herbst 1989 eine Parallelstruktur zur „Patriotischen Assoziation" aufzubauen. Eine Untergrundbischofskonferenz sollte künftig die Geschicke der romtreuen Katakombenkirche, so gut es eben ging, leiten. Dieser Versuch ist mißlungen. Ab Ende 1989 konnte der Geheimdienst viele Untergrundbischöfe enttarnen und sie nach und nach festnehmen. Einige wurden verurteilt, wie wir gesehen haben. Ein Teil der im Juni 1991 festgenommenen Priester, Geheimbischöfe und katholischen Untergrundaktivisten wurde Mitte August wieder auf freien Fuß gesetzt, wobei nicht bekannt ist, welchen Repressionen diese Leute heute ausgesetzt sind. Bei den im August 1991 freigelassenen Geheimbischöfen handelt es sich um den erst 1986 geheim konsekrierten Bischof Joseph Li Side von Tianjin, der 18 Monate im Gefängnis verbrachte, sowie um den geheimen Weihbischof von Shanghai, Joseph Fan Zhongliang, einem Jesuiten, der nach sechs Wochen aus der Haft entlassen wurde, und dessen Assistenten Quian Zhijung. Joseph Li Side ist Vize-Präsident der im November 1989 gegründeten Bischofskonferenz der Katakombenkirche, er war am 9. Dezember 1989 gemeinsam mit allen anderen, die diese Bischofskonferenz gegründet hatten, festgenommen worden.

Wie es mit den – jetzt eigentlich drei – katholischen Kirchen in China weitergehen wird, dafür gibt es kein Rezept. Das Verhältnis zueinander wird zunehmend gespannter; das Verhältnis zu Rom erfährt durch die jüngsten Entscheidungen des Vatikans eine neue Belastungsprobe. Der 1979 von Papst Johannes Paul II. „in pectore", das heißt geheim, zum Kardinal ernannte Bischof von Shanghai, Ignatius Kung (auch Gong) Pin-Mei (Jahrgang 1902), der mehr als dreißig Jahre in chinesischen Gefängnissen verbrachte, 1988 entlassen wurde und jetzt in Stanford im amerikanischen Exil lebt und erst Ende Juni 1991 in Rom das Kardinalsbirett entgegennehmen konnte, hat anläßlich seines Rom-Besuchs den Wunsch geäußert, daß die „patriotische Assoziation" bald in die „volle Gemeinschaft mit Rom" zurückkehren werde. Der in der Haft gefolterte, aber nicht gebrochene Kardinal trat für eine Aussöhnung zwischen jenen Katholiken Chinas ein, die sich von der Kirchengemeinschaft „ein wenig entfernt" hätten" und der – wie er sagte – „großen Mehrheit von Katholiken, die dem Papst treu ist". Die Gefahr bei diesem Aussöhnungsprozeß besteht darin, daß aufgrund mangelnder Kommunikation – sowohl zwischen den Kirchen in China als auch zwischen China und Rom – einzelne diplomatische Schritte mißverstanden werden und mehr Schaden als Nutzen anrichten könnten.

NACHBEMERKUNG

„Nihil obstat“ aus dem Untergrund

Unser Streifzug durch die Welt des kirchlichen Untergrunds in früheren beziehungsweise gegenwärtig noch immer bestehenden totalitären Staaten kommunistischer Prägung hat mehr Fragen aufgeworfen als gültige Antworten gegeben. Das ist nur natürlich, wenn man bedenkt, mit welcher Welt abseits von Menschenrechten und demokratischen Freiheiten es diese Kirchen zu tun hatten und haben. Die Zeitzeugen haben ihre Sicht der Dinge dargestellt. Man merkt dabei, daß es ihnen schwerfällt, über heikle Dinge ganz offen zu sprechen. Zu sehr sitzt ihnen noch die Angst der vergangenen 40 Jahre aber auch die Angst vor Rom im Nacken. Manche Dinge sind mit den Hauptakteuren ins Grab gesunken und werden sich wohl nie vollständig enträtseln lassen. Felix Davideks Denken kann nur mehr über Vermittlung erschlossen werden.

In jenen Ländern Osteuropas, in denen sich nach dem Niedergang des Realsozialismus das Leben der Kirchen konsolidiert, entstanden neue Probleme und Spannungen, weil sich kirchliches Leben im Untergrund und gesatztes Kirchenrecht eben nicht vertragen. Zudem sind noch viele Rechnungen unbeglichen. Wie im staatlichen Bereich, wo die alte Garde der willfährigen Beamten auf allen Ebenen ihre Schäfchen ins Trockene brachte, hat auch der kirchliche Bereich eine große Schar aufzuweisen, die der jeweiligen Macht ungefragt zur Verfügung steht. Unkritische, willfährige Bürger passen in jedes System. Die römisch-katholische Kirche, die alles andere als demokratisch gesinnt und verfaßt ist – viele sehen in ihr den letzten Hort des Totalitarismus – kann besonders gut mit jenen umgehen, die zu absolutem Gehorsam bereit sind. Und Gehorsam ist der mittlerweile am meisten gebrauchte Begriff im kirchlichen Bereich. Argumente zählen nicht mehr, der Dialog wird abgeblockt mit dem Hinweis auf den Gehorsam gegenüber Rom, mit der Frage an Fragende: Ja bist du eigentlich noch romtreu? Dabei erfährt der Begriff „romtreu“ eine Perversion. In unserem Fall der Geheimkirchen Osteuropas hatte dieses Wort einen gefährlichen Beigeschmack. In China wurde damit eine Ordnung in Katholiken erster und zweiter Klasse aufgebaut. „Romtreu“ bedeutete seinerzeit für die Katakombenkirchen den Mut zu Experimenten, die Bereitschaft, verkannt, verleumdet, eingesperrt zu werden, um der „Romtreue“ willen. Eine immer mehr verrechtlichte Kirche, die dem Geist die Flügel stutzt, kann mit dieser Art „Romtreue“ wenig anfangen. Wie seinerzeit im Kommunismus bekommen es nun die im Untergrund „freien“ Kirchen mit einer neuen Art Totalitarismus zu tun, die das kirchliche Amt streng hierarchisch definiert

Grab Davideks im mährischen Heiligtum Turany
Welche Geheimnisse hat Felix Davidek mit ins Grab genommen?

und den Geist des Amtes in eine Beamtenstruktur preßt. Und mit dem Kirchenrecht erschlägt man eine lebendige Kirche, beziehungsweise schafft erst, was man zu verhindern trachtet, nämlich eine De-facto-Kirchenspaltung. Die früheren Geheimbischöfe sind von Rom enttäuscht. Sie klagen nicht an, sie erwarten aber auch nichts mehr.

Stanislav Kratky beispielsweise genügt es schon, wenn er wie bisher als Pfarrer in Hradek von der offiziellen Kirche nicht behindert wird. Die Äußerungen der Erzbischöfe Vlk (Prag) oder Sokol (Tyrnau) – dieser hatte beim im September 1991 verstorbenen Olmützer Erzbischof und Metropoliten Vának interveniert, keine Geheimpriester mehr anzustellen – über die Untergrundkirche regen ihn zwar auf, führen jedoch zu keiner Demoralisierung in seinem Kreis; doch bindet die sture Haltung der beamteten Kirche Kräfte, die besser für etwas anderes genutzt werden sollten. Bischof Kratky, dem verschiedene Veröffentlichungen über seine Person – wie er sagt – schon geschadet haben, ist dennoch überzeugt, daß die Hierarchie ihre Augen vor dem Problem „Geheimkirchen“ nicht verschließen dürfe. Kratky setzt auf Wahrhaftigkeit und Wahrheit. Deswegen hat er mir – bei meinem letzten Besuch vor der Publikation dieses Buches – am 18. September 1991 in einem Anflug von Scherz mündlich sein bischöfliches „Nihil obstat“ gegeben.

Viele Geheimkirchen existieren als solche weiter, weil sie von Rom nicht anerkannt werden, obwohl sie sich aus römischen Teilkirchen entwickelt haben. Die Kinder der verheirateten Priester in der Tschechoslowakei sind Verbindungsglieder zur offiziellen Kirche. Der Sohn eines Arztes und Geheimpriesters aus der Ostslowakei studiert in St. Pölten – zwar mit einer gehörigen Wut im Bauch, wenn die Sprache auf den Umgang der Diözesanbischöfe mit den Untergrundpriestern kommt – Theologie. Der Sohn des Brünner Geheimpriesters Joseph Javora hat im Olmützer Priesterseminar im dritten Jahrgang sein Theologiestudium aufgenommen. Sie sind stolz auf das, was ihre Väter als Priester im Untergrund geleistet haben. Vielleicht ringt sich auch die Glaubenskongregation zu einer Anerkennung durch. Das Unrecht, das den Geheimbischöfen und -priestern heute von ihrer Kirche widerfährt, schreit zum Himmel.

BILDERNACHWEIS

Foto Vitek (Seite 37): Johann Gürer
Foto Provaznik (Seite 53): Johann Gürer
Foto Kratky (Seite 58): Johann Gürer
Foto Davidek (Seite 89): Archiv Javorova/Reproduktion Gürer
Foto Zahradnik mit Marienstatue (Seite 98): Johann Gürer
Foto Suchar und Beran (Seite 102): Johann Gürer
Foto Zahradnik bei Primiz von Konecny (Seite 111): Archiv Zahradnik/ Reproduktion Gürer
Foto Ludmila Javorova (Seite 117): Johann Gürer
Foto Davidek bei Primiz von Stanislav Richter (Seite 138): Archiv Vladimir Richter
Foto Kreuzweg (Seite 139): Archiv Vladimir Richter/Reproduktion Johann Gürer
Foto Davidek (Seite 140): Reproduktion aus Davidek-Archiv von Johann Gürer
Foto Vladimir Richter (Seite 142): Johann Gürer
Foto Riti im Burgenland (Seite 165): Annette Gansrigler
Fotos Todea mit Riti (Seite 174, 175): Archiv Dr. Manfred Kierein
Davideks Grab (Seite 201): Johann Gürer